D1721954

Birger Solheim

# Extremwandern und Schreiben

Ein kulturhistorischer Streifzug
von Goethe bis Hesse

BÖHLAU VERLAG WIEN KÖLN WEIMAR

Gedruckt mit freundlicher Unterstützung der Universität Bergen, Norwegen

Bibliografische Information der Deutschen Nationalbibliothek:
Die Deutsche Nationalbibliothek verzeichnet diese Publikation in der
Deutschen Nationalbibliografie; detaillierte bibliografische Daten sind
im Internet über http://dnb.de abrufbar.

Umschlagabbildung: Der Krater des Ätna, Gouache von Jakob Philipp Hackert, 1783
(©akg-images)

Korrektorat: Dore Wilken, Freiburg
Umschlaggestaltung: Michael Haderer, Wien
Satz und Layout: Bettina Waringer, Wien
Druck und Bindung: Hubert & Co., Göttingen
Printed in the EU

Vandenhoeck & Ruprecht Verlage | www.vandenhoeck-ruprecht-verlage.com

ISBN 978-3-412-51170-8

# Inhalt

# Einleitung

Meine Vernunft sagt mir: Jetzt brauche ich Nahrung. Im Rucksack, hoch oben auf der rechten Seite, erreichbar mit der Hand, direkt neben der leeren Wasserflasche (ich habe meinen Rucksack genau im Kopf und könnte alles selbst in völliger Dunkelheit finden) liegt Roggenbrot mit einer dicken Schicht Butter, Erdnussbutter und Honig. Mein Magen aber sagt definitiv Nein. Trotzdem greife ich nach dem Brot und fange an, langsam zu kauen.

Ich bin 12 Stunden laufend unterwegs und habe 3500 Höhenmeter hinter mir. Vor mir liegen aber noch Stunden und noch 2000 Höhenmeter, und gerade jetzt bin ich dabei, den wahrscheinlich schwierigsten Teil des Trails, einen 500 Meter hohen, sehr steilen und wegen des Schnees rutschigen Hang hinaufzuklettern. Nur nicht hinuntergucken! Sich hier auszuruhen, ist undenkbar, der Schnee ist zu glatt, der Hang zu steil, aber mein Körper ruft nach einer Pause! Woran soll ich denken? Dass dieses scheinbar endlose Laufen in 5 Stunden endlich zu Ende sein wird? Dass ich mir oben auf dem Gipfel eine Tüte zerkleinerter Kartoffelchips gönnen soll? Am liebsten überhaupt nicht denken, nur einen Schritt vor den andern setzen. Dann muss man doch vorwärtskommen.

Derjenige, der diese kleine Krise erlebt, bin ich selbst. Völlig freiwillig hatte ich mich, es war im Jahr 2014, durch meine Anmeldung zum Ultralauf *Hornindal rundt*, in diese Lage gebracht. Warum hatte ich das getan? Ja, das ist es eben: Ich kann keine wirklich gute Antwort finden. Sicher wollte ich physisch und psychisch meine gewohnten Grenzen überschreiten, das ist ein Teil davon. Ich könnte auch sagen, dass ich meine Komfortzone herausfordern wollte. Ich habe aber das Gefühl, dass ich, indem ich diesen Modebegriff aus der Fitnessliteratur anführe, der eigentlichen Motivation nicht auf den Grund gekommen bin.

Fernwandern und auch das Laufen über sehr weite Strecken – sogenanntes Ultralaufen – üben zurzeit eine große Faszination aus, und immer mehr Menschen ziehen die Wanderschuhe an oder nehmen sogar an extremen Trail-Läufen teil, die sie bis an die Grenzen ihrer Leistungsfähigkeit bringen. Bücher über Fernwandern und Ultralaufen sind jetzt in fast jeder Buchhandlung zu finden, unter ihnen mehrere Beststeller wie Hape Kerkelings *Ich bin dann mal weg* und Christoph McDoughalls *Born to run*.

Die außerordentlichen Distanzen könnten den Eindruck erwecken, es handle sich hier um etwas ganz Neues. Ein Blick zurück in die Geschichte offenbart aber, dass der Antrieb, große Distanzen zurückzulegen, offenbar für Menschen etwas Grundlegendes ist. Als Jäger und Sammler haben die frühzeitlichen Menschen häufig ihre Beutetiere mehrere 100 Kilometer lang gejagt, und im weitaus größten Abschnitt ihrer Geschichte waren nun einmal die Menschen Jäger und Sammler. Aber auch nach der neolithischen Revolution sind die meisten Menschen jeden Tag zwischen 20 und 40 Kilometer unterwegs gewesen.[1] Das radikal Neue ist vielleicht eher die Entwicklung der letzten 100 Jahre, durch die der Mensch durch Industrialisierung, Entwicklungen in der Infrastruktur und die Verbreitung der Bürojobs die Beziehung zu seinen Füßen fast völlig verloren hat. Ein Büroarbeiter bewegt sich durchschnittlich nur 700 Meter pro Tag.

Eine Reaktion ist also ganz natürlich. „Wandern liegt im Trend. Mehr als 40 Millionen Deutsche wandern in Freizeit und Urlaub", meldet der deutsche Wanderverband. DUV – die Deutsche Ultramarathonvereinigung e. V. ihrerseits registriert 86 Ultraläufe pro Jahr. Dies alles trägt dazu bei, dass Peter Brenner in Bezug auf das Gehen nach 1989 von einer „Wiederentdeckung einer Reiseform" sprechen kann.[2]

Das lange Unterwegssein auf Straßen, Pfaden, in Wäldern und in den Bergen war einerseits eine Tugend in der Not: Der Mensch musste wandern, um Essen zu finden, um neue Jagdterritorien zu finden und um Krieg und Not zu entkommen. Andererseits müssen wir auch fragen, ob es dann nur Not war, die den Menschen schon vor 15.000 Jahren dazu brachte, die Beringstraße zu überqueren? Bereits 10.000 Jahre vor Christus war die Weltkugel von Menschen erobert – zu Fuß. Vieles spricht dafür, dass es nicht nur Not, sondern auch Abenteuerlust war, die den Menschen auf Wanderschaft gebracht hat. Oder: eine tiefe Neigung, sich zu bewegen.

Ein modernes Zeugnis dieser tiefen Neigung zur Bewegung gibt uns eine Reihe von bekannten deutschsprachigen Autoren. Denn was verbindet so verschiedene Autoren wie Goethe, Seume, Hölderlin, Friedrich Nietzsche, Hermann Hesse, Manfred Hausmann und Hans Jürgen von der Wense? Antwort: Sie waren und sind alle Wanderer von erstaunlicher Ausdauer. Sie liebten Gewaltmärsche, und sie liebten es, ihre eigenen Kräfte an der Natur zu messen: Der junge Goethe wurde von seinen Darmstädter Freunden „der Wanderer" genannt, weil er ständig zu Fuß unterwegs war, u. a. zwischen Darmstadt und seiner Vaterstadt Frankfurt am Main, hin und zurück eine Strecke von fast 60 Kilometern. Gottfried Seume (1763–1810) wanderte in 9 Monaten rund 6000 Kilometer von Leipzig nach Syrakus und zurück. Friedrich Hölderlin (1770–1843) konnte Pierre Bertaux zufolge „mühelos fünfzig Kilometer, und notfalls mehr als das, am Tag zurücklegen, am folgenden Tag weiterwandern, und sich dabei wohl, ja am wohlsten fühlen".[3] Friedrich Nietzsche machte in Sils Maria täglich seine fünf- bis siebenstündigen Exkursionen.[4] Über Hans Jürgen von der Wense wird gesagt, dass er „zwischen 1930 und bis zu seinem Tod 1965 [...] wohl mehr als 20.000 km in Nordhessen zu Fuß zurück[gelegt hat]".[5]

Diese Autoren wanderten nicht nur gern, sie schrieben auch gern über das, was sie beim Wandern erlebten. Das Mitteilungsbedürfnis, der Wunsch, die Wander-, Gewaltmarsch-, Bergbesteigungs- oder Ultraläuferfahrungen literarisch, autobiographisch zu bearbeiten, haben diese bürgerlichen Autoren mit der Zunft der modernen Fernwanderer und Ultraläufer gemeinsam. Hape Kerkeling haben wir schon erwähnt. Im ersten Kapitel seines Buches

*Ich bin dann mal weg* reflektiert er kurz über diesen Mitteilungs-
drang:

> Auf dem wackeligen Bistrotischchen vor mir liegt mein fast leeres
> Tagebuch, das anscheinend genauso einen Appetit hat wie ich.
> Eigentlich hatte ich bisher noch nie das Bedürfnis, mein Leben
> schriftlich festzuhalten – aber seit heute Morgen verspüre ich den
> Drang, jedes Detail meines beginnenden Abenteuers in meiner klei-
> nen orangenfarbenen Kladde aufzuzeichnen.[6]

Der Appetit des Tagebuches auf Wanderungsbericht korrespondiert mit dem Appetit des Publikums, und so entstehen Bestseller.
So entsteht auch das moderne Phänomen des Ultralaufens, d. h.
Laufen über Strecken zwischen in der Regel 42 und 3000 Kilometern. Man kann sich fragen, woher dieser Wander- oder Lauftrieb
kommt. Kann die Lektüre von Autoren, die in früheren Zeiten laufend und wandernd unterwegs waren, uns helfen, der Motivation
der heutigen Extremfernwanderer und Ultraläufer auf die Spur zu
kommen?

Im Januar 2016 erhielt ich die erfreuliche Auskunft, dass ich nicht
nur zwei Forschungssemester ohne Lehrverpflichtungen vor mir,
sondern auch eine Förderung von der Melzer-Stiftung bekommen
hatte. Von Anfang an stand fest, dass ich mich mit Fernwander- und
Fernlauf-Literatur befassen wollte, und damit nicht genug: Ich wollte auch, zusammen mit meiner Frau und drei Töchtern, für insgesamt vier Monate nach Göttingen fahren, um dort an der Universitätsbibliothek zu arbeiten und von den Fachkräften des Deutschen
Seminars Unterstützung zu bekommen. Insgeheim hatte ich außerdem den Plan, dass ich nicht nur in der Bibliothek recherchieren
wollte; ich wollte mich auch selbst auf Wanderschaft begeben zusammen mit meiner Familie. Es erschien mir nämlich als eine sehr gute
Idee, nicht nur über Wandern und Laufen zu *lesen,* sondern dies
auch am eigenen Körper zu erfahren, diesmal nicht in Norwegen,
sondern in Deutschland, in den deutschen Wäldern.

Mein Interesse gilt insbesondere Fernwandern in der extremen Form, also wenn von so langen Wanderungen die Rede ist, dass sie physisch und psychisch eine sehr große Herausforderung sind; wenn die äußeren Bedingungen (die klimatischen, ernährungsmä-ßigen usw.) der Wanderung so schlecht sind, dass die Wanderer an die Grenzen ihrer eigenen Leistungsfähigkeit gebracht werden. Ich werde im Folgenden die Bezeichnung „Extremwandern" für diese besondere Spielart des Fernwanderns anwenden. Wenn die Bedingungen, unter denen das Wandern oder Laufen stattfindet, weniger extrem sind, verwende ich die Bezeichnungen, die sich eingebürgert haben, nämlich Fernwandern und Fernlaufen.[7]

Das vorliegende Buch ist ein kulturhistorischer Streifzug durch das Thema Fernwandern und Fernlaufen, so wie es von einigen zentralen und einigen weniger zentralen Autoren im deutschsprachigen Kulturraum dargestellt wurde. Gleichzeitig finden sich in diesem Buch einige kurze Texte, die ich selbst verfasst habe, und in denen ich meine eigenen Wander- und Lauf-Erfahrungen in Norwegen und Deutschland erörtere. Sieben von den von mir ausgewählten Autoren, Goethe, Seume, Heine, Nietzsche, Trinius, Hesse und Hausmann, sind dadurch gekennzeichnet, dass sie selbst ausgedehnte Wanderungen oder Läufe unternommen haben; die letzten zwei, Eichendorff und Stifter, haben selbst nicht das Leben als Weitwanderer realisiert, sondern schicken, möglicherweise als Ersatzhandlungen oder Probehandlungen, ihre fiktiven Figuren auf Wanderschaft.

Die von mir ausgewählten Texte entstammen einem Zeitraum von etwas mehr als 150 Jahren. Den Anfang bilden einige kleinere Wandertexte (auch Gedichte) von Johann Wolfgang von Goethe aus den 1770er Jahren, und am Schluss steht der radikal antibürgerlich eingestellte Landstreicher Lampioon aus Manfred Hausmanns Roman *Lampioon. Abenteuer eines Wanderers*[8] aus dem Jahr 1925. Die ganze Auswahl ist die Folgende:

- Goethe: Tagebücher, Briefe (vor allem in Verbindung mit seinen drei Schweizer Reisen), die Gedichte „Wanderers Sturmlied" und „Harzreise im Winter"

- Gottfried Seume: *Spaziergang nach Syrakus im Jahre 1801*
- Joseph von Eichendorff: *Aus dem Leben eines Taugenichts*
- Heinrich Heine: *Harzreise*
- Adalbert Stifter: *Waldgänger* und *Bergkristall*
- Friedrich Nietzsche: *Also sprach Zarathustra*
- August Trinius: *Der Rennstieg. Eine Wanderung von der Werra bis zur Saale*
- Hermann Hesse: *Wanderung*
- Manfred Hausmann: *Lampioon. Abenteuer eines Wanderers*

Der Zeitraum von etwa 1770 bis 1925 wurde nicht zufällig gewählt, denn in dieser Periode ist der moderne Begriff vom Wandern gleichsam aus dem Nichts entstanden und hat sich dermaßen rapide entwickelt, dass wir, mit Koselleck, von einer „Sattelzeit" sprechen können. Wandern als Naturerlebnis, als physische Ertüchtigung, als freiheitliche Handlung, als politisches Statement, als Reaktion, als Meditation – oder was wir sonst noch mit Wandern verbinden –, all dies ist für die Menschen vor 1750 kaum vorauszusehen. Ein Bergsattel oder Gebirgskamm türmt sich gleichsam vor ihnen auf und versperrt ihnen den Blick in die Zukunft. Auf dieselbe Weise ist es für uns, aus unserer heutigen Sicht, kaum möglich, ohne kritische Kommentare die Modi des Zu-Fuß-Gehens zu verstehen, welche vor der Sattelzeit existiert haben.[9] Durch das Lesen von Texten aus der Sattelzeit können wir aber hoffen, auf den Sattel zu steigen, damit wir den Einschnitt zwischen den Bergen erreichen, wo wir die Chance haben, aus dem einen Tal ins andere zu blicken. Beispielsweise werden in Eichendorffs Novelle *Aus dem Leben eines Taugenichts* alte und neue Wandermodi auf eine Weise miteinander diskursiv ins Spiel gesetzt, die uns eine gewisse Auskunft geben kann, wie unsere heutigen Vorstellungen von Wandern entstanden sind.

Die Literaturliste enthält sowohl kanonisierte Wandertexte als auch einige weniger bekannte Texte und ist keineswegs als für das Thema Wandern erschöpfend gedacht. Ich erhebe dabei auch nicht den Anspruch, eine erschöpfende Kulturgeschichte des Wanderns zu verfassen, und ich habe auch nicht den Ehrgeiz, die Forschung zu den einzelnen Autoren zu revolutionieren. Vor allem suche ich, durch meinen Fokus auf Fernwandern und Fernlaufen, einen frischen Blick auf altbekannte (und einige weniger bekannte) Texte zu werfen,[10] und zwar ohne meine eigene Subjektivität zu verstecken. Als Norweger sehe ich die aktuellen Wandertexte bestimmt anders als beispielsweise jemand aus Deutschland, der Schweiz oder Österreich. Gewisse Aspekte des Wanderns im deutschsprachigen Kontext nehme ich mit Verwunderung und Befremdung wahr, andere aber mit Wiedererkennen. Was ich auch mit einbringe, ist meine allmählich umfassender gewordene Lektüre von Wander- und Laufliteratur der Gegenwart.[11] Auch diese Bücher sind ein Teil des Horizontes oder der Perspektive, durch die ich die Texte, die mein Hauptfokus sind, betrachte. Ich möchte auf diese Weise denjenigen Lesern eine Einführung bieten, die bisher vor hochliterarischen Werken zurückgeschreckt sind und die großen Klassiker nicht lesen. Denn ich stelle die Frage: Was kann geschehen, wenn wir solche kanonisierten Texte einer ganz andersartigen, überraschenden und von der Gegenwart sehr stark geprägten Lesart unterziehen? Ich hoffe aber auch, dass die in diesem Buch präsentierten Analysen und Interpretationen, gerade wegen der überraschenden Perspektive, auch von Kollegen im Bereich der Germanistik mit Interesse wahrgenommen werden.

Wie kann man aber einen solchen frischen Blick erzeugen? Das Wandermotiv als Lektüreschlüssel zu benutzen, ist ja an sich nichts Neues. Häufig erlebt man aber, dass das Wandermotiv, in einem literaturwissenschaftlichen Kontext behandelt, dazu tendiert, das konkrete Wandern, das Einen-Fuß-vor-dem-Anderen-Setzen, auszublenden oder zu vergessen. Das Wandern wird stattdessen als Chiffre für *etwas Anderes* interpretiert, sei es für ein bestimmtes Weltgefühl, ein religiöses Erlebnis, einen Nationalcharakter oder ein pädagogisches Prinzip. In meiner Lektüre möchte ich dagegen sehr streng an der konkreten, praktisch-physischen Seite des Wanderns festhalten.

Zum Beispiel: Was hat Gottfried Seume in seinem Rucksack? Welche Schuhe benutzt er? Was lässt Adalbert Stifter seinen Waldgänger auf dessen ausschweifenden Wanderungen zum Essen mitnehmen? Welche Schuhe benutzt *er*? Welche Ausrüstung hat Goethe, als er zu seiner 500-Kilometer langen Reise zum Brocken und zurück aufbricht? Lässt sich die Route, die der Taugenichts gewandert ist, auf einer Karte nachzeichnen? Wie orientiert sich der Taugenichts im Wald? Oder: Wie orientiert sich Heine im Harz? Wie weit sind die Tagesetappen?

Auch wenn ich vom Konkreten abschweife, versuche ich, soweit es geht, die Verbindung mit dem Wandererlebnis nicht aus den Augen zu verlieren: Wie reagiert Seume, wenn er entdeckt, dass er sich verirrt hat? Wie reagiert der Taugenichts? Gibt es hier Differenzen? Beide, der reale Seume und der fiktive Taugenichts, sind nachts unterwegs – wie unterscheiden sich ihre Nachterfahrungen? Was bedeutet es für Seume, hungrig und durstig unterwegs zu sein? Wie reagiert er darauf? Und wie kommt der Taugenichts aus dieser Klemme, wenn er sich in derselben Lage befindet? Wie unterscheidet sich der Wandermodus Heinrich Heines im ersten Teil seiner Wanderung, als er allein unterwegs ist, vom zweiten Teil, wo er mit Kommilitonen vom Brocken hinunterläuft und von Stein zu Stein springen muss? Hat Heine eine Karte mitgebracht?

So konkret wie möglich möchte ich also vorgehen. Dabei brauche ich selbst eine Karte, um in meiner Untersuchung eine Orientierungshilfe zu haben und nicht ziellos umherzuirren. Als eine solche Karte soll die folgende *Suchoptik* fungieren. Die Liste ist nicht als eine Checkliste zum Abhaken gedacht, sondern lediglich als eine eher lose skizzierte Wanderroute, überall mit Möglichkeiten, Abstecher zu machen und die Reisepläne zu ändern. Meine Suchoptik sieht wie folgt aus:

Konkrete Details
1.  Reiseroute
2.  Ausrüstung

3.  Tagesetappen
4.  Die Basis: Wandern, Essen, Schlafen

Erfahrungen beim Fernwandern und Fernlaufen[12]
1.  Ursprünglichkeit erfahren
2.  Mit den Elementen kämpfen
3.  Religion, Ekstase
4.  Sport, Konkurrenz
5.  Bewusster sozialer Abstieg
6.  Identitätssuche
7.  Freiheitssuche
8.  Flucht
9.  Erkenntnissuche
10. Meditation
11. Gesundheit
12. Askese
13. Ökologie
14. Nationale Identität
15. Den aufrechten Gang lernen

Da jeder Punkt von den jeweiligen Autoren und in den jeweiligen Texten häufig unterschiedlich realisiert oder betont wird (zu einem solchen Grad, dass ein und derselbe Punkt einen sehr divergierenden Bedeutungsinhalt bekommt), werde ich nicht, wie üblich in akademischen Arbeiten, die Punkte meiner Suchoptik genau definieren, sondern die nähere Bedeutung dieser Punkte bewusst in der Schwebe lassen.

Meine eigenen Wander- und Lauferfahrungen werde ich – wie gesagt – in den Text hier und dort hineinweben, und werde dabei anstreben, in diesen kleinen Skizzen Themen zur Sprache zu bringen, die gleichfalls die Texte beleuchten können. Die von mir und meiner Familie durchgeführten und geplanten Projekte sind:

Abb. 1: Mein Plan ist es, Etappen von 20–25 km pro Tag zurückzulegen, was eine ganz neue Herausforderung für meine drei Töchter sein wird.

Herbst 2016
- 3-tägige Familienwanderung (50 km) direkt von unserer Wohnung in Eddigehausen (Göttingen) aus (Eddigehausen, Ebergötzen, Seeburg, Göttingen, Eddigehausen)
- 4-tägige Familienwanderung (65 km) den Hermannsweg entlang

Frühling 2017
- 6-tägige Familienwanderung (120 km) Romantische Straße
- Rennsteig Supermarathon, diesmal nur ich allein (73,5 km).

„15.000 Laufverrückten" der „kultigste[n] und größte[n] Crosslauf Europas"

Durch die Vermengung der literarischen Analysen mit meinen eigenen Ultralauferfahrungen aus der Gegenwart werde ich versuchen, das Phänomen des Ultralaufens auch historisch zu beleuchten. Können wir Autoren wie Goethe oder Hausmann als Vorläufer von gegenwärtigen Trends (Outdoor-Sport, Ultralauf usw.) betrachten? Oder kommt die gegenwärtige Begeisterung für grenzlose Wanderungen (z. B. „Norwegen der Länge nach") oder Läufe aus ganz anderen Quellen? Hat der heutige Drang zur „Selbstoptimierung" seine Wurzeln im 18. Jahrhundert?
Methodisch benutze ich teilweise eine strukturelle, teilweise eine historisch-biographische Lesart.

Abb. 2: Obwohl die Wanderungen strapaziös sein konnten, zogen die ersten Alpinisten oft ihre besten Kleider an und bestanden darauf, die Zivilisation mit in die wilde Natur zu nehmen. Bild von Caspar Wolf (1735–1783).

# Wandern und Laufen zu Goethes Zeiten

Als Goethe jung war, d. h. zwischen 1750 und 1775, war das Verhältnis zu Fußwanderungen ganz anders als heutzutage. Dass man ab und zu gezwungen war, längere Distanzen zu Fuß zurückzulegen, war, abgesehen von den Mitgliedern der sozialen Oberschicht, für die meisten Menschen immer noch eine Selbstverständlichkeit. Die Bauern und Handwerker trugen ihre Waren zum Markt, einige waren früh morgens 4 bis 5 Stunden unterwegs, häufig schwer beladen. Am Abend mussten sie dann wieder zurück. Die Felder lagen oft weit weg, und bei der Feldarbeit war der Landarbeiter kontinuierlich auf den Beinen, und die Arbeit wurde weitgehend mit dem Einsatz von Muskelkraft bewältigt. Mädchen und Jungen mussten Holz in den Wäldern holen. Es lässt sich selbstverständlich nicht genau festmachen, wie viele Kilometer sie zurücklegen mussten, wir können aber mit Sicherheit annehmen, dass auch die Kinder jederzeit auf den Beinen waren. Die Erinnerungen von Franz Rehbein aus dem Jahr 1911 zeigen uns, dass dies bis ins 20. Jahrhundert hinein der Fall sein könnte:

> Nahrung und Feuerung, darum dreht sich alles. [...] Um unseren Dunghaufen zu vergrößern, ging ich mit meiner Schwester im Sommer nach beendeter Schulzeit auch häufig, mit Sack und Karre ausgerüstet, auf den Chausseen und Feldwegen entlang und sammelte „Fallobst" ein. Als solches bezeichneten wir Roßäpfel und Kuhfladen [...].[13]

Im 18. Jahrhundert waren arme Leute und Landstreicher auf den Heer- und Landstraßen (häufig Schlamm- und Staubpfade genannt) unterwegs. Fußgänger dieser Art galten als sozial suspekt und sie hatten häufig große Probleme, in den Städten mit ihren gut bewachten Toren Einlass zu bekommen. Menschen auf der Wanderschaft machten eine große und bunte Gruppe aus:

> Mönche und Nonnen, Scholaren und Handwerksburschen, Söldner und Klopffechter, Begharden und Beghinen, Geißler und Spielleute, Hausierer und Schatzgräber, Zigeuner und Juden, Quacksalber und Teufelsbeschwörer, heimische Wallfahrer und Jerusalempilger: Palme tragend, zu Zeichen, daß sie aus dem gelobten Lande kamen; zahllose Bettlerspezialitäten: die „Valkenträger", die den blutig angestrichenen Arm in der Binde trugen, die „Grautener", die sich epileptisch stellten, die falschen Blinden, die Mütter mit gemieteten verkrüppelten Kindern und noch vielen anderen Sorten; alles erdenkliche Varietévolk, die sogenannten Joculatores: Akrobaten, Tänzer, Taschenspieler, Jongleure, Clowns, Feuerfresser, Tierstimmenimitatoren, Dresseure mit Hunden, Böcken, Meerschweinchen …[14]

Johann-Günther König fügt hinzu: „Wanderarbeiter und Tagwerker, Hirten, Scherenschleifer, Kesselflicker, Korbflechter sowie die zahlreichen mit einer Kiepe – einer aus Holz und Korbgeflecht gefertigten Trage – auf dem Rücken umherziehenden Händler und Hausierer".[15] Zusammenfassend lässt sich feststellen, dass zu Goethes Zeiten das, was wir heute als Extremsport betrachten würden, für große Teile der Gesellschaft etwas Alltägliches oder ein notwendiges Übel war.

Dies galt wohlbemerkt für die niederen Schichten der Gesellschaft. Die anderen Klassen standen dieser natürlichen Bewegungsart fremd gegenüber, und für einige war es eine Ehrensache, nicht zu Fuß zu gehen. Diese Haltung ist nichts Neues; denn schon die Ritter des Mittelalters empfanden das Gehen als nicht standesgemäß, und verachteten regelrecht diejenigen, die zu Fuß gingen.

Die Adligen saßen normalerweise „hoch zu Roß", nicht nur „Kaiser, Könige, Fürsten und Reichsäbte", sondern auch Angehörige des mittleren und niederen Adels. Dies bedeutet nicht unbe-

dingt, dass sie körperliche Bewegung scheuten (obwohl viele das
auch taten), viele gingen beispielsweise gerne auf Jagd, obwohl sie
auch in diesen Zusammenhängen vorzugsweise „hoch zu Roß"
saßen.[16] Auch war es üblich, sich auf Bildungsreisen oder auf die
sogenannte Grand Tour zu begeben. 1608 machte sich Thomas
Coryat auf, häufig der „Vater der Grand Tour" genannt, „zu Fuß
nach Italien" zu wandern und inspirierte damit viele zur Nachah-
mung.

Als Sohn einer wohlhabenden Kaufmannsfamilie in Frankfurt
am Main vertritt Goethe das obere Bürgertum. Es stellt sich nur
die Frage, wie sich das Bürgertum zum Wandern verhielt, und ob
es diesbezüglich Differenzen gab zwischen den Adligen und den
Bürgern.

Dass auch die Bürger vorzugsweise mit Kutsche, zu Pferd, jedenfalls in der Regel nur notgedrungen zu Fuß unterwegs waren, lässt
sich leicht feststellen. In der zweiten Hälfte des 18. Jahrhunderts,
als Goethe ein junger Mann war, sehen wir aber gerade in dieser
Hinsicht die ersten Anzeichen eines Mentalitätswandels.

In Frankreich hatte nämlich Rousseau mit dem Roman *Julie
oder Die neue Heloise* großes Aufsehen erregt. In diesem Roman
greift Rousseau nicht nur das Standesvorurteil an und verteidigt
die subjektive Liebe gegen die steifen Regeln des Adels, sondern er
weist das bürgerliche Publikum auch auf das Wandern als eine freiheitliche, fast revolutionäre Handlung hin. Die Landschaft, in der
sich die Helden dieses Romans bewegen, ist die Bergwelt der
Schweizer Alpen, und Rousseau wird auf diese Weise zu einem
Wegbereiter der Wanderbewegung und des Alpinismus. In seinen
*Bekenntnissen* gibt Rousseau der Vorstellung Ausdruck, „dass die
Zeit der Wanderung ausschließlich dazu da sei, das Unterwegssein
zu genießen, bürgerliche Verpflichtungen in einer sorgenfreien,
nur der eigenen Individualität geweihten Zeit, abzustreifen [...]"[17]

Sich zu Fuß zu bewegen, erlebt eine gesellschaftliche Aufwertung, u. a. dadurch erkennbar, dass in Paris die ersten Anzeichen
einer Fußgängerbewegung zu sehen waren, vor allem durch die

Schriften des Journalisten Louis-Sébastian Mercier (1740–1814) in Gang gesetzt. Rousseau selbst setzte sich für eine Revolution in der Pädagogik ein, er forderte, dass die Kinder sich viel mehr bewegen sollten, kritisierte die „üblichen Gehtrainingsmethoden durch Gängelwagen (Gehgestelle mit Laufrädern)" und forderte stattdessen die Eltern auf, die Kinder in natürlicher Umgebung, frei und natürlich, ihren Körper ertüchtigen zu lassen.[18] König zitiert den Arzt Christian August Struve, der 1803 Folgendes schreibt: „Man muß Kindern durchaus Freiheiten lassen, sich zu bewegen, herumzuspringen, wie sie wollen; ihre Kleider müssen sie nicht an der Bewegung hindern; die Befehle der Eltern müssen nicht zum Stillsitzen verurteilen."[19] Rousseau behauptet auch, dass Bewegung die intellektuelle Tätigkeit fördert: „Ich habe nie etwas arbeiten können mit der Feder in der Hand, dem Schreibtisch und meinem Papier gegenüber: Auf Spaziergängen, mitten zwischen Felsen und Wäldern […] schreibe ich in meinem Hirn"[20].

Auch am Beispiel seines eigenen Lebens trägt Rousseau zur Aufwertung des Lebens auf Wanderschaft bei. Er ging mehrmals selbst auf Wanderschaft, und zwar über sehr lange Distanzen. Wegen dieser Wanderleidenschaft entwickelt er sein Traumprojekt, eine Wanderung durch Italien:

> In Paris habe ich lange zwei gleichgesinnte Kameraden gesucht, die bereit gewesen wären, jeder fünfzig Louis seines Vermögens und ein Jahr seiner Lebenszeit zu opfern, um gemeinsam zu Fuß eine Italientour zu machen, ausgestattet lediglich mit einem Tornister. Es haben sich viele Leute für dieses Projekt scheinbar begeistert, es im Grund jedoch für ein Luftschloß gehalten, von dem man zwar immer mal plaudert, dass man jedoch nicht ernstlich verwirklichen will.[21]

Es sollte ein halbes Jahrhundert dauern, bis der deutsche Dichter Johann Gottfried Seume diese Idee Rousseaus tatsächlich realisieren sollte.

In den deutschen Ländern wurden die Gedanken Rousseaus begeistert aufgenommen, und zwar von einer neuen Generation junger deutscher Autoren, auch die „jungen Wilden" genannt. Hier findet man bekannte Namen wie Herder, Goethe und Schiller. „Die Stimme des Herzens ist ausschlaggebend für die vernünftige Entscheidung", proklamiert Herder, und der junge Goethe stimmt ihm zu. Sie nähern sich dem Volk und der Natur, was ihnen auch die fußgängerischen Leistungen der unteren Gesellschaftsschichten näherbringt. Zurück zur Natur, lautet Rousseaus Forderung. Dies könnte verschiedentlich ausgelegt werden: Zurück zum Volk, zurück zur Empfindung (nach dem Überhandnehmen der Vernunft), zurück zur Totalität des Lebens (nach der Partikularisierung der modernen Welt), zurück zur Religion oder ganz einfach: Zurück zur Natur als einer Hinwendung zu Wald, Wiese, Gebirge und zurück zur freien Bewegung in dieser natürlichen Umgebung. Und am freiesten ist man zu Fuß: Dann kann man jeden Abstecher machen, weitgehend unabhängig von Straßen.

In der Landschaft sich frei bewegen zu können, war aber keine Selbstverständlichkeit im damaligen Deutschland oder auch nicht anderswo in Europa.[22] Die Landbesitzer sahen es nicht gern, dass Unbefugte ihr Land betraten, und die Bürger fingen einen langen Kampf für die Bewegungsfreiheit in der Natur an. Im Heiligen Römischen Reich, damals ein Flickenteppich von Königtümern, Fürstentümern, Herzogtümern, Grafschaften, Abteien, Propsteien und freien Städten, wurden dem Reisen des Weiteren von den vielen Grenzüberquerungen viele Hindernisse in den Weg gelegt, vor allem wenn man zu Fuß unterwegs war und von Grenzposten als unerwünschtes „Gesindel" betrachtet wurde.

Die eigenen Füße zu benutzen, ist um 1770 nicht länger unbedingt ein Zeichen der sozialen Deklassierung, zu Fuß zu gehen erhält eine Aura des Aufruhrs, des Wilden. Es wird ein Mittel, sich von den Standesvorurteilen zu distanzieren. Der Drang nach Einzelgängertum, Flucht und innigem Lauschen auf die Stimme des eigenen Herzens geht mit einer Aufwertung des Gehens einher. In

den 1760er Jahren sind solche Gedanken aber noch nicht ganz aus-
gereift. Als Goethe 1787 in Rom Karl Philipp Moritz (dem Autor
von *Anton Reiser*) begegnet, ist dieser tatsächlich zu Fuß nach Rom
gewandert, mehr aber aus finanzieller Notwendigkeit als Idealis-
mus. Trotzdem ist Moritz' Fußwanderung ein Zeichen dafür, dass
sich ein Mentalitätswandel anbahnt.

Der Alpinismus ist zu diesem Zeitpunkt in seinen Anfangsjah-
ren. Die Engländer entwickeln beinahe einen Alpen-Kolonialis-
mus, wo die Erstbesteigung eines Gipfels fast dem Erwerb einer
neuen Kolonie gleichkommt. Zwar gibt es auch deutsche Alpinisten, ihnen fehlt aber in der Regel die englische kolonialistische
Haltung. Goethe interessiert sich offenbar für den Alpinismus, und
liest auf seiner ersten Schweizer Reise D. Saussures Reisebericht
von dessen Besteigung des Mont Blanc.[23]

Dies ist der Hintergrund, vor dem Goethe seine eigene und ganz
persönliche Wanderleidenschaft entwickelt.

# Goethes geheimer Ausflug bei schlechtem Wetter: Inspiration und Autonomie

Das Kapitel beschäftigt sich im Folgenden mit Goethe und seinem Verhältnis zum Wandern. Dabei werden wir sowohl Tagebuchnotizen und Briefe als auch einige literarische Texte heranziehen, vor allem das Gedicht „Harzreise im Winter"[24]. Ich werde das Gedicht bewusst einseitig lesen, als einen Bericht in poetischer Form über ein waghalsiges Projekt: einen kombinierten Ritt und Lauf von Weimar hoch zum höchsten Gipfel des Harzes, dem Brocken, und wieder zurück, eine Strecke von insgesamt 500 Kilometern.

Zuerst aber wenden wir uns dem jüngeren Goethe zu: dem hoch begabten, wilden und allmählich zu europäischem Ruhm gelangenden Dichter der *Leiden des jungen Werthers*. Nach ausschweifenden Studententagen in Straßburg in seine Vaterstadt Frankfurt am Main zurückgekehrt (1770), weigert sich Goethe, dem ihm vorgesehenen Beruf als Jurist nachzugehen. Er will lieber dichten, und geistige Verwandte findet er in der Nachbarstadt Darmstadt. Um seine Dichterfreunde zu treffen, wählte der junge Mann in der Regel – und zur Überraschung seiner Umgebung – die Möglichkeit, durch den Wald zu Fuß zu gehen. Die Strecke nach Darmstadt beträgt etwa 30 Kilometer, und wenn er am selben Tag auch zurückging, müsste er also etwa 60 Kilometer an einem Tag zurückgelegt haben! Ob Goethe wirklich am selben Tag hin- und zurückgegangen ist, habe ich nicht herausgefunden; dass er aber so viel und über so lange Strecken unterwegs war, dass er den Beinamen „Der Wanderer" bekam, steht fest, denn das hat uns der Dichter selbst in seiner Autobiographie mitgeteilt. Auch die viel längere Strecke (über 120 Kilometer) zwischen Homburg und Darmstadt soll Goethe mehrmals gewandert sein.

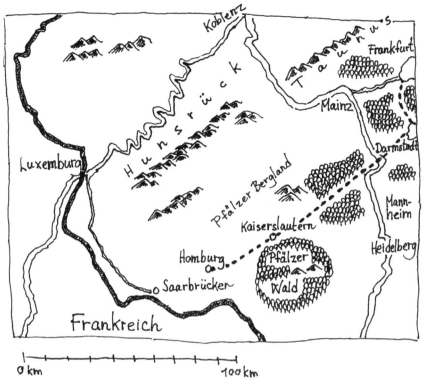

Abb. 3: Beispiel einer Strecke, die der junge Goethe problemlos zu Fuß zurücklegen konnte. Von Darmstadt nach Frankfurt sind es ungefähr 30 km, von Homburg nach Darmstadt ungefähr 120 km.

Auf einer dieser Wanderungen wird Goethe von sehr schlechtem Wetter überrascht, und dann tut er, was er wahrscheinlich häufig getan hat: er dichtet, ja, er singt laut vor sich hin, und zwar ein Lied in der Manier von Pindar, von dem er zu der Zeit sehr begeistert war und dessen ungebundene, wilde Sprache gut zu Goethes Stimmung passte:

> Unterwegs sang ich mir seltsame Hymnen und Dithyramben, wovon noch eine, unter dem Titel „Wanderers Sturmlied", übrig ist. Ich sang diesen Halbunsinn leidenschaftlich vor mich hin, da mich ein schreckliches Wetter unterwegs traf, dem ich entgegen gehn mußte.[25]

Das Gedicht wird erst viele Jahre später publiziert: Schöne hat in seiner Interpretation nachgewiesen, dass das Wandern und Kämpfen mit den Elementen direkten Eingang in das Gedicht gefunden hat. Das Gedicht ist in einem hymnisch-ekstatischen Ton gefasst, in dem der Wanderer das Gefühl bekommt, unüberwindbar und gottbegnadet zu sein. Die anderen können sich drinnen in ihren Stuben verstecken, selbst ist dieses Dichter-Ich ein Gigant, der es wagt, seine Kräfte mit der Natur zu messen. Am Ende, in der letzten Strophe, scheinen seine Kräfte aber aufgezehrt zu sein, und glücklicherweise entdeckt er eine Hütte vor sich. Das Gedicht ahmt Rüdiger Safranski zufolge den erschöpften, stockenden Atem des Wanderers nach, als er durch tiefen Schnee zum Ziel hin „watet"[26]:

> Mut. – Glühte?
> Armes Herz!
> Dort auf dem Hügel!
> Himmlische Macht!
> Nur so viel Glut,
> Dort meine Hütte,
> Dorthin zu waten![27]

Goethes Drang, seine Kräfte körperlich mit der Natur zu messen, zeigt sich auch im Bericht von seiner ersten Schweizreise. Im Jahre 1775 ist Goethe mit Lili Schönemann verlobt, entscheidet sich aber dafür, die Verlobung zu lösen, wahrscheinlich, weil er sich ein Leben in den bürgerlichen Kreisen Frankfurts nicht vorstellen kann. Sehr gelegen kommt ihm deshalb die Einladung von dem Grafen Stolberg, in die Schweiz zu fahren und in den Bergen zu wandern. Die immense Freude, welche Goethe beim Springen, Klettern und Laufen hat, wird im folgenden Tagebucheintragung deutlich:

> Am 16. Juni 1775, denn hier find' ich zuerst das Datum verzeichnet, traten wir einen beschwerlichen Weg an; wilde, steinige Höhen mussten überstiegen werden und zwar in vollkommener Einsam-

keit und Öde. Abends 3/4 auf Achte standen wir den Schwytzer hoken [Großer und Kleiner Mythen] gegenüber, zweien Berggipfeln, die nebeneinander mächtig in die Luft ragen. Wir fanden auf unsern Wegen zum ersten Mal Schnee, und an jenen zackigen Felsgipfeln hing er noch vom Winter her. Ernsthaft und fürchterlich füllte ein uralter Fichtenwald die unabsehlichen Schluchten, in die wir hinab sollten. Nach kurzer Rast, frisch und mit mutwilliger Behändigkeit, sprangen wir den von Klippe zu Klippe, von Platte zu Platte in die Tiefe sich stürzenden Fußpfad, und gelangten um zehn Uhr nach Schwyz. Wir waren zugleich müde und munter geworden, hinfällig und aufgeregt, wir löschten gähling unsern heftigen Durst und fühlten uns noch mehr begeistert. Man denke sich den jungen Mann, der etwa vor zwei Jahren den „Werther" schrieb, einen jüngeren Freund, der sich schon an dem Manuskript jenes wunderbaren Werks entzündet hatte, beide ohne Wissen und Wollen gewissermaßen in einen Naturzustand versetzt, lebhaft gedenkend vorübergegangener Leidenschaften, nachhängend den gegenwärtigen, folgelose Plane bildend, im Gefühl behaglicher Kraft das Reich der Phantasie durchschwelgend, – dann nähert man sich der Vorstellung jenes Zustandes, den ich nicht zu schildern wüsste, stünde nicht im Tagebuche: „Lachen und Jauchzen dauerte bis um Mitternacht."[28]

Hier hören wir von jungen Männern, die ihre Freude daran haben, ihre Ausdauer in der Natur auszuprobieren und lange Etappen – in hohem Tempo – hinter sich zu legen. Am Ziel angelangt wird die Mischung von Erschöpfung und Glück betont; ein leicht nachvollziehbares Gefühl für jeden Wanderer, der solche körperlichen Ausschweifungen selbst erfahren hat. Die Erschöpfung ist an sich die Voraussetzung für das Hochgefühl.

Der junge Goethe war aber keineswegs immer von solchen körperlichen Exzessen begeistert gewesen. Als er 1765 zum ersten Mal seine Heimatstadt Frankfurt verließ, um in Leipzig zu studieren, haben wir es mit einem verwöhnten Bürgerkind zu tun, das mit einer Kutsche fuhr, „ein in Decken und Mäntel eingepackter Knabe"[29], wie Safranski es sagt. Als der Kutsche dann ein kleiner Unfall widerfährt und der junge Mann mithelfen muss, um den Wagen wieder auf den Weg zu bringen, verzerrt er die Muskeln in der Brust, eine Verletzung, die sehr langsam heilen wird.[30] Als er nach drei Jahren von Leipzig nach Frankfurt zurückkehrt, ist sein Zustand körperlich gesehen sehr schlecht. Die Krankheit soll ihn beinahe das Leben kosten. Dann aber, u. a. durch die Hilfe von Doktor Metz, der für alternative Behandlungsmethoden sehr aufgeschlossen war,[31] kommt Goethe wieder auf die Beine. Als Goethe nun im Jahre 1770 als Student nach Straßburg reist, hat sich seine Haltung zur körperlichen Aktivität verändert: Als erstes kletterte er, trotz Schwindelgefühlen, auf den Gipfel des Straßburger Münsters, gleichsam seine erste Bergbesteigung, und feiert den Sieg über sich selbst.

Der zu Weltruhm gelangte Dichter ist also schon ein von der wohltuenden Wirkung physischer Aktivität überzeugter Mann, als er im November 1775 dem Ruf von Herzog Carl August von Weimar folgt, und ein ganz neues Leben als Geheimer Legationsrat am Weimarer Hof anfängt. Goethe ist voller Enthusiasmus für die neuen Aufgaben, gleichzeitig aber bedeutet es viel Stillsitzen und – nicht immer seine Begeisterung hervorlockendes – „Regieren".[32] Nicht nur muss der wilde Dichter in Weimar seine mehrstündigen Wanderungen – jedenfalls zum Teil – einschränken, ihm bleibt auch nicht genug Zeit, seinen intellektuellen Impulsen, seinen Lektüreinteressen und seiner Dichtung nachzugehen.[33]

Vergessen wir nicht, dass Goethe eine Person ist, der diese Art der Selbstbeschränkung schwerfallen muss. Immer hat er die Neigung gehabt, seine Interessen und Fähigkeiten allseitig zu entwickeln, er will ein ganzer Mensch sein, nicht nur Detailaufgaben in einer größeren Maschinerie erledigen. Ist dies der Grund, weswegen er irgendwann anfängt – vielleicht schon im Sommer 1777 – eine temporäre „Flucht", eine wilde Reise, zu planen? Weder seiner Freundin Charlotte von Stein noch dem Herzog Carl August erzählt er von seinen Plänen. „Project zur heimlichen Reise" vermerkt er im Tagebuch am 16. November, und er allein kennt sein Ziel: den Brocken. Alles soll heimlich sein, auch seine Identität. Er verkleidet sich und gibt sich als ein Maler namens Weber aus.[34] Als sich der Tag der geplanten Abreise nähert, muss Goethe sogar seine Teilnahme an einer Jagdpartie zusammen mit dem Herzog absagen, was wohl ziemlich unhöflich gewirkt haben muss, insbesondere da Goethe immer noch kein Wort darüber fallen lässt, was er *wirklich* vorhat.

## Ein kombinierter Ritt und Lauf zum Harz im Winter 1777

Sehr früh, vor Sonnenaufgang, bricht Goethe am 29. November 1777 von Weimar auf. Sein Ziel ist der Brocken, der höchste Berg des Harzgebirges.

### Die Ausrüstung

Wir wissen sehr wenig über die Ausrüstung Goethes und sind hier auf Spekulation angewiesen. Er hatte jedenfalls ein Pferd, wahrscheinlich mit Satteltaschen. Außerdem hatte er eventuell auch einen Tornister oder etwas Ähnliches. Wasserdicht waren seine Taschen allerdings nicht, denn in Goslar angekommen, schreibt er an Frau von Stein: „alles fast ist nass".[35]

Die Frage stellt sich nun, welche Kleider er sich für diesen kombinierten Ritt und Lauf ausgesucht hat: Einen Hut, einen Mantel, gute Wanderschuhe und Reitstiefel, definitiv Handschuhe. Ein Bild von Goethe mit solcher Ausrüstung habe ich nicht gefunden, wir können aber davon ausgehen, dass seine Ausrüstung derjenigen von Caspar David Friedrich und Christian Gottlieb Kühn auf dem Bild von Kersting nicht sehr unähnlich war. Friedrich und Kuhn brachen im Jahre 1811 zu einer Reise in den Harz auf.

Abb. 4: Vielleicht war Goethe so gekleidet wie Caspar David Friedrich und Christian Gottlieb Kühn auf dieser Zeichnung von Georg Friedrich Kerstin (1811).

## Die Tagesetappen

Die Tagesetappen der Harzreise sind wie folgt:

| | |
|---|---|
| 29. November: | Weimar – Greußen. Zu Pferd („überm Ettersberg in scharfen Schloßen"[36]). Schlossen = Hagelschauer. |
| 30. November: | Greußen – Ilfeld. Zu Pferd. |
| 1. Dezember: | Ilfeld – Elbingerode. Zu Pferd (besucht die Baumannshöhle, „durchklettert und durchkriecht ihre Schluchten und Klüfte"[37]). |
| 2. Dezember: | Elbingerode – Wernigerode. Zu Pferd. |

| 3. Dezember: | Werningerode – Goslar. Zu Pferd („Sturm, Schnee, Schlossen, Regen … alles fast ist nass" 38). |
| 5. Dezember: | Goslar – Rammelsberg. Zu Pferd. |
| 7. Dezember: | Rammelsberg – Clausthal („Einfahrt in die Caroline, Dorothee und Benedikte"39). Hier lässt Goethe sein Pferd stehen. |
| 9. Dezember: | Clausthal – Altenau. Zu Fuß. |
| 10. Dezember: | Altenau – Torfhaus. Zu Fuß |
| 10. Dezember: | Torfhaus – Brocken (3 Stunden, „Schnee eine Elle tief, der aber trug"40). Zu Fuß. |
| 11. Dezember: | Brocken – Clausthal. Zu Fuß. |
| 12. Dezember: | Clausthal – Andreasberg. Zu Pferd („[…] abends noch in die Gruben Samson, Catharina Neufang, Gnade Gottes, auf Leitern selbstverständlich, Schachttiefe 810 – Tagebuch: ‚ward mir sehr sauer diesmal'")41. |
| 13. Dezember: | Andreasberg – Duderstadt. Zu Pferd. |
| 14. Dezember: | Duderstadt – Mühlhausen. Zu Pferd. |
| 15. Dezember: | Mühlhausen – Eisenach. Mit der Postkutsche. |
| 16. Dezember: | Eisenach – Weimar. Mit der Postkutsche. |

Die Reiseroute ist auf dieser einfachen Skizze wiedergegeben (siehe Abb. 5):

Albrecht Schöne unterstreicht die Dimensionen des Unternehmens:

Sieht man ab von der Postkutschenfahrt Mühlhausen-Eisenach (ca. 40 km) und der Rückreise dann nach Weimar (ca. 75 km), so betragen die vermessenen Wegstrecken, die dieser Harzreisende binnen 16 Tagen zu Fuß und zu Pferde zurückgelegt hat, häufig durch unwegsames Gelände, Schlamm und Schnee, einschließlich der geschätzten Wege am jeweiligen Ausgangs- und Zielort und unter Tage annähernd 500 km. Das Unternehmen verdient Respekt.42

Abb. 5: Goethes Extrem-Reise von Weimar zum Brocken und zurück.

Dass Goethe erst am 29. November losbricht, also in der schlechtesten Jahreszeit, trägt dazu bei, den Respekt noch mehr zu erhöhen.

*Ein neues Verhältnis zur Natur durch hartes Wandern*

Das Harzprojekt Goethes zeugt von einem neuen Verhältnis zum Wandern und zur Natur, eine „kopernikanische Wende"[43]. Goethe, ein Aufklärer und, nach eigener Aussage, „dezidierter Nichtkrist"[44] sieht die Natur nicht als Manifestation einer äußeren, transzendenten Macht, auch sieht er die Natur nicht als etwas, was außerhalb des Individuums Gültigkeit hat: Bernd Witte hat dieses neue Naturgefühl Goethes (mit Bezug auf die Wanderungen in den Jahren 1772–1774) wie folgt beschrieben:

> Goethes Wanderungen, ein damals durchaus ungewöhnliches Unternehmen für einen jungen Mann seines Standes, waren ein zweckfreies […] Durchstreifen der Landschaft, mit dem der junge Dichter seine Durchsetzungskraft und seinen Freiheitsdrang auf die Probe stellte.[45]

Hier haben wir es mit einem Wanderer zu tun, der sich nicht demütig zu Naturkräften wie Sturm, Regen und Kälte verhält, sondern diese Kräfte stattdessen als Quelle der eigenen Schöpferkraft und Freiheit sieht. Dies zeigt sich Witte zufolge in der Gestaltung der Verse in „Wanderers Sturmlied", die den „Rhythmus des gegen den Sturm Angehens" wiedergibt, „in dem sich der Einzelne gegen die Übermacht des Unwetters behauptet".[46] Die „Anstrengung", der physische Akt des harten Gehens, zeigt sich, so Witte, im Metrum:

> In der Beziehung des Metrums auf die Bewegung des Gehenden und Sprechenden kommt zum Ausdruck, daß hier die Gültigkeit der Natur nicht mehr objektiv gegeben ist, das Unwetter nicht mehr als solches geschildert werden soll, sondern daß sie nur in den Gegenkräften sich manifestiert, die dieses im Individuum hervorruft.[47]

So sieht Goethe auch nicht Sturm und Blitz und andere gewaltige Naturerscheinungen als Ausdruck des Ichs, so wie später Schlegel und die Romantiker. Was aus den beiden Wandergedichten „Wanderers Sturmlied" und „Harzreise im Winter" herauszulesen ist, ist also keine romantische Mystifizierung der Natur, kein harmonisches Hinaufgehen in die Natur. Der Wanderer, so wie er in die-

sen Gedichten auftritt, ist ein mündiges und autonomes Subjekt.
Für dieses Subjekt ist die Natur, vor allem das Unwetter, als positiv
zu betrachtendes Hindernis anzusehen, mit dem es geistig, aber
auch physisch, seine Kräfte messen darf.

*Harzreise im Winter –*
*eine Gedichtlektüre mit Blick auf das Laufen*

Das Gedicht „Harzreise im Winter", so meine These, handelt davon,
wie ein strapaziöses Wanderprojekt zu einem autonomen Leben
führen kann.

Johann Wolfgang Goethe: „Harzreise im Winter"

**(I)**
Dem Geier gleich,
Der auf Morgenschloßen
Wolken
Mit sanftem Fittich ruhend
Nach Beute schaut,
Schwebe mein Lied.

**(II)**
Denn ein Gott hat
Jedem seine Bahn
Vorgezeichnet,
Die der Glückliche
Rasch zum freudigen Ziele
rennt:
Wem aber Unglück Das Herz
zusammenzog,
Er sträubt vergebens
Sich gegen die Schranken
Des ehrenen Fadens

Den die doch bittre Schere
Nur einmal löst.

**(III)**
In Dickichts Schauer
Drängt sich das rauhe Wild,
Und mit den Sperlingen
Haben längst die Reichen
In ihre Sümpfe sich gesenkt.

**(IV)**
Leicht ists folgen dem Wagen
Den Fortuna führt,
Wie der gemächliche Troß
Auf gebesserten Wegen
Hinter des Fürsten Einzug.

**(V)**
Aber abseits wer ists?
Ins Gebüsch verliert sich sein

Pfad,
Hinter ihm schlagen
Die Sträuche zusammen
Das Gras steht wieder auf,
Die Öde verschlingt ihn.

(VI)
Ach wer heilet die Schmerzen
Des, dem Balsam zu Gift ward?
Der sich Menschenhaß
Aus der Fülle der Liebe trank,
Erst verachtet, nun ein
Verächter,
Zehrt er heimlich auf Seinen
eignen Wert
In ungnügender Selbstsucht.

(VII)
Ist auf deinem Psalter,
Vater der Liebe, ein Ton
Seinem Ohre vernehmlich,
So erquicke sein Herz!
Öffne den umwölkten Blick
Über die tausend Quellen
Neben dem Durstenden
In der Wüste.

(VIII)
Der du der Freuden viel
schaffst,
Jedem ein überfließend Maß,
Segne die Brüder der Jagd
Auf der Fährte des Wilds
Mit jugendlichem Übermut

Fröhlicher Mordsucht,
Späte Rächer des Unbills,
Dem schon Jahre vergeblich
Wehrt mit Knütteln der Bauer.

(IX)
Aber den einsamen hüll In dei-
ne Goldwolken,
Umgib mit Wintergrün,
Bis die Rose wieder heranreift
Die feuchten Haare,
O Liebe, deines Dichters!

(X)
Mit der dämmernden Fackel
Leuchtest du ihm
Durch die Furten bei Nacht,
Über grundlose Wege
Auf öden Gefilden;
Mit dem tausendfarbigen
Morgen
Lachst du ins Herz ihm,
Mit dem beizenden Sturm
Trägst du ihn hoch empor.

(XI)
Winterströme stürzen vom
Felsen
In seine Psalmen,
Und Altar des lieblichsten
Danks
Wird ihm des gefürchteten
Gipfels
Schneebehangner Scheitel

Den mit Geisterreihen Kränz-
ten ahndende Völker.

(XII)
Du stehst mit unerforschtem
Busen
Geheimnisvoll offenbar

Über der erstaunten Welt,
Und schaust aus Wolken
Auf ihre Reiche und
Herrlichkeit,
Die du aus den Adern deiner
Brüder
Neben dir wässerst.[48]

Fangen wir mit der letzten Versgruppe des Gedichts an, als der
Wanderer *endlich* am Gipfel des Brockens steht, und versuchen wir
uns in diese Situation hineinzufühlen: Bist du selbst jemals dem
Einfall gefolgt, obwohl draußen das Wetter tobte – oder vielleicht
eben wegen dieses Wetters –, den ungünstigen Verhältnissen zu
trotzen und dich auf Wanderung zu begeben? Falls ja, was brachte
dich dazu? War es Frustration? Schwermut? Unlösbar erscheinen-
de Probleme? Wie dem auch sei: Irgendein Impuls hat dich vom
Sofa losgerissen, und auf einmal stehst du da, auf einem Pfad mitten im Wald, klitschnass, und wahrscheinlich verfluchst du die
ganze Idee, die dich hierher gebracht hat. Wenn du diese Erfahrung
gemacht hast, dann kennst du aber auch das Gefühl, dass deine
Gedanken anfangen, andere Bahnen zu nehmen; wenigstens schaffst
du es in diesem Augenblick nicht, an deine Probleme zu denken;
du hast ja mehr als genug zu tun, dich warm zu halten und den
vermaledeiten Regen aus deinem Gesicht zu wischen. Wenn du
Glück hast, wirst du aber auch erleben, dass sich die Gedanken
lockern, sie werden gleichsam freier: Mit einem Mal scheint nichts
länger so unmöglich oder festzementiert, wie du es dir vor der Los-
fahrt vorstelltest; deine Möglichkeiten scheinen dir nicht länger so
beschränkt.

Wie verhielt es sich dann mit Goethe, als er am 10. Dezember
1777 den letzten Teil seiner Reise antrat, und sich im tiefen Schnee
den Weg hoch zum Gipfel des Brockens erkämpfte? Hat ihn auch
das Gefühl überkommen, dass die Probleme, in denen er steckte,
auf einmal nicht so unlösbar waren? Dass mit einem Mal eine Welt

der Möglichkeiten vor ihm lag? Die folgenden Zeilen deuten definitiv darauf hin:

> Du stehst mit unerforschtem Busen
> Geheimnisvoll, offenbar
> Über der erstaunten Welt,
> Und schaust aus Wolken
> Auf ihre Reiche und Herrlichkeit,

Freiheit und neue Chancen sprechen zu uns aus diesen Zeilen, ganz im Gegensatz zu den Eröffnungsstrophen, die von der Vorstellung gänzlich durchdrungen sind, dass das Leben von einem Gott „vorgezeichnet" ist. Merken wir uns auch, dass sich das Gedicht hier, in der letzten Strophe, zum ersten Mal an ein „Du" wendet, das auch den Leser mit einbeziehen könnte: „Du stehst mit unerforschtem Busen …". Ist es nicht, als ob der Wanderer, der die Strapazen hinter sich hat, hier zu uns sprechen würde: „Mach es mir nach! Dann wirst *Du* auch einmal da oben stehen können, ‚geheimnisvoll, offenbar' und aus Wolken auf eine Welt der Möglichkeiten schauen."

Goethe lebte in einer Epoche, die von der beginnenden bürgerlichen Emanzipation vom Adel und der Lebensform des Rokokos gekennzeichnet war. Als Mittel, um diese Befreiung zu erzielen, hatte Rousseau für die Bürger die Wanderung in der freien Natur entdeckt; die zwecklose, körperlich anstrengende, natürliche Wanderung also, so weit entfernt von den höfisch-galanten, unnatürlichen Umgangsformen des Rokokos wie möglich. Ein Leben in größerer Nähe zur Natur war Rousseau zufolge also angesagt, was nicht nur Nähe zu sommerlich-behaglichen Wäldern und Wiesen bedeutete, sondern auch zu Kälte, „Schloßen" und allem, was an der Natur unbehaglich sei. Nur so könnten die Bürger (oder die Menschheit schlechthin) imstande werden, sowohl mit der althergebrachten Lebensweise, dem Ancien Régime, zu brechen, als auch ihre eigene Eigenart als Bürger zu finden. Um bürgerliche Befreiung zu erlangen, war also ein Schritt rückwärts notwendig, zu einer Zeit vor den verfeinerten und als unnatürlich empfundenen Lebensformen des Adels. Ohne diesen Rückbezug auf eine gleichsam vorzivilisatorische Stufe, auf Natur und Kampf mit den Elementen, würde die Gefahr bestehen, dass die aufkommende bürgerliche Gesellschaft nur die Gesellschaftsformen des Adels nachahmen oder schlichtweg übernehmen würde. Bezug auf diese Gefahr wird, so meine Interpretation, in der vierten Strophe der „Harzreise im Winter" genommen: Hier hören wir vom „gemächliche[n] Troß", der „auf gebesserten Wegen hinter des Fürsten Einzug" kommt. Hier könnten gerade diejenigen Bürger gemeint sein, welche die adligen Lebensformen nur unkritisch übernehmen.

Im Folgenden werde ich das Gedicht chronologisch analysieren, indem ich davon ausgehe, dass es eine gewisse Korrespondenz zwischen der Reihenfolge gibt, in der die Strophen aufeinander folgen, und der Reihenfolge der Reisestationen Goethes im Dezember 1777.

Am Anfang des Gedichts schwebt ein „Geyer" oder „Auguralvogel"[49] über dem Land, „nach Beute" schauend. Halten wir an der Chronologie fest, gehört diese faktische Observation von einem Raubvogel am Himmel zum ersten Teil der Reise, was auch mit Goethes eigenen Aussagen zu seiner Harzreise übereinstimmt. Im Text „Campagne in Frankreich" besteht Goethe nämlich darauf, er habe am ersten Tage seiner Reise, am Ettersberg, „im „düstern und vom Norden her sich heranwälzenden Schneegewölk […] hoch ein Geier"[50] über sich gesehen.[51]

Schöne zufolge ist der Geyer als ein römischer Auguralvogel zu verstehen. Die abergläubischen Römer meinten, so führt Schöne aus, durch die genaue Observation oder das „Auspizium" der Flucht von Geiern, die sie als Auguralvogel bezeichneten, den Götterwillen erkunden zu können. Neigt nun aber auch der Aufklärer Goethe zu diesem Glauben? Sicherlich nicht, aber im Bild vom Auguralvogel könnte er doch Ausdruck für den ihn quälenden Zustand finden, dass sein Leben unfreier geworden sei, als es früher war.

Mit den Worten des Gedichts: Sein Leben sei jetzt von einem „Gott" in seiner Bahn „vorgezeichnet". Nun haben wir aber schon darauf hingewiesen, dass die letzte Strophe des Gedichts, als das Ziel der Reise erreicht ist, von einer gedanklichen und innerlichen *Befreiung* geprägt zu sein scheint. Ein beachtlicher Stimmungsumschwung scheint also zwischen dem Anfang der Reise (und dem ersten Tag am Ettersberg) und dem letzten Tag stattgefunden zu haben.

Das Dichter-Ich, das durch die Schloßen reitet, ist nachdenklich gestimmt, steckt immer noch in seinen Problemen. Wem erscheint das Leben als „vorgezeichnet", fragt es sich. Die ersten acht Strophen des Gedichts befassen sich ausgerechnet mit dieser Frage. Erst in der neunten Strophe kommt es zu einem Stimmungsumschwung.

Schon in der zweiten Strophe wird eine Dichotomie eingeführt, die später weitergeführt und weiterentwickelt werden soll: Einerseits haben wir den Glücklichen, der „rasch zum freudigen Ziele rennt", andererseits den Unglücklichen, dem das Leben voller „Schranken" oder Begrenzungen vorkommt. Der Unglückliche lebt in der Vorstellung, dass es vorausbestimmt sei, dass er das eigene Potential *nicht* zur Blüte bringen soll, weswegen er die Schlussfolgerung zieht, das Leben sei es nicht wert, gelebt zu werden; Atropos, die griechische Schicksalsgöttin, schneidet ihm den Lebensfaden ab: „Den die doch bittre Schere nur einmal löst". Dem Glücklichen dagegen ist es vergönnt, unter guten Bedingungen zu arbeiten. Beide Positionen, die des Glücklichen und die des Unglücklichen, sind, der Logik des Gedichts zufolge, *unfrei* in dem Sinne, dass ihre „Bahn" von einem Gott vorgezeichnet wurde.

Goethe selbst könnte sich wahrscheinlich mit beiden Positionen identifizieren. Auf der einen Seite war er der „Glückliche", der „gottbegnadete", talentierte junge Mann, der früh zu dichterischem Ruhm gelangt und nun in den herzoglichen Dienst in Weimar eingetreten war: Hier war ihm ein gesichertes, erfolgreiches Leben beschert. Auf der anderen Seite hatte er offenbar auch mit der Schattenseite des Lebens Bekanntschaft gemacht, was sein Romanerstling *Die Leiden des jungen Werthers* bezeugt: Von der Legitimität seiner eigenen, stürmisch-leidenschaftlichen Gefühle überzeugt, reagiert der bürgerliche Werther mit Verzweiflung, als er von der adligen Gesellschaft in seine Schranken zurückgewiesen wird und einsehen muss, dass seine Liebe zu Lotte unmöglich sei. Werther zieht den für ihn einzig möglich erscheinenden Schluss: Er müsse sein eigenes Leben beenden. Goethes Darstellung des Selbstmordes eines stürmischen Jünglings sollte sich als sehr verhängnisvoll erweisen, da es eine Selbstmordwelle unter Jugendlichen auslöste[52]; eine Auswirkung, die Goethe sehr angelastet wurde. Kämpfte aber Goethe selbst mit solchen dunklen, pessimistischen, lebensverachtenden Gedanken? Wahrscheinlich ja. Die dichotomische Gegenüberstellung vom Glücklichen und Unglücklichen kann so als eine selbstbezogene Reflexion des Dichters interpretiert werden.

Nachdem die Dichotomie etabliert worden ist, entwickelt sich die Struktur des Gedichts wie folgt: In den zwei folgenden Strophen (Strophe 3 und 4) werden die Reflexionen über den „Glücklichen" weiterentwickelt; parallel dazu kommen zwei weitere Strophen (Strophe 5 und 6), in denen die Reflexionen über den „Unglücklichen" konkretisiert und vertieft werden. Danach folgen zwei Strophen, in denen das Ich darum bittet, Gott möge den „Unglücklichen" (Strophe 7) und den „Glücklichen" (Strophe 8) segnen oder ihm auf andere Weise zu Hilfe kommen.

Wir werden jetzt kurz ausführen, was in den Strophen 3 bis 8 an Gedanken weiterentwickelt wird.

Die „Glücklichen" tauchen in der vierten Strophe leicht umgeschrieben als „die Reichen" auf. Bemerkenswert ist hier, dass sich „die Reichen" weigern, in das schlechte Wetter hinauszugehen, sie haben sich stattdessen „in ihre Sümpfe gesenkt". Schöne argumentiert in seiner Analyse dafür, dass hiermit die Städter gemeint sind: „Aus den Unbilden des Wintergebirges haben die reichen Leute sich zurückgezogen in den warmen Sumpf ihrer Stadt."[53] Die Glücklichen suchen also rokokomäßige, stubenhockende Bequemlichkeit, was sie in die Nähe des zu bekämpfenden Adels rückt. Die nächste Strophe entwickelt dies weiter:

(IV)
Leicht ists folgen dem Wagen
Den Fortuna führt,
Wie der gemächliche Troß
Auf gebesserten Wegen
Hinter des Fürsten Einzug.

Das Ich distanziert sich deutlich von dieser Art von Bürgerlichkeit, die einem vorgezeichneten Weg blind folgt: So leicht möchte *dieses Ich* es nicht haben!

Die Strophen 5 und 6 widmen sich nun dem „Unglücklichen". Der folgt keinem fertig gemachten, behaglichen Weg, im Gegenteil; sein Weg hinterlässt überhaupt keine Spuren, er verschwindet im Gebüsch: „das Gras steht wieder auf / Die Öde verschlingt ihn". Die sechste Strophe stellt die Denkart des „Unglücklichen" sehr genau als eine Entwicklung dar von einem von der Liebe erfüllten Jüngling zu einem „Verächter" des Lebens. Ein solches Leben bringe nichts Positives, der Unglückliche zehre seinen eigenen Wert in „ungenügender Selbstsucht auf". Für die anderen, für das Wohl der Gesellschaft, habe er kein Auge. Was er nun bräuchte, dieser Schwermütige, ist, dem Dichter-Ich zufolge, Hilfe dazu, den Blick für die „tausend Quellen" zu öffnen, die sich in unmittelbarer Nähe befinden, und das Leben mit Lebensinhalt hätten füllen können. Die große Frage ist aber: Was könnte diesen Unglücklichen (vom Typus Plessing[54]) aus seinem Zustand herausreißen? Die Antwort liegt auf der Hand: Heraus aus der guten Stube! Ziehe die Wanderschuhe an, tue es dem Dichter-Ich nach!

In der achten Strophe sind wir wieder bei den „Glücklichen". Diesmal hat sich Goethe eine direkte Anspielung auf den Herzog und die Jagdgesellschaft, an der er eigentlich selbst hätte teilnehmen sollen, erlaubt. Diese Jagdgesellschaft befand sich eben auf Wildschweinjagd, sie war „auf der Fährte des Schweins", genau wie es im Gedicht steht. Das Dichter-Ich begnügt sich hier damit, ihr einen Segen nachzuschicken. Gleichzeitig steht fest: Mit dem Projekt des Dichters haben die adligen Jäger mit ihrer „fröhliche[n] Mordsucht" keine Berührungspunkte. Diese Form der Jagd ist ein adliges Spiel, nichts mehr. Wie anders wäre es, wenn sie wirklich auf Jagd gegangen wären! Warum diese Anspielung? Vergessen wir hier nicht, dass Goethe selbst ein Teil dieser Gesellschaft ist, und nur durch den Kraftakt seiner Harzreise hat er sich, sei es auch kurzfristig, von ihr losgerissen.

Fehlte es den „Unglücklichen" und „Glücklichen" an Selbstständigkeit und Autonomie, verhält es sich mit dem einsamen Dichter, dem nun, in den vier letzten Strophen, allein der Fokus des Gedichts gilt, ganz anders. Von Gott erbittet er sich weder einen Segen (= Zusicherung von Schutz und Bewahrung) noch tröstende Worte. Er erbittet sich einen göttlichen *Gefährten*, der ihn als einen Gleichwertigen anerkennt:

(IX)
Aber den einsamen hüll In deine Goldwolken,
Umgib mit Wintergrün,
Bis die Rose wieder heranreift
Die feuchten Haare,
O Liebe, deines Dichters!

Das Wintergrün, das seine „feuchten Haare" umgeben soll, ist eine Auszeichnung, ein Indiz dafür, dass der Dichter auf gleichem Fuß wie die Götter zu stehen wünscht. Mit anderen Worten: Das Ich distanziert sich deutlich von sowohl den Glücklichen als auch den Unglücklichen, es lässt die dem autonomen Leben nicht förderlichen Lebensentwürfe weit hinter sich zurück. Wir bekommen hier tatsächlich den Eindruck, die ersten acht Strophen des Gedichts seien nur da, damit das Ich frei zum Weitergehen werden kann.

Nun setzt sich die Wanderung fort, und jetzt herrscht kein Zweifel, dass es sich um eine *harte* Wanderung handelt: Die Haare des

Abb. 6: Doktor Faust und Mephisto auf dem Weg zum Brocken. Sie gehen sportlich zu Fuß, Faust mit einem „Knotenstock" (1843). Bild von Moritz Retzsch.

Dichter sind nass vom Regen, er wandert „durch die Furten bei Nacht", der Sturm beißt und „Winterströme stürzen vom Felsen".

Als ein den Göttern gleichwertiger Titan braucht das Ich Gegenkräfte, gegen die es sich bewähren kann. Witte behauptet in Bezug auf „Wanderers Sturmlied", dass dort das Unwetter nicht objektiv gegeben sei, sondern sich nur in den Gegenkräften manifestiere, „die dieses im Individuum hervorruft". Hier geht Witte meines Erachtens zu weit. Das Unwetter funktioniert zwar als Gegenkraft, gegen die das Ich – auch innerlich – kämpfen muss, ist aber auch im Kontext der Harzreise durchaus real. Es genügt also nicht, in einer warmen Stube zu sitzen und den Kampf mit dem Unwetter im eigenen Kopf lesend nachzuerleben, damit erreicht man nicht

die gedankliche Befreiung zur Autonomie, die der Endpunkt des
Gedichts markiert. Die Aufforderung, den Kampf mit Schloßen
und Sturm aufzunehmen und am eigenen Körper zu spüren, ist
durchaus ernst gemeint. Das Ich will es schwer haben und Du sollst
es auch schwer haben. Diesen Gedanken finden wir auch andern-
orts bei Goethe, u. a. im Faust, als der Doktor das Angebot Mephistos ablehnt, zum Brocken hin auf einem Besen zu fliegen. Nein,
Faust will es schwer haben, und zieht es vor, die Strecke zu Fuß mit
einem Wanderstock zu gehen,[55] wie es auch auf dem Bild „Doktor
Faust und Mephisto auf dem Weg zum Brocken" abgebildet ist.

Mephisto bietet Faust eine Abkürzung an, was Faust diesmal
ablehnt. Robert Steiger sieht hier eine Alternative zu Alchemie und
Teufelspakt als Wege zur dichterischen Inspiration und unmittelbaren Erkenntnis der Natur: Goethe selbst betrete andere Wege,
um zu diesem Ziel zu gelangen, u. a. körperliche Exzesse in der
Schweizer Gebirgswelt.[56]

Meine Konklusion lautet demgemäß: Erst wenn man es sich
bewusst schwer macht, auch in körperlicher Hinsicht, kann man
erhoffen, am Ende Augenblicke der befreiten Inspiration zu erleben; erst dann kann man hoffen, eines schönen Tages auf einem
Gipfel zu stehen, „mit unerforschtem Busen / Geheimnisvoll offenbar" über die Welt schauend.

## Pädagogik und Bildung

Die Harzreise im Winter war ein persönliches, wir könnten beinahe sagen egozentrisches, Projekt. Die Reise war aber wichtig, denn
sie machte es für Goethe möglich, Kontakt mit seinem früheren
Selbst, dem wilden Wander-Selbst, wiederherzustellen. Dass Wandern aber auch anderen Zwecken dienen kann, sehen wir schon
zwei Jahre später, 1779, als Goethe und der Herzog gemeinsam
eine Schweizer Reise machen. Bei dieser Wanderung sehen wir
Goethe als vernünftigen Reiseführer auftreten, der Carl August
zwar auf abenteuerliche Exkursionen mitnimmt, aber ohne selbst-

bezogen zu werden: Entweder steht auf dieser Wanderung die Erziehung des Herzogs im Zentrum oder Goethe befasst sich mit seinen geologischen Studien. Die Wanderung hoch zum Gotthard ist zwar hart, vom ekstatischen Jauchzen und Springen von Stein zu Stein, das seine erste Gotthard-Reise mit den beiden Grafen Stolberg prägte, ist nichts zu spüren.

Goethes zweite Gotthard-Besteigung dient also Bildungszwecken. Auf diese Weise wird auch das Versprechen am Ende des Harzreise-Gedichts, das Dichter-Ich werde in Zukunft nicht nur das eigene Selbst pflegen, sondern auch nützlich für die Gesellschaft sein, eingelöst: Nicht nur sich selbst, sondern auch die Welt da unten solle es in Zukunft „wässern". So erscheint die Gotthard-Besteigung auch als eine Alternative zur traditionellen Bildungsreise, wo man mit Kutsche unterwegs ist. Dass man aus der Kutsche heraus nicht so viel erfährt wie zu Fuß, das stand für Goethe fest. In seinen Briefen aus der Schweiz schreibt er den bekannten Satz: „Nur wo du zu Fuß warst, bist du auch wirklich gewesen." Einen andern Goethe-Satz können wir hinzufügen: „Was ich nicht erlernt habe, das habe ich erwandert". Beide Aussprüche deuten darauf hin, dass Goethe das Wandern als einen bevorzugten Modus für das Lernen und für die Bildung ansah. Dass es sich dabei nicht um behagliches Spazierengehen handelt, wird aber auch deutlich, denn Goethe scheut sich nicht, den Herzog harten Herausforderungen auszusetzen:

> Statt den einfachen südlichen Weg über den Simplonpass und ein Stückchen Italien zum Gotthard zu wählen, entscheidet sich Goethe für die direkteste und riskanteste Route: die lange und durch den vielen Neuschnee gefährliche Bergetappe mit einheimischen Führern über den Furkapass.[57]

Der Pädagoge Goethe weiß also durchaus, seine Erfahrungen mit anspruchsvollem Wandern und Laufen durch Sturm und Unwetter für pädagogische Zwecke einzusetzen.

# Der Stoiker, Hurone und Gesundheitspionier: Seume wandert 3000 Kilometer quer durch Europa

Im kleinen Dorf Poserna, 30 Kilometer südwestlich von Leipzig, wird im Jahre 1763 ein Junge geboren, der als einer der bekanntesten deutschen Wanderer in die Geschichte eingehen wird: Johann Gottfried Seume. In Seume tritt uns ein ganz anderer Wandertypus als der 14 Jahre ältere Johann Wolfgang Goethe entgegen. Goethes 500 Kilometer langer kombinierter Ritt/Lauf zum Brocken hin ist eine Kleinigkeit im Vergleich zu Seumes bekanntester Wanderung, seinem „Spaziergang" von Grimma nach Syrakus und zurück, eine Strecke von etwa 6000 Kilometern.

Seume legte die Distanz im Laufe von neun Monaten zurück, hauptsächlich zu Fuß. Als das wichtigste Zeugnis von Seumes Wanderleistungen werde ich im Folgenden das Reisebuch dieser Italienreise, *Spaziergang nach Syrakus im Jahre 1802*, relativ ausführlich besprechen.

Wie Seumes Lebensgeschichte und vor allem seine mannigfaltigen Bezeichnungen für „Das-sich-zu-Fuß-Bewegen" bezeugen, ist sein Verhältnis zu Fußreisen sehr vielseitig. Seume „wandert" nicht nur; er „geht" (SW 1993, S. 165), „marschiert", „reist zu Fuß", „tornistert" (SW 1993, S. 174), „wandelt", „flieht", „pilgert" (SW 1993, S. 178, 206)[58], „watet", „stampft", „bugsiert" (SW 1993, S. 251) und – wie der Titel seines Buches besagt: er „geht spazieren".[59] Diese Wörter können wir als Stellvertreter einer Reihe verschiedener Wandermodi betrachten. Einige Beispiele folgen hier:

- **Gehen:** Das Zu-Fuß-Gehen war für Seume die natürliche und aus ökonomischen Gründen oft notwendige Fortbewegungsart.
- **Spazierengehen:** Dass Seume seine 3000 Kilometer lange

Wanderung einen „Spaziergang" nennt, ist eine humorvolle Untertreibung. „Spazieren" bedeutet Grimms Wörterbuch zufolge „zum Vergnügen gehen" oder „lustwandeln"[60], und als „Spaziergang" hätten die Menschen damals bestimmt nur kürzere Wanderungen, häufig in einem Garten, bezeichnet. Seume besteht scherzhaft darauf, dass er keine große Reise macht, sondern nur einen kleinen Spaziergang nach Syrakus, um dort an der Quelle der Arethusa Theokrit zu lesen.

- **Marschieren:** Als Soldat macht Seume mit ausgedehnten Märschen Bekanntschaft.[61]
- **Fliehen:** Als Deserteur wird er zweimal zum Fliehen gezwungen (und wird zweimal wieder eingeholt und verhaftet).
- **„Tornistern":** Als Italienreisender „tornistert" er nur mit einem kleinen Rucksack, der nur das Notwendigste enthält.
- **Pilgern:** Als religiöser Mensch „pilgert" er nach Italien, nicht aber im traditionellen Sinn, sondern in seiner ganz eigenen Form der Religiosität, einer Mischung von Deismus und aufgeklärtem Moralismus.

Sämtliche von diesen Wandermodi Seumes werde ich in der Erörterung berühren.

Was Goethe (geb. 1749) und Seume (geb. 1763) altersmäßig unterscheidet, sind 14 Jahre, in denen „wandergeschichtlich" viel geschehen ist. Als Goethe zu seiner ersten Gotthardbesteigung (1775) und seiner Harzreise (im Dezember 1777) aufbricht, ist er fast als ein Pionier zu bezeichnen. Zu Beginn des 19. Jahrhunderts hat sich der Status des Spazierengehens und Wanderns sehr verändert. Der Volkskundler Bernd Jürgen Warneken schreibt:

> Der aufgeklärte Bürger soll Fußgänger sein: Das mindeste sind tägliche Spaziergänge bei jedem Wetter; besser noch, meinen die Philanthropen, sind Wanderungen […] und wie das Volk zu Fuß statt mit der Kutsche zu reisen, gilt den Protagonisten der bürgerlichen Gehkultur nun nicht mehr als Armutszeugnis, sondern als Beweis von Unabhängigkeit und Unternehmensgeist.[62]

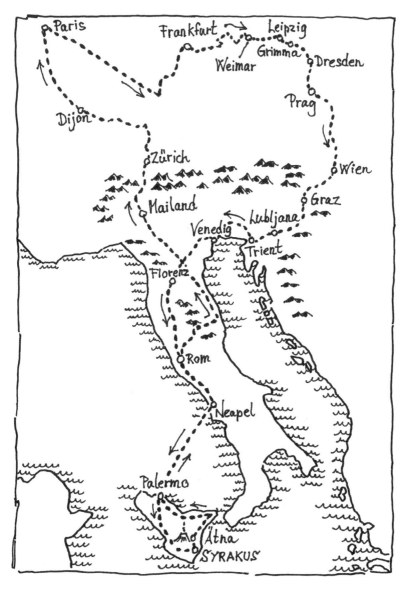

Abb. 7: Der Wanderweg Seumes von Dezember 1801 bis Ende August 1802.

Die Dichter Hölderlin und Moritz sind Beispiele für diese bürgerliche Wandersucht und Wanderpflicht, denn mit größter Selbstverständlichkeit wanderten beide sehr lange Distanzen. Hölderlin
war, wie Pierre Bertaux schreibt, ein „rüstiger Wanderer", der
„mühelos fünfzig Kilometer, und notfalls mehr als das, am Tag
zurücklegen [konnte], am folgenden Tag weiterwandern und sich
dabei wohl, ja am wohlsten fühlen"[63]. Als Goethe im Jahre 1786 in
Rom per Kutsche angekommen war, trifft er dort Moritz, der, als
wäre es das Natürlichste in der Welt, die ganze Strecke von Deutschland zu Fuß zurückgelegt hatte.[64] Seumes Italienwanderung ist zwar
extrem, was Länge und Zeit angeht, wir sehen aber andererseits,
dass er mit solchen Projekten nicht allein dastand.

## Biographische Voraussetzungen für
die Syrakus-Wanderung

Das Leben hat Seume für seine große Wanderung vorbereitet: ein
wandernder Vater, eine Kindheit mit viel körperlicher Arbeit und
einer asketischen Lebensführung, frühe (und unfreiwillige) militärische Erfahrung (1781), Begegnung mit den Ureinwohnern
(„Huronen") Amerikas (1781–1783), drei Fluchtversuche zu Fuß
(1783–1787) und letztendlich: Unzufriedenheit mit „stillsitzender"
Arbeit als Korrektor in Leipzig (1787–1802). Bevor wir uns Seumes großer Reise und seinem Reisebericht widmen, werden wir
kurz auf diese biographischen Voraussetzungen näher eingehen,
in der Hoffnung, ein besseres Verständnis der Wanderleidenschaft
dieses Mannes zu bekommen.[65]

### Eine Kindheit auf den Füßen

Seumes Vater, Andreas Seume, war Böttcher und war als wandernder Handwerksbursche in die Welt gezogen, und dies mag dazu
beigetragen haben, dass der Sohn dem Reisen zu Fuß nicht fremd
gegenübergestanden hat. Vater Andreas war aber auf seiner Wan-

derschaft nicht weit gekommen, bis er Regina Liebing in Poserna heiratete und sich dort niederließ.

In Poserna hatte die Familie Seume ein landwirtschaftliches Grundstück, eine Brennerei, eine Brauerei und einen Ausschank.[66] Viel auf den Beinen waren sie sicherlich alle, wie es zu dieser Zeit für Menschen aus dieser Gesellschaftsschicht üblich war. Der junge Johann Gottfried soll, so der Seume-Biograph Zänker, „ein wahrer Wildfang" gewesen sein, der im großen Garten „nach Herzenslust rennen und springen, umherjagen und klettern konnte".[67]

Die Hungerjahre 1771 und 1772 waren für die Familie Seume, jetzt im Dorf Knautkeeberg sesshaft, ökonomisch hart, und die Kinder wurden zu Disziplin und Arbeit erzogen. Dies muss den jungen Johann Gottfried sicherlich auch körperlich und seelisch für ein Leben „auf den Beinen" vorbereitet haben.[68]

In der Stadtschule im Ackerbürgerstädchen Borna (1777–1779), der Vater war vor kurzem gestorben, bekam Seume „gründliche Kenntnisse sowohl in der lateinischen und der griechischen Sprache als auch in Geschichte, Geographie".[69] Danach kam ein Jahr auf der Nikolausschule in Leipzig (1779–1780). Hier lernte er fleißig: „Neben der Schullektüre las Seume viele andere literarische Werke, und zwar ziemlich alles, was ihm in die Hände fiel, kaum Gedichte und Romane, vielmehr antike griechische und römische Autoren in den Originalsprachen, die er zunehmend besser beherrschte".[70]

Beim jungen Seume sehen wir immer wieder die Tendenz, das bloß Erfundene weniger zu schätzen als das Wirkliche. Dies findet seine Entsprechung in einer realistischen und anspruchslosen Lebensführung: „Das Einfachste war mir immer das Liebste; ein gutes Butterbrot und reines Wasser mein bester Genuß."[71] Diese fast asketische Lebensweise soll Seume auf seinen Wanderungen zugutekommen. Die Kindheit und Jugend scheint seine schon angeborene Fähigkeit, das Beste aus jeder Situation zu machen, gefördert zu haben. Als Johann Gottfried in die Welt als Student hinausgeht, ist er schon ein Überlebenskünstler.

*Die erste Weitwanderung –*
*und die Gefangennahme in Hessen*

Als Student in Leipzig merkt Seume schnell, dass das Leben als
Lesender und Studierender an der Universität nicht zu ihm passt.
Er braucht nicht nur geistige, sondern auch körperliche Betätigung,
und fasst heimlich den Entschluss, zu Fuß nach Paris zu gehen.[72]
Die Tagesetappen dieser Wanderung sind beträchtlich: Am ersten
Tag wandert Seume 40 Kilometer, am folgenden Tag 60 und am
dritten Tag ganze 75 Kilometer. Dann war er ins Städtchen Vacha
in hessischem Gebiet gelangt. Der Gang von Leipzig nach Paris
hätte Seumes erste Weitwanderung werden können, aber der Biograph Eberhard Zänker schreibt: „Es war ein Gang ins Ungewisse,
der bald ein unvorgesehenes und wenig angenehmes Ende finden
sollte."[73]
    In Vacha sucht Seume den Gasthof „Zum rothen Roß" auf und
freut sich auf einen wohlverdienten Schlaf nach der anstrengenden
Wanderung; kaum angekommen, muss er aber entdecken, dass
sich hier auch die Soldatenwerber des Landgrafen Friedrich II. von
Hessen-Kassel befinden, und er wird gefangen genommen.[74] Es
stellt sich heraus, dass die Gefangenen an die Briten verkauft werden sollen, um im Krieg gegen die Franzosen in Amerika eingesetzt zu werden. Ein neues Kapitel in Seumes Leben wird so auf-
geschlagen; ein Kapitel, das ihn mit dem militärischen Leben und
den Wäldern Nordamerikas vertraut machen soll.

*Militärische Erfahrung –*
*eine Schulung in der Kunst des Überlebens*

Wie Seume nun auf diese verzweifelte Lage reagiert, soll sich als
sein bevorzugtes Verhaltensmuster herausstellen: Er reagiert mit
kühlem Verstand und überlegt sofort, wie er das Beste aus der Situation machen kann. Schnell macht er durch seine Bildung, Kenntnisse und seinen moralischen Charakter auf sich aufmerksam, und

erreicht auf diese Weise in kurzer Zeit eine bevorzugte Stellung sowohl unter den Mitsoldaten als auch unter den Offizieren. Die militärische Lebensweise kommt, so soll es sich herausstellen, gewissen Neigungen Seumes entgegen, so wie seiner nüchternen Lebensführung, seinem Stoizismus in der Konfrontation mit Unglück, seiner Disziplin und seiner körperlich und seelisch starken Konstitution. Auf der Überfahrt nach Amerika bleibt er „immer stark und aufrecht", u. a., weil er dem asketischen Prinzip folgt, immer „wenig und kalt essen und trinken"[75]. Unter den miserablen Bedingungen auf einer Schiffsreise zu dieser Zeit ist es keine kleine Leistung, sich gesund zu halten.

## Begegnungen mit „Huronen"

In Amerika kam es für die hessischen Söldner glücklicherweise zu keinen Kriegshandlungen, und Seumes Amerikaaufenthalt blieb kurz, nicht aber, ohne einen tiefen Eindruck auf den jungen Mann zu machen: Hier sucht er nämlich mit den Indianern Bekanntschaft. Das „Huronische" spielt seitdem in Seumes Texten eine Rolle. „Huronisch" bedeutet für Seume „wild", aber gleichzeitig naturnah, edel, moralisch aufrichtig. Rousseaus Bild vom „edlen Wilden" hat offenbar auch Seumes Blick auf die Indianer geprägt. Im Text *Schreiben aus America nach Deutschland* sowie in seiner Autobiographie *Mein Leben* berichtet Seume über Begegnungen mit den Mohawks (Mohikanern), und sie beeindruckten ihn vor allem „durch ihren wohlgeformten und kräftigen Körperbau"[76] und ihre Anständigkeit: „Die Wilden benahmen sich, so viel habe ich beobachten können, immer anständig". Auch war Seume von der Einfachheit ihrer Kleidung und Schuhe und ihrer Ernährungsweise fasziniert. Vieles deutet darauf hin, dass sich Seume auf seiner Wanderung teilweise im Bild eines Indianers gesehen hat. „Wenn man nicht mit Extrapost fährt, sondern zu Fuße trotzig vor sich hinstapelt", so Seume in seinem Reisebericht, „muß man sich sehr oft sehr huronisch behelfen". (SW 1993, S. 253).

Abb. 8: Die Vorstellung vom edlen Wilden hat Seumes Bild von den Huronen (Mohikanern) geprägt. Auf seinen Wanderungen hat sich Seume mehrmals wie ein Hurone
gefühlt.

Eine Freundschaft entwickelt sich zwischen dem zerlumpten
Rekruten Seume und einem deutschen Offizier namens Münch-
hausen. Zusammen gingen sie jagen und fischen und „durchstreif-

ten die Küste und das Landesinnere".[77] Im Großen und Ganzen muss der Amerika-Aufenthalt dazu beigetragen haben, Seumes Sinn für Natur, ausgedehnte Wanderungen und die „huronische" Lebensweise zu vertiefen.

## Dreimaliger Fluchtversuch zu Fuß

1783 geht die Reise nach Europa zurück, nicht aber in die Freiheit, sondern direkt zu neuer Knechtschaft. Die Soldaten sollten nämlich nun in Bremen an die Preußen weiterverkauft werden – „da der Landgraf von Hessen ihre Dienste nicht mehr benötigte".[78] Seume und einige Kameraden entscheiden sich zur Flucht. Da aber die Kameraden eines Tages schon ohne ihn geflohen sind, muss Seume die Flucht allein antreten. Dreimal flieht er, dreimal wird er wieder eingefangen, er wird vom Unglück verfolgt. Bei den beiden ersten Fluchtversuchen schafft er es aber, Unglück in Glück zu verwandeln, und immer ist es sein Intellekt, seine Bildung, die ihm aus der Misere hilft. Der dritte Fluchtversuch zeigt am deutlichsten, wie spektakulär Seumes physische Ausdauer und sein Mut gewesen sein mussten. Zänker berichtet:

Da die Wetterbedingungen bei einer Flucht oft von entscheidender Bedeutung sind, wählte Seume für den zweiten Fluchtversuch [von Emden] eine kalte Winternacht im Januar 1787, in der die schlammigen Wege, die morastischen Wassergräben und die ausgedehnten Sumpfgebiete des Emslandes gefroren waren. Deshalb kam er schnell voran, nachdem er seinen Posten verlassen hatte. Doch auch diesmal wurde er von Pech verfolgt. Nach wenigen Stunden zog die Warmfront eines Tiefs von Südwesten heran und leitete eine Wetterumstellung ein. Es fiel starker Regen, das plötzliche Tauwetter verwandelte den gefrorenen Boden schnell in eine zähe klebrige Masse, die die Stiefel des Flüchtenden wie mit Saugnäpfen festhielt und das Gehen zur schweißtreibenden Schwerarbeit festhielt und zur Qual werden ließ. Doch trotz ständigen Einsinkens im Morast setzte Seume, in der schweren, vom Regen durchweichten Uniform schwitzend, seine Flucht fort, bis er nach mehr als 24 Stunden völlig erschöpft, verdreckt und blutend in der Nähe der Grenze in ein Dorf kam, wo er nicht mehr weiterkonnte. Im ersten Haus, an dem er anklopfte, fand er freundliche und hilfsbereite Menschen …[79]

Auch dieser Fluchtversuch misslingt aber letztendlich, und er kommt ins Gefängnis in Emden. Wie wir aber aus der Fluchtdarstellung sehen, haben wir es mit einem Mann zu tun, der physische und klimatische Herausforderungen keineswegs scheut, sondern sie geradezu aufsucht. Ohne die Ernsthaftigkeit von Seumes Fluchtversuchen zu bezweifeln, können wir spekulieren, ob nicht vielleicht eine gewisse Faszination dafür, die eigene Leistungskraft auf die Probe zu stellen, bei den drei Fluchtversuchen eine gewisse Rolle gespielt haben mag.

### Unzufriedenheit mit „stillsitzender" Arbeit

Durch glückliche Umstände kommt Seume letztendlich, im Jahre 1787, von seiner Gefangenschaft los und kann wieder nach Leipzig zurückkehren. Er fängt erneut mit den Studien an, findet aber erneut am akademischen, sesshaften Leben keine wirkliche Freude, und als sich die Chance bietet, Offizier zu werden und wieder auf die Beine zu kommen, ergreift er sie begehrlich. Er ist nun eben ein Mensch, der auch körperliche Betätigung braucht, um sich wohlzufühlen.

Nach einer kurzen militärischen Karriere, die auch Kriegsgefangenschaft in Polen miteinbezieht, kommt Seume wieder nach Leipzig zurück, wo er im Verlag seines Freundes Göschen Arbeit als Korrektor bekommt. Arbeiten scheint in den meisten Fällen mit viel Stillsitzen verbunden zu sein, und Seume bekommt das nicht gut, was eine wichtige Motivation für seine Italienreise werden soll. Als Seume in Wien einem übelgelaunten Beamten begegnet, kommentiert er dies wie folgt:

Hätt ich ihm nun die reine platte Wahrheit gesagt, daß ich bloß spazierengehen wollte, um mir das Zwerchfell auseinander zu wandeln, das ich mir über dem Druck von Klopstocks Oden etwas zusammen gesessen hatte, so hätte der Mann höchst wahrscheinlich gar keinen Begriff davon gehabt". (SW 1993, S. 196)

Hier sehen wir deutlich, wie Seume die Motivation zu der Reise eindeutig als eine Befreiung vom Stillsitzen erklärt. Können aber auch andere Dinge eine Rolle gespielt haben? In die Jahre 1796/97 fällt die Liebesgeschichte Seumes zu Wilhelmine Roder, einer Kaufmannstochter, eine Liebesgeschichte, die für Seume sehr enttäuschend ausfällt. Dies kann dazu beigetragen haben, Seume in seinem Beschluss zu stärken, Leipzig für einige Zeit zu verlassen.

## Spaziergang nach Syrakus im Jahre 1802

Dass Seume seinen Traum, die Fußwanderung nach Italien, tatsächlich durchführen würde, stand seit 1797 weitgehend fest. Am 10. Mai 1797 schreibt er an seinen Freund Merkel: „Nun habe ich mich aber verbindlich gemacht einige Zeit in Göschens Offizin als Korrektor zu arbeiten; dann gedenke ich nach Italien zu gehen …"[80] Der Gedanke an diese Wanderung muss ihn in diesen Jahren intensiv beschäftigt haben, vor allem die konkrete Planung. Früh war auch klar, dass sein Freund Schnorr ihn auf der Reise begleiten würde. Am 6. Dezember 1801, das Wetter war schön, fast frühlingshaft, wandern Seume und der Reisebegleiter Schnorr von Grimma los.

Im Folgenden werden wir uns diese vor allem als Fußwanderung geplante und durchgeführte 3000 Kilometer lange Reise in ihren konkreten Details beschreiben. Ich werde die schon eingangs erwähnte Suchoptik dabei nutzen.

Der Vergleich mit Goethe und seiner Wanderleidenschaft wird uns helfen, die Eigenart von Seumes Wanderung und Wanderungsbeschreibung in den Blick zu bekommen. Auf einen gattungsspezifischen Unterschied mache ich aber sofort aufmerksam, nämlich, dass, während Goethe beispielsweise in seiner italienischen Reise viel über Kunst und Bildung schreibt, wir über solche Themen bei Seume viel weniger erfahren. Er schreibt überhaupt keinen Reiseführer: „Ich erzähle Dir nur freundschaftlich, was ich sehe, was mich vielleicht beschäftigt oder wie es mir geht.“[81] Das Autobiographische ist Seume wichtig, und nicht nur das Geistig-Biographische, sondern auch die eigenen körperlichen Erfahrungen kommen zum Ausdruck. Er will erzählen, wie es ihm geht, auch in körperlicher Hinsicht. So gesehen weist Seumes Buch – vielleicht viel mehr als Goethe – auf die moderne Sportliteratur hin.

## 1. Die konkreten Reisedetails

Wie hat Seume seine Wanderung vorbereitet und geplant? Der Unterschied zu Goethe könnte kaum größer sein.

Das Lesen von Reiseliteratur
Seume hat Reiseliteratur gelesen von Schriftstellern, die ebenfalls Italien und Sizilien bereist hatten, wie Cluver, Dydone, d'Orville, Bartels, Münter, Stolberg[82], und er benutzt die gleiche Reiseroute wie diese:

> Von Grimma über Dresden, Prag, Wien, Graz, Maribor, Ljubljana, Triest, Venedig, Bologna, Ancona, Terni, Rom, Neapel, Palermo, Syrakus, Messina, Palermo, Neapel, Rom, Siena, Florenz, Bologna, Mailand, Gotthard-Pass, Luzern, Zürich, Basel, Besancon, Dijon, Paris, Nancy, Straßburg, Worms, Mainz, Frankfurt, Fulda, Erfurt, Weimar, Leipzig zurück nach Grimma.[83]

Es war also für Seume nicht notwendig, die Strecke in ihren Einzelheiten selbst zu planen; in der Literatur fand er viele nützliche Hinweise, die ihm sicherlich viele Ärgernisse erspart haben (siehe Kartenskizze über die Reiseroute, Abb. 7).

Karten – und andere Orientierungshilfen

Die Reiseroute stand also in ihren groben Zügen vor der Abreise
fest, und fest steht auch, dass Seume genaue Kartenstudien machte. Wie gut und detailliert waren aber die Karten? Das wissen wir
nicht. Musste Seume die meisten Einzelheiten im Kopf behalten?
Oder hat er vielleicht geographische Hinweise in seinen „Schmiera-
lienbüchern" notiert? Karten und Notizen waren aber nicht genug:
Die Wanderer zu dieser Zeit waren, wie wir von Seume mehrmals
erfahren, von der Lokalkenntnis der Bevölkerung völlig abhängig,
es sei denn, man hatte so gute Navigationskenntnisse wie ein anderer bekannter Weitläufer, der Norweger Mensen Ernst. Im Jahr
1832 lief Mensen Ernst von Paris nach Moskau, eine Strecke von
2500 Kilometer Luftlinie, in weniger als 15 Tagen. Als Orientierungshilfe benutzte er Navigationswerkzeuge, die er in seiner Zeit
als Matrose kennengelernt hatte.

Abb. 9: Einen Sextanten, wie denjenigen, mit dem Mensen Ernst
auf diesem Bild ausgerüstet ist, hatte Seume nicht.

Eine alternative Möglichkeit, um den Weg ans Ziel zu finden, bestand darin, sich unterwegs Führer anzumieten, was aber eine extra Geldausgabe bedeutete und deswegen für den auf Budget reisenden Seume am besten zu vermeiden war. Auf Sizilien sah sich Seume trotzdem dazu gezwungen, einen Führer zu mieten, da er sich mehrmals verirrte und den Weg nach Syrakus mehrmals verloren hatte.[84]

### Geld auf der Reise

Eine andere Frage, die Seume klären musste, war mit der finanziellen Seite der Reise verbunden. 200 Thaler hatte er von seinem Freund Gleim in Halberstadt bekommen[85], dies war auch unter den damaligen Verhältnissen sehr wenig, und es stand von Anfang an fest, dass Seume nicht nur aus „kosmischen" Gründen, sondern auch aus finanziellen die weitaus größte Strecke zu Fuß zurücklegen musste.

Viel Geld bei sich zu tragen, galt aber zu diesen Zeiten als sehr gefährlich, denn nach den vielen Kriegen der vorangegangenen Jahre herrschte große Anarchie in mehreren von Seume zu durchwandernden Gebieten. Wir wissen, dass Seume daran gedacht hat und den Geldbeutel in einer speziell angefertigten Tasche in seinem Mantel bei sich trug. Hatte er aber die ganze Summe (200 Thaler) am Körper? Wahrscheinlich ja, obwohl zu dieser Zeit auch die Möglichkeit bestand, in den Banken Wechsel einzulösen.

### Grenzüberquerungen und Pässe

Die Grenzüberquerungen waren mit Problemen verbunden, und nicht von ungefähr bittet Seume vor der Abreise speziell um „höfliche Torschreiber" (SW 1993, S. 165). Vor der Abreise musste er einen Pass in Wien beantragen, denn vor allem die Länder der österreichisch-habsburgischen Monarchie galten als besonders schwierig zu durchwandern. Am Ende der Reise hat Seume aber die Erfahrung gemacht, dass er nicht immer die strengen Regeln befolgen musste. Seine Papiere wurden relativ selten kontrolliert, und selten wurden die Formalitäten so streng genommen, wie er anfangs glaubte.

## Zeitpunkt festlegen

Überhaupt musste Seume nicht nur die Reiseroute planen, er musste auch den richtigen Zeitpunkt für die Reise finden. Zuerst ist zu bedenken, dass die Jahre unmittelbar nach der Jahrhundertwende nicht gerade die günstigsten waren. Goethe, Herder und Moritz, um nur einige bekannte Italienreisende zu erwähnen, waren in den relativ ruhigen 1770er Jahren nach Italien gereist. Für Seume war die politische Lage viel unerfreulicher, und besonders in Norditalien war es gefährlich, da die Kämpfe zwischen der französischen Armee und den österreichischen Truppen erst am 9. Februar 1801 mit dem Frieden von Lunéville beendet worden waren.[86] Im Dezember 1801 loszulegen, war – mit anderen Worten – kein ungefährliches Unterfangen.

Im Dezember 1801 ist er also aus Grimma losgegangen und im August 1802 wieder zurückgekommen. Dass er ausgerechnet diese Zeitspanne für seine geplante Reise wählt, beruht keineswegs auf Zufall. Erstens wollte er die größte Hitzeperiode in Italien vermeiden aus Sorge vor Krankheiten[87], zweitens musste für die Ankunft auf Sizilien ein Zeitpunkt gewählt werden, dass der für Seume so wichtigen Ätna-Besteigung nichts im Wege stand. Im April war seiner Einschätzung nach eine Besteigung des Vulkans möglich, wohingegen die Wintermonate mehr oder weniger ausgeschlossen waren. Drittens wusste Seume, dass er auf dem Rückweg auch die Alpen überqueren musste, und der dafür vorgesehene Gotthardpass ließ sich am sichersten während der Sommermonate (Mitte Juni war dafür eingeplant) begehen.

## Trainingstour als Vorbereitung

Ein letzter und wichtiger Punkt in Bezug auf die Planung: Seume musste auch physisch auf diesen Gewaltmarsch vorbereitet sein. Training als Vorbereitung auf die Wanderung war aber im 18. Jahrhundert etwas Ungewöhnliches, obwohl Philanthropen wie Basedow und GutsMuths[88] in ihren pädagogischen Lehren „Gymnastik" eingeführt hatten. Nun müssen wir aber bedenken, dass Seume militärische Erfahrung hatte, u. a. hatte er mit dem Drill der für ihre Disziplin bekannten preußischen Armee Bekanntschaft gemacht. Er wusste also nicht nur, dass ein wasserdichter Seehundstornister und eine Wasserflasche aus Resine wichtige Utensilien waren, er hatte am eigenen Körper erfahren, wie wichtig Training und Diät für das Gelingen einer solchen Weitwanderung war. Vor der Abreise entschloss sich Seume zusammen mit Schnorr und dem Engländer Henry Crabb Robinson, eine Trainingstour nach Weimar[89] vorzuschalten; hin und zurück eine Strecke von ungefähr 240 Kilometern.

Der Tornister

Seume fängt seinen Bericht über seine Reise damit an, dass er die Aufmerksamkeit der Leser auf etwas sehr Prosaisches lenkt: seinen Tornister. Wie wichtig der Tornister für das ganze Unternehmen war, wird durch die Zeichnung vom Wanderer Seume auf der Titelseite unterstrichen. Dort steht Seume mit dem Rücken zu uns gewandt, um, so können wir vermuten, die Aufmerksamkeit auf die Ausrüstung und nicht die Individualität des Wanderers zu legen.

Seume trägt hohe, gute Wanderschuhe und einen Wanderstock, oder wie er es nennt: seinen „Knotenstock" (SW 1993, S. 178). Beide sollen im Lauf des Reiseberichts mehrmals erwähnt werden.

Eine nähere Beschreibung des Tornisters gibt Seume uns, als er sich in Imola zur Zeit des Karnevals befindet: „ein Seehundstornister mit einem Dachsgesicht auf dem Rücken" (SW 1993, S. 255). In *Mein Sommer* nennt er den Tornister seinen „sicilianischen Seehundstornister".

Bei näherer Betrachtung der berühmten Zeichnung von Seume (vom Maler Johann Christian Reinhart gezeichnet) fällt auf, dass hier kein Dachsgesicht zu sehen ist. Es ist mit anderen Worten nicht der Seehundstornister, der hier abgebildet ist, sondern ein schma-

Abb. 10: Seumes Tornister.

ler, einfacher Rucksack. Den Tornister ließ Seume, so schreibt er selbst, in Palermo liegen, denn er würde zu teuer und exklusiv aussehen und so Dieben auffallen.

Wie minimalistisch ist Seume beim Packen gewesen? Der Biograph Zänker listet Folgendes auf:

- Einen blauen Frack
- Zwei Paar Hosen und Unterziehhosen
- Zwei Paar Strümpfe
- Vier Halstücher
- Zwei Schnupftücher
- Ein Paar Schuhe
- Ein Paar Pantoffeln
- Einen Flickbeutel und eine Bürste

- Zwei Notizbücher („zwei Schmieralienbücher")[90]
- Ein Dutzend griechische und lateinische Bücher[91]

Hinzufügen muss man eine „Wasserflasche von Resine" (SW 1993, S. 199, 201) und ein Taschenbuch mit Geld. Dieses Taschenbuch trug Seume in einer Spezialtasche in seinem Frack, inwendig „hoch unter dem linken Arm"[92]. Um Platz für das alles in so einem kleinen Tornister zu finden, musste Seume die Fähigkeit eines gewohnten Wanderers, seine Sachen geschickt zu verstauen, anwenden. Die wichtige Frage für uns ist aber: Wozu braucht er das alles?

Wasserflasche von Resine
Wenn Goethe unterwegs ist, erfahren wir nur, dass er Wein trinkt. Auch der norwegische Laufkünstler Mensen Ernst und viele andere Fußwanderer der Zeit zwischen 1750–1850 scheinen auf Wein als einzige Quelle zu vertrauen, um das Flüssigkeitsgleichgewicht im Körper aufrechtzuerhalten. Wir müssen davon ausgehen, dass sie auch viel Wasser getrunken haben, wir hören aber nicht davon. Bei Seume ist es anders: Er erklärt sich ganz offen als keinen Liebhaber des Weins, Bier trinkt er gelegentlich, aber seine große Leidenschaft gilt dem Wasser:

> Das Wasser aus den Bergen bei Neustadt und Neukirchen war so schön und hell, daß ich mich im Januar hätte hineinwerfen mögen. Schönes Wasser ist eine meiner besten Liebschaften, und überall wo nur Gelegenheit war, ging ich hin und schöpfte und trank. Du mußt wissen, daß ich noch nicht so ganz diogenisch einfach bin aus der hohlen Hand zu trinken, sondern dazu auf meiner Wanderschaft eine Flasche von Resine gebrauchte, die reinlich ist, fest hält und sich gefällig in alle Formen fügt. (SW 1993, S. 199)

So eine Flasche, leicht und tropfsicher, ist sicherlich nicht einfach zu bekommen.

Abb. 11: So mag Seumes Flasche ausgesehen haben, nur aus Resine
(Harz) gemacht. Das Bild zeigt Johann Heinrich Schilbach im
Wanderkostüm mit Ränzel und Feldflasche 1821/22.

Hier spricht ein erfahrener Wanderer, der sich offenbar um
Details kümmert, die für das Unternehmen wichtig sind. Seine
Erfahrung als Soldat kommt ihm hier bestimmt zugute.

Kleider und Pantoffeln
Seume hat nicht nur typische Wanderutensilien mitgebracht, sondern auch Pantoffeln und Schnupftücher und ein extra Paar Schuhe. Bedenken wir, dass Seume nicht die ganze Zeit auf Wanderschaft war, sondern auch in Wirthäusern wohnen und gelegentlich
ins Theater gehen wollte. Pantoffeln scheinen vielleicht unnötig zu
sein, vergessen wir aber nicht, dass die Wanderschuhe am Abend

häufig ziemlich nass und dreckig waren, und dann braucht man eben etwas Warmes an den Füßen.

## Flickzeug

Dies ist von größter Bedeutung. Die Ausrüstung muss in Ordnung gehalten werden, sonst ist sie nichts wert. Das Flickzeug ist sozusagen die Lebensversicherung Seumes.

## Geld

Seume muss am Ende ziemlich viel Geld mit sich herumgetragen haben, wenn es für Unterkunft und Essen für seine so lange Reise reichen sollte. Es gab sehr viele Valuten, und wir müssen davon ausgehen, dass er immer wieder wechseln musste. Seume musste also genug Geld mitbringen, aber auch nicht zu viel, denn die Gefahr, bestohlen zu werden, bestand fast überall.

Was sich im Tornister befand, waren kleine Schätze, die für Seume von größtem Wert waren, die aber für andere nicht so aussahen: „Bei mir ist nicht viel zu recogniszieren; mein Homer und meine Gummiflasche werden wenig Räuber in Versuchung bringen" (SW 1993, S. 201). Wenn es aber dazu kommen sollte, dass sie doch von Räubern angegriffen wurden, war Seume bereit, für seine Schätze zu kämpfen, und hier würde sein „Knotenstock" zum Einsatz kommen:

> Ich gehe getrost vorwärts und verlasse mich etwas auf einen guten, schwerbeschwingten Knotenstock, mit dem ich tüchtig schlagen und noch einige Zoll in die Rippen nachstoßen kann. Freund Schnorr wird auch das seinige tun; und so müssen es schon drei gut bewaffnet, entschlossene Kerle sein, die uns anfallen wollen. Wir sehen nicht aus, als ob wir viel bei uns trügen, und auch wohl nicht, als ob wir das wenige das wir tragen so leicht hergeben würden. (SW 1993, S. 178)

Schuhe

Anfang und Ende einer Geschichte sind immer Stellen, wo Wichtiges zur Sprache gebracht wird. Wir haben also gesehen, dass Seume seinen Bericht mit dem Erwähnen des Tornisters beginnt, sein Buch endet aber mit einem Lob an seine Schuhe und einem Dank an den Schuhmacher:

> Zum Lobe meines Schuhmachers, des mannhaften alten Heerdegen in Leipzig, muß ich Dir noch sagen, daß ich in den nehmlichen Stiefeln ausgegangen und zurückgekommen bin, ohne neue Schuhe ansetzen zu lassen, und daß diese noch das Ansehen haben, in baulichem Wesen noch eine solche Wanderung zu machen. (SW 1993, S. 540)

Die Schuhe mussten aber unterwegs gepflegt werden, was Seume auch nicht zu erzählen unterlässt. In Laybach bei Gräz macht er „wieder eine Pause" und lässt seine „Hemden waschen" und [seine] „Stiefel[n] besohlen" (SW 1993, S. 209).

Bei der Besteigung des Ätna kommt Seume mit einem gewissen Stolz auf seine Wahl der Stiefel zu sprechen. Er ging hier in Gefolgschaft von einigen Engländern, die sich in Holland eine Spezialausrüstung gekauft hatten: Schuhe, über die sie „die dicksten wollenen Strümpfe, die man sich denken kann" (SW 1993, S. 388) zogen:

> Ich ging in meinem gewöhnlichen Reisezeug, mit gewöhnlichen baumwollenen Strümpfen in meinen festen Stiefeln. Schon hinaufwärts waren einige holländische Strümpfe zerrissen; herabwärts ging es über die Schuhe und die Unterstrümpfe. Einige liefen auf den Zehen, die sie denn natürlich erfroren hatten. Meine Warnung, langsam und fest ohne abzusetzen fortzugehen, hatte nichts geholfen. (SW 1993, S. 388)

Diese Genauigkeit im Detail, was die Ausrüstung angeht, und auch die mehrmalige Hervorhebung dieser Details an wichtigen Stellen, unterstreicht die Wichtigkeit der Ausrüstung für Seume. Er erhebt sozusagen die Wanderausrüstung zu einem literarisch hochwertigen Thema, fast leitmotivisch werden die Schuhe am Anfang und Ende der Reisebeschreibung erwähnt, und in diesem Punkt unterscheidet sich die Italienreise Seumes wesentlich von den Reisebeschreibungen seiner Vorgänger.

Die Tagesetappen
Nun stellt sich die Frage, wie weite Distanzen Seume pro Tag zurücklegen konnte. Selbst gibt er die Distanzen in Meilen an, und ich gehe davon aus, dass er dabei die Längenmaßeinheit deutsche geographische Meile oder deutsche Landmeile benutzt. Diese beträgt, mit kleineren Variationen, ungefähr 7500 Meter.

Nehmen wir als Ausgangspunkt folgende Aussage Seumes:

> Von Budin bis hierher stehen im Kalender sieben Meilen, und diese tornisterten wir von halb acht Uhr früh bis halb sechs Uhr abends sehr bequem ab. (SW 1993, S. 174)

Google Maps gibt als die heutige kürzeste Wanderstrecke von Budin nach Prag einen Weg von 49 Kilometern an. Sieben Meilen zu je 7500 Metern ergeben 52,5 Kilometer, was dann also dafür spricht, dass die deutsche geographische Meile die richtige Längenmaßeinheit ist.

Wir müssen bedenken, dass Seume im Dezember aufbricht und dass der erste Teil seines Spaziergangs also im Winter stattfindet. Seume selbst beurteilt das schnelle Tempo der Wanderung wie folgt:

> Den zehnten um neun aus Wien, und den vierzehnten zu Mittage in Gräz, heißt im Januar immer ehrlich zu Fuße gegangen. (SW 1993, S. 206)

Im Laufe von fünf Wandertagen ist die Gruppe also fast 200 Kilometer gewandert (laut Google-Angaben), was eine durchschnittliche Tagesetappe von 50 Kilometern ergeben würde. Wie wir sehen, qualifizieren Seume und seine Freunde sich problemlos dazu, sich Ultraläufer zu nennen.

Auch in „entsetzliche[m] Wetter mit viel Regen" ist Seume unterwegs, obwohl er bedauert, dass er an solchen Tagen „nicht mehr als vier Stunden gemacht hatte" (SW 1993, S. 258).

Dass es gelegentlich physisch sehr anstrengend war, zeigt folgende Aussage:

> Ich zog nun an den Bergen hin, die rechts immer größer wurden, dachte so wenig als möglich, denn viel Denken ist, zumal in einer solchen Stimmung und bei einer solchen Unternehmung, sehr unbequem, und setzte gemächlich einen Fuß vor den anderen immer weiter fort. (SW 1993, S. 198)

Nur gelegentlich ist Seume auch während der Nacht unterwegs:

> Man hat mich zwar gewarnt, nicht in der Nacht zu gehen, und mich deucht, ich habe es versprochen: aber ich habe bis jetzt doch schon zwei Mal gesündiget, und bin über eine Stunde die Nacht gelaufen. Indessen wer wird gern in einer schlechten Kneipe übernachten, wenn man ihm sagt, daß er eine Meile davon ein gutes Wirtshaus findet. (SW 1993, S. 203)

An einer anderen Stelle heißt es:

> Und schritt ganz trotzig durch die Schlucht hinunter in die Nacht hinein. (SW 1993, S. 214)

Zusammengefasst: Seume legte regelmäßig Distanzen von 40 Kilometern pro Tag zurück; etwas kürzer, aber sicherlich anstrengender, waren die Etappen bei Regen, Schnee und Dunkelheit.

Wasser

Ich habe erwähnt, dass Seume Wasser als die beste Durstlö-
scher-Quelle entdeckt hatte. Er füllte seine Wasserflasche regelmäßig, und, um seine Wasserleidenschaft noch zu unterstreichen,
ziehen wir noch ein Zitat heran. Seume ist hier in Italien angelangt
und befindet sich zwischen Triest und Venedig:

> Jetzt sind alle Wasser so schön und hell, daß ich überall trinke: denn
> für mich geht nichts über schönes Wasser. Die Wohltat und den
> Wert davon zu empfinden, mußt Du Dich von den Engländern ein-
> mal nach Amerika transportieren lassen, wo man in dem stinken-
> den Wasser fingerlange Fasern von Unrat findet … (SW 1993, S. 233)

Wie es einem gehen kann, wenn einem Wasser und Essen auf einer
langen Etappe fehlen, erfahren wir auch recht ausführlich:

> Du mußt wissen, daß ich entweder gar nicht frühstücke oder erst
> wenn ich zuvor einige Stunden gegangen bin, versteht sich, wenn ich
> etwas finde. … Von Prewald bis nach Triest sind fünf Meilen. Ich hat-
> te den Morgen nichts gegessen, fand unterwegs kein einladendes
> Haus; und, mein Freund, ich macht nüchtern im Januar die fünf Mei-
> len recht stattlich ab. In Sessana hatte mir das erste Wirtshaus gar kei-
> ne gute Miene, und es hielten sich eine gewaltige Menge Fuhrleute
> davor. Der Ort ist nicht ganz klein, dachte ich, es wird sich schon
> noch ein anderes besseres finden. Es fand sich keins, ich war zu faul
> zu dem ersten zurückzugehen, ging also vorwärts; und nun war von
> Sessana bis an die Douane von Triest nichts zu haben. Es ist lauter
> steiniger Bergrücken und es war kein Tropfen gutes Wasser zu fin-
> den: das war für einen durstigen Fußgänger das verdrießlichste. Wenn
> ich nicht noch zuweilen ein Stückchen Eis gefunden hätte, das mir
> den Durst löschte, so wäre ich übel daran gewesen. (SW 1993, S. 227)

Von Sessana (Sezana im heutigen Slowenien) nach Triest sind es
14 Kilometer, also musste Seume an diesem Tag 37,5 Kilometer

plus 14 Kilometer, also insgesamt 51,5 Kilometer zurücklegen, völlig ohne Essen, fast ohne Wasser.

Als Seume ein andermal durstig unterwegs ist und nach langem Suchen nur ein ärmlich aussehendes Wirtshaus findet, wo nur Wein (und kein Wasser) zu bekommen war, geht sein normales seelisches und körperliches Gleichgewicht verloren.

> Ich trank reichlich, denn ich war durstig, und als ich die Kaupone verließ, war es als schwebte ich davon. (SW 1993, S. 270)

Das Ergebnis ist recht niederschlagend: Er schaukelt, nimmt einen Esel für ein Pferd und erscheint kurz und gut ganz lächerlich.

Viel Alkohol zu trinken ist aber bei Seume die Ausnahme, wie die folgende Aussage bezeugt:

> .. ich verstehe nichts davon, und trinke den besten Burgunder mit Wasser wie den schlechtesten Potzdamer. (SW 1993, S. 182)

Die Bedeutung des Wassers zeigt sich nicht zuletzt darin, dass weder Venedig, Rom noch Syrakus als das „eigentliche Ziel" seiner Wanderung erwähnt wird; nein, dies sei, so Seume selbst, die Wasserquelle Arethusa in Syrakus.[93] Mit religiöser Andacht betritt er die Quelle:

> Das Wasser ist gewöhnlich rein und hell, aber nicht mehr, wie ehemals, ungewöhnlich schön. Ich stieg so tief als möglich hinunter und schöpfte mit der hohlen Hand: man kann zwar das Wasser trinken, aber süß kann man es wohl kaum nennen; es schmeckt immer etwas brackisch […] (SW 1993, S. 360)

Obwohl er etwas enttäuscht ist über die Qualität des Wassers, setzt er sein Vorhaben um und liest, das war wahrscheinlich auch lange geplant, „einige griechische Idyllen des Theokrit an der Arethuse"[94].

Die Bedeutung des Wassers kann kaum überschätzt werden bei Seume. Wie die Ausrüstung tritt es wie ein Leitmotiv in seiner Reisebeschreibung auf.[95]

## Obst
Seume trinkt nicht nur Wasser, er folgt auch einer ganz strengen Diät:

> Ich trinke keinen Wein, keinen Kaffeh, keinen Liqueur, rauche keinen Tabak, und schnupfe keinen, eße die einfachsten Speisen, und bin nie krank gewesen, nicht auf der See und unter den verschiedensten Himmelstrichen. Meine stärkste Ausgabe ist Obst.[96]

Auf dem Weg zum Gipfel des Vulkans Ätna helfen ihm wahrscheinlich seine Ess- und Trinkgewohnheiten, am Gipfel als Erster an dem obersten Felsenrand der großen Schlucht anzukommen:

> Die Britten letzten sich mit Rum, und da ich von diesem Nektar nichts genießen kann, aß ich von Zeit zu Zeit eine Apfelsine aus der Tasche. Sie waren ziemlich gefroren; aber ich habe nie so etwas Köstliches genossen. Als ich keine Apfelsinen mehr hatte, denn der Appetit war stark, stillte ich den Durst mit Schnee […] (SW 1993, S. 283 f.)

Oben auf dem Ätna angekommen gilt Seumes, Aufmerksamkeit nochmals dem Wasser: „Ich hatte mich bisher im Aufsteigen immer mit Schnee gelabt; aber hier am Rande der Spitze war er bitter salzig und konnte nicht genossen werden." (SW 1993, S. 386).

Das Fazit lautet, dass Seumes Position als einer der bedeutendsten Wanderer der deutschen Geistesgeschichte eng mit seiner Diät zusammenhängt. Er isst vorwiegend vegetarisch, ist sehr darauf bedacht, sich nicht zu überessen, trinkt kaum Alkohol und ist sehr genau mit der regelmäßigen Zufuhr von Wasser, wenn er unterwegs ist.

Abb. 12: Auf dem Weg zum Ätna. Seume hat sich hier mit Apfelsinen und Schnee ernährt.

## 2. Motive für die Reise

Was sind die tieferliegenden Motive für Seumes Entschluss, 3000 Kilometer zu Fuß zurückzulegen? Das Vorhaben ist in finanzieller Hinsicht und vom Standpunkt der beruflichen Karriere Seumes aus gesehen unklug[97]. Aus gesundheitlicher Perspektive ist der Wert einer dermaßen strapaziösen Reise eher zweifelhaft, von der Gefahr, überfallen zu werden oder ein Unglück zu erleben, ganz zu schweigen. Seumes Reisebuch ist ein politisches Buch, und er wollte offenbar als gesellschaftskritischer Autor auftreten. War es aber wirklich notwendig, eine dermaßen strapaziöse Wanderung auf sich zu nehmen, um dies zu erreichen? Oder ist die politische Motivation der Reise eher als Rationalisierung im Nachhinein aufzufassen? Ging es Seume um klassische Bildung? Können wir ihm Vertrauen schenken, wenn er sagt, er wolle nur nach Italien gehen, um dort einmal Horaz zu lesen? Zwar tut er dies, er liest bei der Arethusa Theokrit, genau wie er es vorher gesagt hat, aber ist dies ausreichend als Motivation? Im Folgenden werden wir diesen Fragen nachgehen.

## Laufen als Weg zur Freiheit

Es gibt also genug Gründe, die von Seume selbst artikulierten, „vernünftigen" Begründungen zu bezweifeln. Vielmehr scheint es mir plausibel, dass Seume losgegangen ist, gerade weil es unvernünftig war, weil es finanziell unklug war, ja sogar, weil die Freunde ihm am stärksten davon abrieten.[98] Es scheint mir plausibel, dass es Seume um radikale Freiheit ging. Von einem wirklich „freien Entschluss" kann man ja im Grunde nur sprechen, wenn man etwas *trotz* des ausgesprochenen Meinung der Umwelt tut.

Die Frage nach Freiheit stellt sich für Seume mit viel größerer Dringlichkeit als für Goethe. Goethe war in finanzieller Hinsicht schon frei und er war auch innerlich frei, vielleicht in einem so hohen Maße, dass er sich Zwang auferlegen musste, um sich und sein Leben in eine verpflichtende Ordnung einzubetten. Goethes Entschluss, dem Ruf des Herzogs zu folgen und nach Weimar umzuziehen, erfolgte ja teilweise aus der Motivation, die Zeit der Dichtung, der Hingebung an die Empfindungen, die Zeit der stürmischen Wanderungen zwischen Frankfurt und Darmstadt hinter sich zu lassen. Goethe nahm sich also – möglicherweise – bewusst vor, seiner eigenen ausschweifenden Freiheit Grenzen zu setzen. Die wilde Harzreise im Dezember 1777 ist nur ein Zeichen dafür, dass die Grenzen doch vielleicht zu streng gezogen waren.

Wie anders verhält es sich bei Seume! Sein ganzes Leben lang waren Seume sehr enge gesellschaftliche und ökonomische Grenzen auferlegt; ja, wenn jemand ein Spielball des Schicksals gewesen ist, dann ist es Seume! Nicht nur war er gezwungen, 6 Jahre lang unfreiwilligen Militärdienst als Söldner zu verbringen, nicht nur geriet er in polnische Kriegsgefangenschaft; er musste auch, was für Seume fast ebenso schlimm gewesen sein muss, aus finanziellen Gründen als Korrektor arbeiten, was ihn, der körperliche Betätigung so nötig hatte, zum Stillsitzen gezwungen hat. Vor diesem Hintergrund können wir Seumes Aussage verstehen: „Meine meisten Schicksale lagen in den Verhältnissen meines Lebens, und der letzte Gang nach Sizilien war vielleicht *der erste ganz freie Entschluss von einiger Bedeutung.*" (SW 1993, S. 160, meine Hervorhebung). Sein Entschluss, zu Fuß zu gehen, kann als ein Revoltieren gegen das Stillsitzen angesehen werden.

Es ging Seume nicht nur darum, konkret physisch zu gehen, sondern vor allem darum, den „aufrechten Gang" zu lernen, der in einer gewissen Hinsicht an Ernst Blochs philosophisches Konzept erinnert. Wir sind ja gewohnt zu denken, der Mensch beherrsche seit der Entwicklung der Bipede den aufrechten Gang. Nein, sagt Bloch, der aufrechte Gang sei noch zu lernen, denn bevor wir wirklich frei sind, d. h., bevor wir lernen, unsere Menschenwürde trotz unterdrückender ökonomischer, standesmäßiger gesellschaftlicher Umstände stoisch behaupten zu können, haben wir den aufrechten Gang noch nicht gelernt. In Seumes Vorwort finden wir ähnliche Gedanken. Interessant ist es, dass es ihm hier sehr dringlich zu sein scheint, seinen Begriff von Menschenwürde zu klären. „Ich habe mich in meinem Leben nie erniedrigt, um etwas zu bitten, das ich nicht verdient hatte", schreibt Seume, und fügt hinzu: „und ich will auch nicht einmal immer bitten, was ich verdiente", (SW 1993, S. 162). Freiheit ist für Seume, wie für Bloch, „nicht die bürgerliche Formel ‚Freiheit und Eigentum'"[99]. Um Geld kümmert Seume sich wenig; oder besser: Er ist bestrebt, sich nicht darum zu kümmern. Bezeichnend ist es, dass er, bevor er als Student Leipzig heimlich verlässt, seine Schulden bezahlt. Überhaupt legt er viel Wert darauf, immer seine Schulden zu tilgen, was einigen merkwürdig vorkommen könnte. Ich denke, er will von ökonomischen Bindungen frei sein, jedenfalls ist er zu stolz, um sich wegen Geld zum Dieb zu machen. Auch merkwürdig ist es, dass sich Seume kein Amt sucht. Die Möglichkeit hat sich mehrmals geboten, und die Forschung hat auf diese Frage keine wirklich gute Antwort gefunden. Vielleicht aber hängt dies auch mit seinem Stolz und seinem Willen zum „aufrechten Gang" zusammen: Immer will Seume sein eigener Herr sein, er will selbst frei entscheiden können.

Vieles scheint dafür zu sprechen, dass für Seume der konkrete *physische* aufrechte Gang (d. h. auf Wanderschaft zu gehen) mit einem *philosophischen, ethischen* Konzept vom aufrechten Gang korrespondiert. Als Spaziergänger auf dem Weg nach Sizilien realisiert Seume seine Menschenwürde, er wird zum „Produzenten seiner eigenen Geschichte", in einem viel höheren Maße, als wenn er in Grimma geblieben wäre und ein Amt bekleidet hätte.

Bewegung als Weg zur Gesundheit

Mit dem Freisein und der Menschenwürde hängt auch der nächste Punkt zusammen: Gesundheit. Eine Grundüberzeugung Seumes, die er mehrmals wiederholt, ist, dass physische Aktivität oder Bewegung für ihn gesund ist, wohingegen Stillsitzen das Gegenteil bewirkt, nämlich Krankheit und gedrückte Stimmung. Die moderne Arbeitswelt ist mit anhaltendem Sitzen verbunden. Der Verleger Göschen, bei dem Seume in den 1790er Jahren wieder arbeitet, hat sich durch diese Arbeitsweise ein Zwerchfellleiden zugezogen. Sowohl Göschen als auch Seume sind, so können wir Seumes Bemerkungen zu diesem Thema auslegen, in menschenunwürdigen Verhältnissen gefangen. Wenn wir Göschen und Seume noch einmal mit Goethe in Weimar vergleichen, sehen wir, dass sie schlecht abschneiden: Goethe war ein Frühaufsteher, der es sich leisten konnte, in den Morgenstunden im Zimmer hin und her wandernd, seine Gedanken und Befehle einem Sekretär zu diktieren. Er konnte tatsächlich im Stehen und Gehen eigene Texte dichten und schreiben; welch ein Privileg im Vergleich zu Seume, der gebückt über Klopstocks Texten sitzen musste. Seume entscheidet sich aber seinerseits, etwas zu tun, um kein Zwerchfellleiden wie Göschen zu bekommen, und, wie er an Gleim schreibt: „das kann nur durch starke Bewegung geschehen; und wenn diese nun einmahl auf den Aetna anstatt in das Muldenthal gehet, was wärs denn Schade?"[100]

Obwohl Seume ursprünglich ein großer Klopstock-Verehrer war, sieht er schnell ein, dass das Korrekturlesen von Klopstocks Manuskripten für ihn nicht das Richtige ist. Auch vor der Perspektive, als selbstständiger Autor zu leben, schreckt er zurück. In einem Brief an Schnorr im Herbst 1801 schreibt Seume: „erst wollen wir leben, dann schreiben. Viel gelebt und wenig geschrieben! Besser als umgekehrt."[101] Seine Italienreise begründet er Göschen gegenüber genau damit, dass er „Thätigkeit brauche" und „zum spekulativen Menschen […] nicht gemacht ist".[102] Wiederholt kommt er auf das drohende Zwerchfellleiden zurück, wie hier in einem Brief an Böttiger: „[I]ch will mir bloß kosmisch das Zwerchfell etwas auseinander wandeln"[103].

Als Seume in Wien mit einem Beamten einige Probleme bekommt, findet er es hingegen strategisch klug, andere Gründe als die der Bewegung vorzuschieben:

> Hätt ich ihm nun die reine platte Wahrheit gesagt, daß ich bloß spazierengehen wollte, um mir das Zwerchfell auseinander zu wandeln, das ich mir über dem Druck von Klopstocks Oden etwas zusammen gesessen hatte, so hätte der Mann höchst wahrscheinlich gar keinen Begriff davon gehabt. (SW 1993, S. 196)

Seume vertrat mit – anderen Worten – mit seiner Bewegungsphilosophie noch nicht die herrschende Meinung in der Gesellschaft.

Das Spaziergehen ist aber für Seume ein Teil einer Gesundheitsphilosophie, zu der sich auch andere Aspekte hinzufügen, u. a. eine strenge Lebensführung und eine sehr einfache, fast vegetarische

Diät. Er trinkt laut eigener Aussage keinen Wein, raucht keinen Tabak und isst die einfachsten Speisen. „Meine Panazee ist Diät und Bewegung", schreibt er, und fügt hinzu: „Wenn ich eines Tags zuweilen nicht Zeit habe, laufe ich des Nachts meilenweit spazieren".[104] „Spazierenlaufen", das ist eine Neuwortbildung, und man bekommt den Eindruck, dass dies im Vergleich zu „spazierengehen" etwas zügiger sein muss.[105] *Läuft* Seume tatsächlich während der Nacht „meilenweit", weil er sein Training während des Tages nicht bekommen hat? Wenn es so ist, dann übertrifft seine Laufleidenschaft die vieler der Ultraläufer der Gegenwart. Durch systematisches Training sorgt Seume dafür, dass er sich fit hält, was ihn zu einem Pionier der modernen Sport- und Trainingsbewegung macht.

Wie dem auch sei: Durch den Spaziergang nach Syrakus und zurück konnte Seume diese Gesundheitsphilosophie auf die Probe stellen. Würde er nach 3000 Kilometern wieder gesund nach Grimma kommen, hätte die Philosophie die Probe bestanden.

Das Mit-den-Elementen-Kämpfen als Weg zur „huronischen" Lebensweise

Die Seumesche Gesundheitsphilosophie muss aber um noch einen Aspekt erweitert werden: das Mit-den-Elementen-Kämpfen. Es genügt Seume nicht, einige kleine Wanderungen bei schönem Wetter im heimischen Muldental zu machen, nein, er setzte sich freiwillig größeren Herausforderungen und Unbehaglichkeiten aus und wanderte gerne unter ungünstigen Bedingungen.[106]

Auch seine Schüler verschonte er in dieser Hinsicht nicht, sondern entwickelte eine auf Stoizismus gegründete Pädagogik. Göschen schreibt, dass Seume die Jünglinge:

> […] durch Lehren und Beispiel bildet, zur Entbehrung und Ertragung gewöhnte. War der Winterabend recht unangenehm, so stand er bei anbrechender Nacht von seiner Arbeit auf, ging noch zu diesem oder jenem Freunde auf dem Lande, und gebot dem Zögling in einer Stunde ganz allein nachzukommen. Hatten sie dann wie-

der ausgeruht, so wandelten sie in dicker Finsternis durch Schneegestöber und Sturm, durch Hügel, Berge und Hohlwege nach Grimma zurück. Es wurde auch wohl zu Mittage beim allerschlechtesten
Wetter des Monats Dezember ein Spaziergang von sechs tüchtigen
Stunden nach Leipzig beschlossen, um dort in das Schauspiel zu
gehen, welches um sechs Uhr abends anfängt. War das Stück geen-
digt und eine warme Suppe gegessen, so ging die Reise unaufhalt-
bar gleich zurück, und der Mentor und sein Zögling kamen bald
nach Mitternacht wieder in ihrer Wohnung an. […] Die Jünglinge
wurden durch diese strenge Erziehungsart zwar hart aber nicht rauh,
stark aber nicht wild; sie blieben in ihrem Innern sanft, und fähig
des schönen Genusses der stillen häuslichen Freuden, welch auch
ihr Lehrer so gern und so innig genoss.[107]

Auf seiner Italienreise fehlt es nicht an entsprechenden Herausforderungen. Einsam überquert Seume Bergpässe, er watet durch
Schnee,[108] er hat Durst und er hungert, er erzwingt steile und unweg-
same Stellen, er muss erleben, wie es ist, kein Nachtquartier zu finden.[109] Den Ätna (3233 m) besteigt er am 7. April 1802, was keine
geringe Leistung sei, sollen wir hier Zänker Glauben schenken:

Seume wurde von einem Einwohner gewarnt, der ihm „schreckliche Dinge von der Kälte in der obern Region des riesen" erzählte,
„es würde unmöglich sein, meinte er, schon jetzt in der frühen Jahreszeit noch zu Anfange des Aprils hinaufzukommen. Er erzählte
mir dabei von einigen Westphalen, des noch bei der nehmlichen
Jahreszeit gewagt hätten, aber kaum zur Hälfte gekommen wären
und doch Nasen und Ohren erfroren hätten. Ich ließ mich aber nicht
niederschlagen, denn ich wäre ja nicht wert gewesen, nordamerikanischen und russischen Winter erlebt zu haben.[110]

Wie Goethe bei seiner Brockenbesteigung im Dezember 1777, entscheidet sich also Seume, den Ätna zu einem klimatisch sehr
ungünstigen Zeitpunkt zu besteigen.[111]

Das Einfache und Ur-Menschliche an solchen körperlichen Erfahrungen unter extremen Bedingungen scheint Seume sehr anzusprechen. Wenn er sich außerdem von der Umgebung ernähren kann, ist es umso besser. In Sizilien freut er sich beispielsweise nicht auf Restaurants und gutes Essen, sondern auf das Herumschlendern und „etwas junge Mandeln und ganz frische Apfelsinen dort zu essen".[112]

„Huronisch" ist das Wort, das Seume für diese ursprüngliche Lebensweise findet: „Wenn man nicht mit Extrapost fährt, sondern zu Fuße trotzig vor sich hinstapelt, muß man sich sehr oft sehr huronisch behelfen."[113] Seume merkt sich, als er in Amerika selbst amerikanischen Ureinwohnern begegnet, nicht nur den „wohlgeformten und kräftigen Körperbau" der Huronen, sondern auch, wie sie sich in ihrem naturnahen, ursprünglichen Leben einrichteten. Seume notiert mit Anerkennung, wie die Ureinwohner ihre Kleidung und vor allem ihre Schuhe einfach und effektiv selbst herstellen:

> Ihre Schuhe nähen sie aus einem einzigen Stücke Wildhaut ohne Sohlen, bloß über den Fuß und hinten an der Ferse zusammen, so daß jeder sein eigener Schneider, Schuster oder Modekrämer sich in einigen Stunden seinen ganzen Anzug verfertigt.[114]

Wie ein „Hurone" auf dem Weg in den nordamerikanischen Wäldern, wie ein „edler Wilder" – fühlt sich auch Seume so auf seiner Reise? Hilft diese identitätsstiftende Verbindung zwischen ihm selbst und den „Huronen" Seume, die Herausforderungen auf der Reise „stoisch" zu überstehen?

„Stoisch" ist ein wichtiges Stichwort. Wo Goethe auf dem Brocken zum Ekstatischen tendiert, wenn er dort zu neuem Lebensinhalt findet, besteht für Seume der Reiz der Ätna-Besteigung vielmehr im rein Sportlichen, Stoischen. Seume freut sich zwar, als er den Gipfel erreicht, behält aber seine Nüchternheit. Hier entfaltet sich keine Vision wie die Goethes von einem Leben im Dienst der

Menschen; Seume ist weit davon entfernt, sich selbst im Bilde eines
Gottes zu sehen, der die Welt überschaut. Wir erinnern uns an die
letzten Strophen von Goethes „Harzreise im Winter":

Und schaust aus Wolken
Auf ihre Reiche und Herrlichkeit,
Die du aus den Adern deiner Brüder
Neben dir wässerst.

Goethe auf dem Brocken, Seume auf dem Ätna; der erste fühlt, dass
seine innersten Wünsche auf dem Gipfel göttlichen Zuspruch erhalten, der andre ist vor allem Stolz darauf, sein Ziel rein körper-
lich-sportlich erreicht zu haben.

Laufen als Weg zur Erfahrung der langen Zeit
Doch gibt es, trotz der vielen Unterschiede, auch Ähnlichkeiten
zwischen den Bergbezwingern Goethe und Seume: Beide suchen
sie nämlich, so wie ich es sehe, auf ihren Wanderungen Berührung
mit der langen, fast kosmischen Zeitperspektive. Eine Bildungsreise nach Italien ist traditionell mit einer die Jahrtausende über-
blickenden, kulturhistorischen Großperspektive verbunden; mein
Eindruck ist, dass sowohl Goethe als auch Seume mehr als einen
kulturhistorischen, zur Antike zurückreichenden Weitblick suchen.
Goethes Sehnsucht geht zurück nach Arkadien, der mythischen
Vorgeschichte der Antike sozusagen; und dies korrespondiert mit
Seumes Sehnsucht nach einer huronischen Lebensform; nach einem
goldenen Zeitalter, in dem die Menschen im Einklang mit der Natur
lebten und „besser" waren als jetzt.
    Das Gehen nun, diese urmenschliche Bewegungsart – ist dies
der Verbindungslink, der es Goethe und Seume ermöglicht, sich
über die europäische Zivilisationsgeschichte zu erheben und sich
mit der Menschheitsgeschichte oder sogar der Erdgeschichte näher
zu identifizieren? Auf dem Brocken wird Goethe, so meine Interpretation der „Harzreise im Winter", im eigentlichen Sinne zum

Geologen; hier oben kann er sich über die Trivialitäten des Alltags als Bergbauintendant hinaus erheben und die Welt mit fast paläontologischem Blick überschauen. Hängt dies nur mit dem Ort, dem Brocken also, zusammen, oder auch, so meine Vermutung, mit dem vorhergehenden körperlichen Exzess?

„Wer geht sieht im Durchschnitt anthropologisch und kosmisch mehr als wer fährt", schreibt Seume (SW 1993, S. 543). Die Seume-Forschung tendiert dazu, anthropologisch und kosmisch gleichzustellen, so wie Hartmut Steinecke:

> Anthropologisch und kosmisch – das heißt: Von den Menschen, ihrem Tun, ihrem Alltagsleben, ihrem Denken und Fühlen, ihren Schwächen und Wünschen; und von der Welt; also von der Gesellschaft, ihren Institutionen, ihren Herrschaftsstrukturen.[115]

Das Wort „kosmisch" auf bloß menschliche und gesellschaftliche Phänomene zu begrenzen, scheint mir höchst ungenau zu sein. Ich denke, „kosmisch" bedeutet hier mindestens „weltumfassend"[116], auch in historischer Hinsicht. Erinnern wir uns an die beiden zentralen Ziele Seumes mit seiner Syrakus-Reise: bei der Wasserquelle Arethusa Theokrit (Schöpfer der bukolischen Lyrik) zu lesen und den Vulkan Ätna zu besteigen. Beide Ziele weisen auf eine Faszination für die menschliche Urzeit hin. Schon in der ersten Phase der Planung, zu einem Zeitpunkt, wo die Details der Italienreise für Seume selbst wahrscheinlich sehr unklar waren, schreibt er an Gleim: „Jetzt schwärme ich nun im Geiste auf dem Aetna herum"[117]. Im Vorwort seiner Gedichte steht Folgendes: „Freylich habe ich in Italien nichts zu tun, als vielleicht nur […] dem Vater Aetna in den Mund zu sehen."[118] „Vater Aetna in den Mund zu sehen" – gerade das ist es, was Seume tatsächlich tut, als er auf dem Gipfel des Vulkans angekommen ist: Er schiebt sich an den Rand des Vulkans heran und guckt hinunter, wo es siedet und brodelt. Zum Ätna-Krater hinauf kann man nur zu Fuß kommen; der Blick in das Innere der Erde ist ein Blick ins Kosmische; die Erde wird nicht bloß humanistisch betrachtet, sondern als Planet, als Teil des Universums.

Zu Fuß sieht man „kosmisch" mehr, schreibt Seume. Bedeutet dies vielleicht, dass das Den-Körper-zu-Benutzen und das Ein-Fuß-vor-den-anderen-zu-Setzen uns mit der Urgeschichte der Erde näher in Verbindung bringt? Wenn man durch „knie-tiefen Schnee stapft", wenn man Durst und Hunger ausgesetzt ist und nie ganz sicher weiß, wann, wo und überhaupt, ob man ein Nachtquartier findet, wenn man Wasser aus Quellen entlang des Weges trinkt, bringt uns das näher an die Erdgeschichte und an das Mysterium Mensch? Einige Passagen aus Askwiths Buch *Running Free,* um ein Buch aus unserer Gegenwart als Unterstützung zu dieser These heranzuziehen, deutet darauf hin, dass das Laufen, besonders das Laufen in der Natur, diesen Effekt des Uns-auf-Distanz-Bringens haben kann:

> Worries about work, money and family were blown from my mind: for the first time in hours I wasn't subconsciously keeping track of what needed to be done next. Instead, I let myself be mesmerized by the lengthening shadows of the wind-swept grass and, increasingly, the lichen-coated stones strewn all around. What, I wondered, was each one's story? Some were clearly remnants of walls, piled up by farmers within living memory. Others might well have been untouched since being thrown up by nature tens of thousands of years ago. And the rest? I had no idea, but did not let stop me speculation about hill forts and battles, ancient Britons, Romans, Mercians and Danes, and any number of long-forgotten lives lived out against a backdrop scarcely distinguishable from what I saw around me.[119]

Ist dies, also die Notwendigkeit extremer körperlicher Betätigung, um eine Großperspektive auf das Leben zu bekommen, vielleicht auch die Erkenntnis, die Goethe fast intuitiv zu seiner Harzreise treibt? Ist es die Erkenntnis Goethes, dass er nur durch den körperlichen Exzess des 500-Kilometer langen kombinierten Ritts/ Laufs im Stande sein würde, seinem Leben am Weimarer Hof einen „kosmischen" Hauch zu geben? War es die Harzreise, die aus dem „Intendanten des Bergbaus" einen Wissenschaftler und Geologen machte?

Sowohl Goethe als auch Seume kennen den Reiz des „huronischen" Lebens, obwohl Seume selbstverständlich in einem weit höheren Grad als Goethe dies in praktisches Leben umsetzt. Der Hurone, oder der „edle Wilde" ist das Idealbild eines von der Zivilisation unverdorbenen Menschen. Dieses Rousseau'sche Gedankengut spielt mit,[120] so meine Hypothese, als Goethe und Seume, nach extremen körperlichen Herausforderungen auf dem Brocken bzw. auf dem Ätna stehen. Der vormoderne Hurone und der durchaus moderne Geologe sind so einander näher gerückt. Ob man nach hinten, tief zurück in die Geschichte blickt, oder nach vorne, in die noch unerforschte Zukunft, ist hier nicht so wichtig: Das Zentrale ist, dass die physische Betätigung des Wanderns, Laufens, Kletterns, Stapfens usw., eine solche lange Zeitperspektive zutage fördert. Diese lange Zeitperspektive ist gleichzeitig befreiend, sie kann uns aus unseren Alltagsproblemen herausheben, sei es als Weimarer Bergbauintendant, als Korrektor von Klopstocks Oden – oder, wie in Askwiths Fall, als Büroarbeiter in London.

## Extreme physische Betätigung als Weg zum Religiösen, Ekstatischen und Spirituellen

22 Kilometer in der Gebirgswelt um die Stadt Bergen liegen hinter mir. Es ist 22:28 Uhr und die nordische Sommernacht ist immer noch hell. Ich sitze ganz allein auf einem Hügel, unten auf dem Sportplatz wimmelt es von Menschen, deren Gesichtszüge alle Anzeichen tragen, dass die Endorphine im Körper herumjagen, sie erleben das „Runners High". In meiner Hand ein Hamburger, in diesem Augenblick die köstlichste Speise der Erde. Allen Menschen um mich herum bin ich wohlgesinnt. Frieden herrscht auf Erden. Das Glück hat sich hier erfüllt.

Nach 10 Minuten ist es vorbei, und ich bin wieder mein nüchternes Selbst. Mein fast religiöses Glücksgefühl beim Zieleingang ist aber für die meisten Läufer ein bekanntes Phänomen. Einige lachen, andere weinen. Ab und zu vor Glück, ein andermal vor Schmerz und Verzweiflung:

> Die Schmerzen im Knie werden unerträglich und ich bin den Tränen nahe! In meinem hellsichtigen Reiseführer steht übrigens, dass jeder Pilger auf der Reise mindestens einmal weinen wird.[121]

Derjenige, der dies erlebt, ist der Prominentenpilger Hape Kerkeling. Christoph McDoughall beschreibt ähnliche Szenen in *Born to run*. Die beiden Läufer, Jenn Shelton und Billy Barnett, sind dafür bekannt, dass sie mit Jauchzen die Downhills in gewaltigem Tempo hinunterlaufen.

Heute ziehen viele es vor, diese Glücksgefühle wissenschaftlich zu erklären, und den Endorphinen, den sogenannten Glückshormonen, die Verantwortung für die Gefühlsausbrüche zu geben. Früher hat man gewusst, wie man diese besonderen Gefühlszustände, die beim Wandern so häufig auftreten, systematisch in den Dienst der Religion stellt, indem man Menschen auf verschiedene Weise zu Pilgerfahrten aufforderte oder motivierte.

Wie stellt sich der Aufklärer Seume zu diesem religiösen oder ekstatischen Aspekt des Fernwanderns? Der Vergleich mit Goethe kann uns noch einmal helfen, das Besondere bei Seume in den Blick zu bekommen.

Gläubig im traditionellen Sinn war Goethe nicht. Von der pantheistischen Philosophie Spinozas geprägt, gehört das Wandern für Goethe trotzdem zum Bereich des Religiösen: Große Gefühle sind für ihn Begleiterscheinungen der körperlichen Betätigung. Erinnern wir uns nur an das Erlebnis der drei jungen Kameraden auf der Reise zu den Schwytzer hoken (Großen und Kleinen Mythen): „Wir waren zugleich müde und munter geworden, hinfällig und aufgeregt, wir löschten gähling unsern heftigen Durst und fühlten uns noch mehr begeistert." Im Tagebuch wird die Stimmung wie folgt beschrieben: „Lachen und Jauchzen dauerte bis um Mitternacht."[122] In Gedichten wie „Wanderers Sturmlied" und „Harzreise im Winter" finden wir den Sturm-und-Drang-Ton wieder, der ja so häufig von religiös gefärbter Ekstase durchdrungen ist: Trotz des Sturmes, der Kälte und der Erschöpfung – oder vielleicht gerade wegen der Erschöpfung – fühlt sich der Wanderer von Gott gehütet, ja geradezu auserkoren: „Wem du nicht verlassest Genius", so lautet der ständig wiederholte Gottesanruf in „Wanderers Sturmlied".

Seume ist kein Pantheist, sondern, wenn überhaupt gläubig, dann gläubig auf seine eigene Weise. „Ich verehre Moses, Christus, aber nach meiner Weise und nicht nach dem System"[123], schreibt er in *Mein Leben*. Vielleicht lässt er sich als Deist einstufen, teilweise von den Philosophen Pierre Bayle, Anthony Ashley Cooper (Earl of Shaftesbury) und Henry Saint John Bolingbroke inspiriert. Diese waren Zänker zufolge

> Anhänger des Deismus, einer Lehre, nach der Gott die Welt zwar geschaffen, aber danach nicht mehr eingegriffen, sondern sie dem Wirken der Menschen überlassen hat; religiöse Wunder und Offenbarungen wurden abgelehnt. […] Da dem Menschen ein moralischer Sinn angeboren ist, hielt [Shaftesbury] die christliche Tugendlehre, die auf das Jenseits weist und von den irdischen Aufgaben ablenkt, für überflüssig.[124]

Ein Leben zu führen, das den eigenen, von Gott eingegebenen, Moral- und Vernunft-Überzeugungen so weit wie möglich folgt, galt Seume als das Gute und Richtige.

Religiöse, christliche Züge scheint aber Seumes Leben dennoch zu haben. Askese und Pflicht sind wichtige Stichwörter in Seumes Leben. Seine asketische Diät haben wir schon besprochen, aber auch seine asketischen Moralvorstellungen, beispielsweise seine große Vorsicht in Verbindung mit Frauen, tragen dazu bei, das Bild von Seume als so etwas wie einem aufklärerischen Mönch zu komplettieren. Oder vielleicht ist „Pilger" eine bessere Bezeichnung, und tatsächlich bevorzugt Seume häufig das Wort „pilgern", wenn er über seine Art des Vorwärtskommens schreibt.

Von Wandern und Ekstase können wir aber im Falle Seumes kaum sprechen. Wenn Seume die Sphäre des Rauschhaften berührt, dann nur kurz, und häufig mit einer moralisch negativen Beurteilung oder humoristisch relativiert. Als er beispielsweise in Fermo ausnahmsweise Wein trinkt, beschreibt er seine darauffolgende Etappe wie folgt:

> So viel erinnere ich mich, ich machte Verse, die mir in meiner Seligkeit ganz gut vorkamen. Schade, daß ich nicht Zeit und Stimmung hatte, sie aufzuschreiben; so würdest Du doch wenigstens sehen, wie mir dichten hilft. (SW 1993, S. 270)

Als Seume oben auf dem Ätna angekommen ist, könnten wir ekstatische Ausbrüche erwarten, Seume begnügt sich aber mit einer Landschaftsschilderung, immerhin in einem recht romantisierenden Stil. Die Lust zu jauchzen, die Goethe sicherlich nicht unterdrückt hätte, taucht aber auch bei Seume auf, oder: Er macht jedenfalls ohne Weiteres mit, als der englische Major folgenden Vorschlag macht:

> *Now be sure, we needs must give a shout at the top down the gulf;* und so stimmten wir denn drei Mal ein mächtiges Freudengeschrei an, daß die Höhlen der furchtbaren Riesen widerhallten, und die Führer uns warnten, wir möchten durch unsere Ruchlosigkeit nicht die Teufel unten wecken. Sie nannten den Schlund nur mit etwas verändertem Mythos: *la casa del diavolo* und das Echo in den Klüften *la sua riposta.* (Seume 1993, S. 385)

Eine gewisse Begeisterung für diese Möglichkeit, ein mehrstimmiges Urgeschrei am Felsenrande der Vulkanschlucht auszustoßen, lässt sich durchaus aus diesen Zeilen herauslesen. Es ist aber bezeichnend, dass sich Seume gleichsam eine kulturelle Erlaubnis für diese Ausschweifung dadurch einholt, dass er den Major den Vorschlag machen lässt. Das Geschrei wird des Weiteren dadurch legitimiert, dass es sich um eine, eine englische, also zivilisierte, Tradition handele. Der vernünftige Aufklärer und Stoiker Seume geht nur aus kameradschaftlicher Höflichkeit darauf ein, selbst mitzuschreien,

Der religiöse Grundton Seumes, wenn man überhaupt davon sprechen kann, ist also eher asketisch als ekstatisch. Dies entspricht auch Seumes militärischen Werten, die er im Laufe seines Lebens verinnerlicht und sich zu eigen gemacht hat: Einfachheit, Tapferkeit, Notwendigkeit. Seume hat sogar ein Buch darüber veröffentlicht, welche Eigenschaften ein Mensch haben muss, um für eine militärische Laufbahn tauglich zu sein: *Über Prüfung und Bestimmung junger Leute zum Militär* (1793). Diese Eigenschaften korrespondieren mit den Tugenden eines Pilgers: das einfache Essen und Schlafen, Ausdauer und Tapferkeit.

Bewusster sozialer Abstieg/Deklassierung als Weg der Überlebenskunst und Weg zur Gesellschaftskritik

Sich auf Wanderschaft zu begeben, heißt häufig auch: auf das Sicherheitsnetz des Alltags verzichten zu müssen. Es liegt in der Natur einer Wanderung: Du kannst nicht alles mitnehmen, du musst Prioritäten setzen: Welche Kleider kann ich mitnehmen? Wie viel Essen und Trinken? Wie viel Geld? Je länger die Reise, desto größer die Gefahr, dass irgendwo und irgendwann etwas Essentielles fehlt. Dann musst du improvisieren, Lösungen finden, oder du bist ganz einfach der Hilfsbereitschaft deiner Mitmenschen ausgeliefert.

So ist es immer gewesen, und dies ist auch der Grund dafür, dass verschiedene Gesellschaften es als notwendig empfunden hat, die Menschen zu verpflichten, Wandersleuten ein Mindestmaß an Essen und Schlafgelegenheiten anzubieten. Man durfte als Wanderer im Heu schlafen und bekam etwas zu essen, als Gegenleistung musste man aber verschiedene Arbeiten verrichten. Auf diese Weise entstand ein System des gegenseitigen Nutzens. Wer beispielsweise Pilgern und Wandermönchen half, konnte darauf hoffen, seinen Lohn im Jenseits zu erhalten.

Pilger, Wandermönche, Handwerksburschen, Studenten – dies waren die gesellschaftlich akzeptierten Formen der Wanderschaft. Es gab aber auch Bettler, Musiker, Tagelöhner, Zigeuner, Betrüger und eine Reihe anderer Menschen, die auf Straßen und Wegen unterwegs waren. Diese waren gesellschaftlich nicht akzeptiert, wurden mit tiefem Misstrauen betrachtet und wurden oft nicht in die Städte eingelassen. Wer sich im 18. und 19. Jahrhundert auf Wanderschaft begab, musste damit rechnen, ab und zu für einen dieser nicht akzeptierten Wanderer gehalten zu werden, mit all den Unannehmlichkeiten, die dies zur Folge haben konnte.

Die Gefahr der sozialen Deklassierung besteht also, was aber gleichzeitig als eine Chance aufgefasst werden konnte. Goethe liebte es, wie wir wissen, inkognito zu reisen, was er wie folgt begründet:

> Mir ist´s eine sonderbare Empfindung, unbekannt in der Welt herumzuziehen, es ist mir als wenn ich mein Verhältnis zu den Menschen und den Sachen weit wahrer fühlte.[125]

Das Inkognito, das für Goethe immer einen sozialen Abstieg bedeutet (Goethe gibt sich als Maler oder Jurist aus) bietet ihm die Möglichkeit, er selbst zu sein, und er konnte auch erleben, wie Leute sich ihm gegenüber gelassener und natürlicher verhielten. Dies musste für einen Dichter, der sich vornahm, die Welt wahrheitsgemäß darzustellen, von großer Wichtigkeit sein.

Für Seume dagegen spielt die Motivation, „er selbst zu sein" und natürlich mit den Menschen reden zu können, wahrscheinlich keine Rolle, wenn er sich mehr oder weniger bewusst deklassieren lässt. Viel eher tut es dies aus strategischen Gründen. Es war für

Seume notwendig, ärmlich auszusehen, um nicht von Räubern überfallen zu werden. Dies erweist sich nicht nur als eine Vorsichtsmaßnahme, sondern rettet wahrscheinlich Seumes Leben bei ein paar Gelegenheiten. Dass seine dürftige Ausrüstung ihm auch Probleme bereiten konnte, ist ein wiederkehrendes Thema. Beispielsweise bekommt er in Sankt Oswald kein Bett, da man denkt, er sei ein unehrlicher Mann.[126]

Gleichzeitig sehen wir, wie die Deklassierung Seume auch die Chance bietet, gesellschaftliche Missstände in den Blick zu bekommen und auch mit der untersten gesellschaftlichen Schicht in Berührung zu kommen. Auf Sizilien zwischen Agrigent und Terra Nuova wurde Seume „von drei bewaffneten Reitern barsch angehalten, ausgefragt, durchsucht – zum Glück nur sein Rucksack –, schließlich aber, da sowohl Person als auch Sachen einen zu ärmlichen Eindruck machten, zu einem Schluck Wein eingeladen und mit guten Wünschen verabschiedet" (SW, Bd. 1, S. 259). Auch für Goethe wäre dies sicherlich Stoff für Dichtung, für Seume aber wird es auch Anlass zu radikaler Gesellschaftskritik. Zänker fasst diesen Unterschied zwischen den Klassikern Goethe und Schiller und dem etwas jüngeren Seume wie folgt zusammen:

> Trotz der pessimistischen Bilanz rät Seume jedoch nicht wie Schiller resignierend zur Flucht aus der brutalen Wirklichkeit in „des Herzens stille Räume, in die Freiheit eines Traumreiches. Hier wird der grundlegende Unterschied zwischen Seumes Auffassung von Dichtung und der deutschen Klassik, vor allem nach 1794/95, deutlich. Während Goethe und Schiller die ästhetische Erziehung, die harmonische innere Entwicklung des Menschen als Weg zur Freiheit, zur Bildung einer Nation und zur Verbesserung der gesellschaftlichen Verhältnisse ansahen und ihrer Rebellion gegen die deutsche Misere in höhere Regionen, in das Reich des schönen Scheins, verlegten, wo sie das Idealbild der bürgerlichen Welt schufen, ist dies für Seume nicht akzeptabel. Seine Humanitätsidee ist nicht abstrakt und einer idealisierten Antike entnommen, sondern

entstammt der Realität. Er fordert eine wirklichkeitsverbundene, der Wahrheit verpflichtete Literatur, die auch politisch sein muß, wenn sie den Menschen dienen soll, und in der es keinen welt- und zeitfernen Zufluchtsort vor der miserablen Gegenwart gibt […] Seumes Forderung widerspiegelt die neue, sozialkritische und kämpferische Funktion der Literatur zu Beginn des 19. Jahrhunderts, die in der Folgezeit mit Ludwig Börne, Heinrich Heine und den Dichtern des Vormärz einen Höhepunkt erreichte.[127]

Seumes neue Art des Wanderns, seine bewusste Deklassierung, aber auch der Ernst und der Durchsetzungswille, mit dem er sein Projekt durchführt, ist eine der Voraussetzungen für diese Erneuerung der Literatur.

Seit einer Woche befinden wir uns in Göttingen. Auf dem Markt betrachte ich das Gänseliesel, eine barfüßige Magd, die möglicherweise eine weite Strecke zu Fuß zurückgelegt hat, um ihre Gänse hier feilzubieten. Die Hökerweiber auf dem Markt mussten ab und zu 30 Kilometer zu Fuß gehen, wahrscheinlich schwer beladen, um zum Markt in Göttingen zu gelangen. Das Gänseliesel symbolisiert gleichsam die fußgängerischen Leistungen der wandernden Weiber, die Strecken zurückgelegt haben, die aus heutiger Sicht fast unglaublich erscheinen. Aber wahrscheinlich bin es nur ich, der das Gänseliesel so sieht. Ich fange ja gerade mein Forschungsprojekt über Wandern an.

An diesem ersten Tag in Göttingen biegen wir auch in die Lang-Geismar-Straße und dort stoßen wir auf ein Reformhaus, und ökologisch interessiert, wie wir sind, gehen wir hinein. Später werde ich herausfinden, dass das Reformhaus aus der sogenannten Lebensreform um die Mitte des 19. Jahrhundert hervorgeht und dass die Reformbewegung eine zentrale Rolle in der Wanderbewegung in Deutschland spielen soll, die auch zu diesem Zeitpunkt, also um 1860, tatsächlich in Gang kommt.

Es ist September, das Wetter ist gut, und wir entscheiden uns, schon am Wochenende eine dreitägige Wanderung zu beginnen. Es ist die erste Probe, wie unseren Mädchen (zwei sind 8 Jahre und eines 10 Jahre alt) das Leben auf der Wanderung gefallen wird. Wichtig ist es für Helene und mich, dass die Wanderung direkt vor unserer Tür anfängt, und dass wir hierher wieder zurückkehren wollen, am liebsten zu Fuß. Wir haben vor, im Ranzen so wenig wie möglich zu haben, alle müssen aber etwas tragen.

Als „Wanderführer" muss ich die Karte studieren, die Route festlegen, und auch aufpassen, dass wir uns nicht verlaufen. Was nicht einfach ist, denn im Wald und auf den Wiesen gehen die Wanderwege kreuz und quer. Und die Route, die wir gewählt haben (von Eddigehausen über den Berg nach Ebergötzen, dann weiter nach Seeburgersee und dann zurück nach Göttingen/Eddigehausen), ist kein Pilgerweg, Europafernwanderweg oder Deutscher Qualitätsweg, sondern ein Weg, den wir uns selbst ausgesucht haben. Wir können nicht davon ausgehen, dass der Weg gut ausgeschildert ist.

Ich studiere also die Google-Karte genau (eine Wanderkarte habe ich nicht), zähle in meinem Kopf, wie viele Wege nach links abbiegen, bevor wir den Weg nach links nehmen sollen usw. Als Sicherheit nehme ich mein Mobiltelephon mit GPS mit, bin es aber nicht gewohnt, diese App zu benutzen.

Wir frühstücken ganz ordentlich, die Kinder müssen Vollkornbrot essen, obwohl sie das nicht so gern haben. Im Ranzen haben wir Vollkorn-Snacks, aber auch Schokolade und Weizenbackwerk. Das letztere wollen wir allerdings sparen, denn vor uns liegt eine sechsstündige Wanderung. Dabei ist vor allem Wasser wichtig. Jeder von uns muss das Wasser, das er trinken wird, selbst tragen.

Alles läuft sehr gut. An einer Stelle muss ich aber das GPS befragen, denn laut meinem Kopf sollen wir direkt geradeaus gehen, der Weg macht aber eine scharfe Kurve nach links. Hm, das GPS gibt mir Recht, und siehe, da, hinter einigen Sträuchern, setzt sich der Weg fort, sehr schlammig und überwuchert, aber doch erkennbar. Dann springt plötzlich ein Reh aus den Büschen hervor, flieht vor uns und verschwindet nach einigen Sekunden. Die Kinder sind mit einmal Feuer und Flamme: Gibt es wirklich wilde Tiere hier?

Was uns auch auffällt hier oben im Wald bei der Plesse, wo Goethe auch gewandert ist, ist, dass es hier Waldgrabstätten oder Baumgräber gibt. Das ist etwas Deutsches, das es bei uns in Norwegen nicht gibt, ein Zeichen der Waldverbundenheit der Deutschen.

Nach sechs Stunden nähern wir uns Ebergötzen. Ich habe gerade den Kindern aus „Der Herr der Ringe" vorgelesen, und das Wirtshaus vor uns ist das Gasthaus „Zum Tänzelnden Pony" in Bree, so haben die Mädels das längst entschieden. Und so ähnlich sieht es auch aus, was die Freude beim Ankommen noch mehr steigert.

Am Tag danach erwartet uns nur eine sehr kurze Etappe, fast enttäuschend kurz, auch für die Kinder. Wir erreichen Seeburg, und wie

Abb. 13: Die Pausen nutzen die Kinder dazu, Bücher zu lesen. Vor uns liegt Ebergötzen, – oder in der Imagination der Kinder – das Dorf Bree aus Tolkiens „Herr der Ringe".

es sich erweist, hat dieses Dorf kein Lebensmittelgeschäft. Ja, es gibt überhaupt keine Einkaufsmöglichkeiten in der Nähe, jedenfalls nicht für Leute wie uns, die sich zu Fuß bewegen.

Wir haben auch Pech mit dem Gasthaus, denn an genau diesem Abend findet dort eine Hochzeit statt, und wir bekommen nichts zu essen am Abend. Die Kinder machen eine neue Erfahrung: die Aussicht, hungrig zu Bett zu gehen! Nun, so weit kommt es nicht, spät am Abend kann ich mir einige Überbleibsel der Hochzeit „erbetteln" und die Stimmung steigt. Am nächsten Morgen stehen wir aber vor demselben Problem, kein Essen im Rucksack für die vor uns liegende 20 Kilometer weite Etappe nach Göttingen.

Es ist selbstverständlich kein großes Problem, ein Gespräch mit dem Wirt und alles geht in Ordnung. Wir können alles, was wir brauchen, vom Frühstücksbüffet des Gasthauses mitnehmen und in Tüten einpacken. Aber, denke ich: Trotzdem bekommen wir gleichsam Kontakt mit einigen essenziellen Erfahrungen des Wanderers, des Vagabunden:
- Essen ist nichts Selbstverständliches
- Hunger gehört zum Fernwandern

Nun, los geht's, aber ein anderes Problem taucht auf: Wasser. Wir haben zwar fünf Flaschen, aber die reichen nicht bis nach Göttingen, wir rechnen ja damit, fast sieben Stunden zu brauchen. Als wir nach Mackenrode kommen, muss ich wieder „betteln" gehen, ganz einfach an einen Gartenzaun herangehen, wo einige Leute herumgehen, und gestehen, dass wir Wasser brauchen, um die letzte Strecke durch den Göttinger Wald schaffen zu können. Die Leute sind selbstverständlich nett, man kann ja nicht einem Vater mit durstigen Kindern eine solche Bitte abschlagen, sie sehen mich aber zuerst an, messen mich gleichsam mit ihrem Blick, um herauszufinden, ob ich wirklich zuverlässig bin.

Auch die letzte Etappe geht also gut, und da das Essen im Rucksack ein klein wenig knapp war, bin ich froh zu entdecken, dass es so viele schöne Äpfel entlang des Weges gibt. Ohne die extra Nahrungszufuhr von sicherlich fünf Äpfeln hätte das Essen nicht ausgereicht, und mein Magen wäre ganz leer gewesen bei der Ankunft in Göttingen. Um die Zeit zu verkürzen, habe ich eine lange Geschichte erzählt, frei erfunden, aber offenbar gut genug, um die Kinder in Atem zu halten.

Unsere Erfahrungen kurz zusammengefasst:

- Wanderwege in Deutschland, die keine „Qualitätswege" oder sonst bekannt sind, sind selten gut ausgeschildert. Orientierungsfähigkeit ist deswegen angesagt.
- Grundbedürfnisse wie Essen und Trinken zu stillen, ist nach wie vor essenziell bei Fernwanderungen.
- Es ist schön, Essen in der Natur zu finden (wir haben sowohl Äpfel als auch Beeren gegessen).
- Es ist schön, nur zu Fuß zu gehen, völlig unabhängig zu sein von Auto, Bussen oder Fährrädern.
- Beim Wandern Märchen oder Erzählungen zu erzählen (oder zu hören), ergibt sich als etwas Natürliches.

# Eichendorffs „Taugenichts":
# Keine Planung, wenig im Rucksack –
# Impulsivität als Wanderprinzip

Nehmt nichts mit auf den Weg, keinen Wanderstab und keine Vorratstasche, kein Brot, kein Geld und kein zweites Hemd.

(Lk 9,3; Worte Jesu an die Jünger)

Der „Taugenichts" von Joseph von Eichendoff ist, vielleicht neben Heines „Harzreise", die bekannteste deutschsprachige Wandererzählung. Der Müllerssohn, der in die weite Welt geschickt wird, ist im Gegensatz zu Seume eine rein fiktive Figur und seine Wanderung ist folglich eine fiktive Wanderung. Das einleitende Zitat aus der Bibel kann als Motto dieses Wanderers stehen, und damit wird von Anfang an klar, dass wir es mit einem ganz anderen Wandertypus zu tun haben, als es der seine Reise genau planende Seume ist.

## Die Handlung – mit Bezug auf die Wanderung

Die Novelle *Aus dem Leben eines Taugenichts* hat die Form einer Verwicklungskomödie mit einem glücklichen Ende, bei dem der Held (hier der Müllerssohn) nach einer langen Wanderung die Prinzessin (hier das Waisenkind Aurelie) endlich heiraten darf.

Die Geschichte fängt damit an, dass der Müller seinen verträumten und zur Arbeit scheinbar untauglichen Sohn hinauswirft, damit er lernen soll, sich selbst sein Brot zu verdienen. Ganz im Widerspruch zu den Wünschen und Vorstellungen des Vaters benutzt aber der junge Taugenichts dies als eine Gelegenheit, seinen Traum von einem ewigen Sonntag auszuleben.

Nach nur ein paar Kilometern auf der Landstraße begegnet der Taugenichts zwei Frauen in einem Wagen. Er verliebt sich unmittelbar in die jüngere der beiden, Aurelie, die er für eine junge Gräfin hält. Sie kommen zusammen in einem Schloss in der Nähe von Wien an, wo der Jüngling sehr gut aufgenommen wird, und, nachdem er eine Weile als Gärtnerbursche gearbeitet hat, eine Stelle als Zolleinnehmer bekommt. Die Reise scheint also, schon bevor sie wirklich in Gang gekommen ist, zu einem Ende gekommen zu sein.

Als der Taugenichts aber zu erfahren glaubt, dass Aurelie mit einem Grafen verlobt sei, bindet ihn nichts mehr ans Schloss. Erneut wird er von Reiselust ergriffen, und begibt sich – zu Fuß – auf die etwa 900 Kilometer lange Wanderung nach Italien. Ohne die Route zu planen, wandert er los auf einem Holzweg, der aber bald zu einem kleinen, wenig begangenen Fußsteig wird. Es kommt, wie es kommen muss: Er verirrt sich im Wald, nur 10 bis 12 Kilometer südlich von Wien. Es fängt an, dunkel zu werden, und über Baumwurzeln stolpernd erfährt er die Schattenseiten des Wanderns: Hunger und Angst.

Daher ist der Taugenichts sehr erleichtert, als er endlich in einem Dorf in einem Wiesental ankommt. Er vergisst seinen Hunger, nimmt stattdessen seine Geige aus der Tasche, und spielt einen lustigen Ländler auf. Nach kurzer Zeit zieht er die Aufmerksamkeit einer jungen Frau auf sich, die im schönen Jüngling einen potentiellen zukünftigen Gatten sieht. Ganz unerwartet öffnet sich also für den Taugenichts die Aussicht einer Heirat und einer gesicherten Zukunft. Dazu kommt es aber nicht, denn mitten in der Nacht wird der Taugenichts in seinen philosophischen Gedanken dadurch gestört, dass zwei Räuber erscheinen, die ihn zwingen, ihr Wegweiser nach „B." (Baden bei Wien könnte gemeint sein) zu sein.

Der bis jetzt extremste Teil der Wanderung des Taugenichts fängt nun an, im Stockdunkeln und hungriger denn je tastet er sich durch den Wald, bis der Morgen graut. Als der Morgen kommt, zeigt es sich, dass die Räuber keine Räuber sind, sondern zwei reisende Maler, Guido und Leonard. Auch dies erweist sich aber als

Täuschung, denn in Wirklichkeit handelt es sich hier nur um zwei Maler in Verkleidung. Vor sich hat der Taugenichts nämlich die Tochter einer Gräfin des Wiener Schlosses, Flora, und ihren Geliebten, einen Grafen aus der unmittelbaren Nachbarschaft. Die Erklärung für diese merkwürdige Verkleidung findet sich erst ganz am Ende: Da die Mutter Floras die Verbindung mit dem Grafen nicht billigt und sich einen anderen Mann als Gatten für ihre Tochter ausgesucht hat, befindet sich das Liebespaar auf der Flucht zu einem Freund in Italien. Dort wollen sie solange bleiben, bis sie eine Lösung ihres Problems gefunden haben. Bei Tageslicht erkennen nun Flora und ihr Graf im Jüngling den Zolleinnehmer vom Schloss. Sie verraten aber ihre eigentliche Identität nicht, sondern bieten ihm an, ihr Diener zu sein. Nach kurzer Zeit setzen sie die Reise fort, diesmal aber per Postkutsche.

Nachdem sie in einem Wirtshaus in der Lombardei übernachtet haben, wacht der Taugenichts auf, nur um entdecken zu müssen, dass die „Maler" verschwunden sind. Allein muss er nun in den Reisewagen einsteigen, und mehrere Tage hastet der Wagen durch die italienische Landschaft, bis er nach etwa 700 Kilometern in einem Schloss ankommt. (Nach meiner Einschätzung befinden sie sich irgendwo im Mittleren Apennin, unweit von Rom.) Hier wird der Taugenichts von einer alten Wirtin wie ein lang erwarteter Gast empfangen, denn sie glaubt in ihm die verkleidete Gräfin Flora vor sich zu haben.

Im Schloss bekommt der Jüngling einen Brief, der überraschenderweise von seiner geliebten Aurelie geschrieben ist, in dem steht: „Kommen, eilen Sie zurück. Es ist so öde hier, und ich kann kaum mehr leben, seit Sie von uns fort sind." Im Glauben, diese Zeilen sind an ihn gerichtet (in Wahrheit ist der Adressat des Briefes die Gräfin Flora), will der Taugenichts sofort zurück nach Wien fahren. Er findet sich aber eingesperrt, und muss fliehen. Ein Student, der sich in ihn verliebt hat (in der irrigen Vorstellung, er sei eine schöne Gräfin in Verkleidung) hilft ihm dabei.

Um seinen Verfolgern zu entkommen, muss der Taugenichts jetzt laufen, und verzweifelt stolpert er mitten in der Nacht durch den Wald. Bei Tageslicht verbessert sich allerdings seine Laune, und nach kurzer Zeit (50–100 Kilometer Wanderung meiner Einschätzung nach) nähert er sich, völlig erschöpft, Rom.

Nach weiteren Verwirrungen und Intrigen in Rom findet der Taugenichts, dass es höchste Zeit ist, dass er sich auf den Heimweg begibt, denn auf dem Schloss in Wien wartet ja, wie er glaubt, seine geliebte Gräfin Aurelie auf ihn. Er hat jetzt kein Geld mehr, und muss sich mit seiner Violine durchschlagen. Eichendorff lässt offen, wie der Taugenichts die Strecke von Rom nach Österreich, ungefähr 900 Kilometer, zurücklegt. Da der Jüngling aber mehr oder weniger mittellos ist, liegt es nahe anzunehmen, dass er seine eigenen Füße benutzt, und dabei muss er sogar die Alpen überqueren. Diese große Wanderleistung wird aber in der Novelle übersprungen, da hier wenig passiert, was für die Intrige von Bedeutung ist.

Nach etwa zwei Monaten auf Wanderschaft (es war Sommer, als er Rom verließ, jetzt ist Herbst) erreicht er einen Berg (südlich von Linz), von dem aus er Österreich und die Donau sehen kann. Hier auf dem Berg begegnet der Taugenichts drei Studenten, die sich während der Vakanz als wandernde Musikanten durchgeschlagen haben. Er fühlt sich unmittelbar von der Lebensweise der vagabundierenden Studenten angezogen. Zusammen gehen sie die letzte Strecke bis an die Donau, von wo sie mit dem Postschiff weiterfahren.

Als sie in dem Schloss in Wien ankommen, werden alle Missverständnisse aufgeklärt, der Taugenichts bekommt seine Aurelie (die, wie es sich herausstellt, die Nichte des Portiers ist) und dazu ein kleines Schloss. Lange will aber der rastlose Taugenichts nicht in Ruhe bleiben, denn auf der Hochzeitsreise möchte er nochmals nach Italien fahren.

### Die Wanderung in Etappen

Die Etappen der Wanderung sind unklar, es lag Eichendorff offenbar nicht daran, den Lesern eine exakte Reiseroute vor Augen zu führen. Falls wir uns ein Bild der Etappen machen möchten, müssen wir uns deswegen mit Spekulationen begnügen. Hier folgt aber eine schematische Übersicht über die denkbaren Etappen.

| Etappen | Fortbewegungsform | Dauer/Distanz |
|---|---|---|
| Heimatdorf in den Bergen bis Wien *Jahreszeit: Frühling, vielleicht März* | Zu Fuß auf der Landstraße (einige Kilometer), per Kutsche | *20–30 km?* |
| Wien bis zu einem Dorf im Wiesental in den Bergen *Jahreszeit: Frühsommer* | Zu Fuß, Holzweg plus ein kleiner, wenig betretener Fußsteig | 1 Tag, in die Abendstunden hinein (einige Stunden Schlaf unterwegs), 20 km? |
| Dorf im Wiesental bis „B." (möglicherweise Baden bei Wien) | Zu Fuß, als Wegweiser für Guido und Leonard, ein Umherirren ohne Plan | *Eine Nacht, 15 km?* |
| „B." bis zum Wirtshaus in der Lombardei | Mit dem Reisewagen, mit vier Pferden. „Nun ging's, daß mir der Wind am Hute pfiff" | *Mehrere Tage, 700 km?* |
| Wirtshaus in der Lombardei bis zum Schloss auf einem Berg (irgendwo im mittleren Apennin?) | *Mit dem Reisewagen* | *Mehrere Tage, 500 km?* |
| Schloss bis nach Rom *Jahreszeit: Spätsommer, wahrscheinlich Juli* | *Zu Fuß* | *50–100 km?* |

| Etappen | Fortbewegungsform | Dauer/Distanz |
|---------|-------------------|---------------|
| Rom bis zu einem Berg, „wo man zum ersten Mal nach Österreich hineinsehen kann" (76). Welcher Berg könnte gemeint sein? Großer Priel? | Die ganze Strecke zu Fuß? Oder bringt Musizieren genug Geld ein, um einige Strecken mit einer Kutsche zu fahren?[a] Jedenfalls eine Bergwanderung am Ende | 900 km |
| Berg zum Schloss (Wien) Jahreszeit: Herbst | Zu Fuß bis an die Donau. Weiter mit dem Postschiff (Linz bis Wien?) | 180 km |
| *Reise insgesamt* | | *Etwa 2400 km* |
| *Zu Fuß* | | Mindestens 150 km, vielleicht bis zu 1000 km |

[a]    „Da ich aber seit geraumer Zeit nichts mehr eingenommen, so habe ich mich unterwegs mit der Violine durchgeschlagen" (HKA V/I, S. 175).

Nehmen wir diese Skizze als Grundlage, lässt sich die fiktive Wanderleistung des Taugenichts, was Länge und Dauer angeht, nicht gänzlich mit Seumes vergleichen, aber trotzdem sind 2400 Kilometer eine beachtliche Strecke.

### Ausrüstung und Geld

Der Taugenichts hat keinen Rucksack, oder wenn er einen hat, scheint er nicht der Rede wert. Der Taugenichts studiert keine Karten, er packt keinen Tornister. Er macht keine Trainingstour. Der Taugenichts nimmt nichts mit außer seiner Geige und ein klein wenig Geld:

Ich ging also in das Haus hinein und holte meine Geige, die ich recht artig spielte, von der Wand, mein Vater gab mir noch einige Gro-

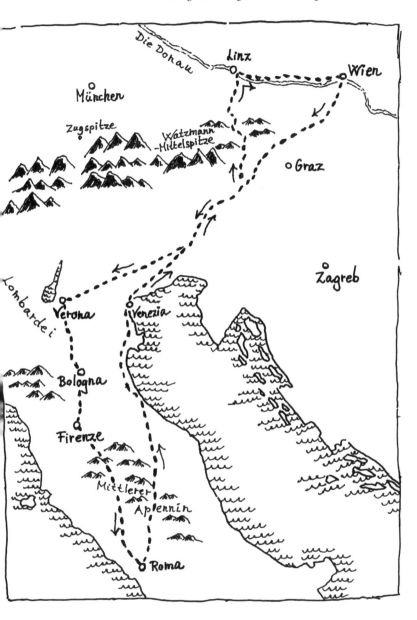

Abb. 14: So mag sich Eichendorff die Reiseroute des Taugenichts vorgestellt haben.

schen Geld mit auf den Weg, und so schlenderte ich durch das lange Dorf hinaus. (HKA V/I, S. 85)

Eine Geige und einige Groschen Geld. Selbst das knappe Reisebudget Seumes muss im Vergleich dazu als reichhaltig angesehen
werden. Andererseits, wäre es für den Taugenichts möglich oder
sinnvoll, mehr Geld mitzunehmen? Wenn man sich potentiell auf
zeitunbegrenzte Wanderschaft begibt, macht es dann überhaupt
Sinn, den Tornister mit Geld und Essen zu füllen? Der ewige Wanderer muss nun einmal ganz andere Lösungen für das Geld- und
Nahrungsproblem finden, denn das Mitgebrachte würde er sowieso nach kurzer Zeit aufgezehrt haben.

Der Taugenichts muss auf schon etablierte Überlebensweisen
auf der Straße zurückgreifen. Welche Möglichkeiten hat er? Er hätte betteln können, was gar nicht so unüblich wäre für junge Männer auf Wanderschaft. Andererseits wäre dies unnötig, denn als
Müllerssohn hat er ja die Möglichkeit, sich als Handwerksbursche
auszugeben, und wäre er mit dem Gesellenanzug ausgerüstet, könnte er mit dem Wanderstock klopfen und einen Spruch aufsagen,
„um Arbeit, Unterkunft oder etwas Geld für die Verpflegung zu
bekommen".[128] Nun entscheidet sich der Taugenichts nicht, auf die
Walz zu gehen, sondern stattdessen dafür, sich als eine Art wandernder Musiker durchzuschlagen. Die Geige soll den Helden dieser Geschichte mehrmals retten, soll ihm das Wohlwollen zufälli-
ger Bekanntschaften einbringen, die ihm nicht nur etwas zu essen
und zu trinken geben, sondern sogar Arbeit, Wohnung und Aussicht auf ein ruhiges und sichereres Leben anbieten.

### Eine neue Wanderphilosophie

Mit dem Taugenichts bietet uns Eichendorff eine einzigartige und
neue Wanderphilosophie dar. Was kennzeichnet diese Wanderphilosophie?

Eichendorff stellt in dieser Novelle große Fragen, es geht um Religion, Moral und Humanität: Was zeichnet uns als Menschen vor anderen Kreaturen aus? Was heißt es, das höchste Niveau an Menschlichkeit erreicht zu haben? Eichendorff scheint auch eine Antwort zu haben: Das höchste Niveau an Menschlichkeit hat derjenige erreicht, der den höchsten Grad an Freiheit erreicht hat. Als eine Implikation können wir hinzufügen: Das höchste Niveau des Wanderns ist ein Wandern, das Freiheit in ihrer reinsten Form realisiert.

Was kann uns unfrei machen? Selbstverständlich die konkrete Knechtschaft unter einem Herrn, aber zu Eichendorffs Zeiten war ja der Feudalismus mehr oder weniger überwunden, und das Ideal der Gleichheit und Freiheit fasste überall Fuß.[129] Andere und neue Arten der Unfreiheit, die nicht so leicht erkennbar waren, ersetzten aber die alten, feudalen Schranken. Stichwortmäßig können wir sagen, dass die neue Unfreiheit der Menschen aus einer dreifachen Unterjochung besteht, nämlich in der Unterjochung des Lebens unter die Herrschaft

- der Arbeit,
- der Zeit,
- des Geldes.


Die Forderung nach Effektivität erforderte in den 1820er Jahren in höherem Maße denn je den Arbeitseinsatz der Menschen. In noch nie gesehenem Maße wurden die Menschen gezwungen, ihre Zeit durch Arbeit auszufüllen, Pünktlichkeit wurde zur höchsten Tugend erhoben, und mit protestantischem Eifer sollte man sogar die Stunden nach der Arbeit mit vernünftiger Tätigkeit ausfüllen. Kapitalanhäufung als Prinzip setzte sich in allen Lebensbereichen durch, mit dem Ergebnis, dass das Leben durchrationalisiert wurde. Eine neue Form der Knechtschaft war also entstanden, die unangreifbar war, denn wer konnte ernsthaft gegen so positive Eigenschaften wie Fleiß und Vernunft zu Felde ziehen?

Eichendorff tut dies, er zieht gegen Fleiß und Vernunft zu Felde, indem er einen unwahrscheinlichen Helden, den Taugenichts, auf freie Wanderschaft schickt. Es ist bezeichnend, dass der Ausgangspunkt seiner Reise das Abschiednehmen von der Arbeit in der Mühle des Vaters ist. Unterstrichen wird dies dadurch, dass der Müllerssohn noch glücklicher wird, als er seine Freunde auf dem Weg zu ihrer Arbeit auf den Feldern erblickt, während er in die freie Welt hinaus schreitet. Die Selbstverständlichkeit und der Stolz, mit dem der Taugenichts der Welt der Arbeit den Rücken kehrt, ist erstaunlich: Kein Anzeichen von Schuldbewusstsein, nur die reine Überzeugung, dass er das einzig Richtige tut: Er ist der Freie, die anderen, die daheim bleiben, sind die unmündigen Sklaven der Arbeit.

Mit der Befreiung von der Arbeit, sollten wir vielleicht annehmen, befreit sich der Taugenichts auch von der Knechtschaft der Zeit. Nun ist dies aber nicht so offenbar, denn es gab, wie wir wissen, durchaus Formen der Wanderschaft, die der Rationalität und der vernünftigen Zeitausfüllung verhaftet blieben. Die Walz der Handwerksgesellen ist ein Beispiel, denn den Gesellen ging es ja letztendlich nur darum, ein Handwerk in der Fremde zu erlernen, um wieder ins Brot zu kommen. Seume ist ein anderes Beispiel, der rationelle und alles planende Militär, der seine 6000 Kilometer lange Syrakuswanderung in genau kalkulierte Etappen aufteilt, und sich absolut nicht mit einer Bezeichnung als Landstreicher oder Taugenichts identifiziert hätte. Wie viel Respekt Seumes Wanderleistung uns auch eingibt, er bleibt doch, was Freiheit und Zeit anbelangt, weit hinter dem Taugenichts zurück. Denn der Taugenichts teilt seine Wanderung gar nicht in Etappen auf. Er plant nichts, denkt überhaupt nicht daran, wie lange Zeit seine Wanderung in Anspruch nehmen wird. Mit seinem Zeitkapital geht er sehr großzügig, ja fast verschwenderisch um.

Auch was Geld angeht, ist der Taugenichts im Verhältnis zu Seume sehr frei. Das mitgebrachte Geld ist nicht der Rede wert. Als er später im Dorf einige Kilometer südlich von Wien hungrig ankommt und ein Dorfbewohner ihm Geld für sein Geigenspiel anbietet, weist er diesen Lohn stolz zurück, denn er spielt, wie er sagt, ausschließlich aus „Freude" (HKA V/I, S. 117). Ein letztes Beispiel: Das Geld, das Leonard und Guido dem Taugenichts beim Gasthaus in der Lombardei hinterlassen, verschwendet er im Laufe von sehr kurzer Zeit, kaum darauf bedacht, dass das Geld für ihn tatsächlich einmal von Nutzen sein könnte. Ein solcher Umgang mit Geld ist ohne Zweifel unvernünftig, aber anderseits erweist sich der Taugenichts durch diese Handlung als ein von der Herrschaft des Geldes völlig freier Mensch.

Gerade diese Freiheit und Stolz sind es, die Joseph Kunz dazu veranlasst, den Taugenichts als einen Menschen von wahrhaft adligem Verhalten"[130] zu bezeichnen. Adel, so wie Kunz den Begriff benutzt, hat nichts mit Blut und Tradition zu tun, sondern mit Haltung und innerem Rang. Ein Mensch von natürlichem Adel sei tapfer, tue, was ihm richtig vorkomme, ohne an Konsequenzen zu denken, sei es auch der eigene Tod.[131] Nun ist der Taugenichts kein tapferer Ritter im männlich-kriegerischen Sinne, er zeigt aber trotzdem seinen inneren Rang und seine ritterliche Haltung in kritischen Situationen.

Um dies näher zu erklären, müssen wir noch ein paar Stichwörter zu der Liste der Aspekte hinzufügen, welche die modernen Menschen immer noch daran hindern, wirklich frei zu werden. Nicht nur die Herrschaft der Arbeit, der Zeit und des Geldes, sondern auch die Herrschaft der Grundbedürfnisse, wie *Essen* und *Schlaf,* macht uns als Menschen unfrei. Menschen von niederem Rang sind ihren Bedürfnissen, falls es kritisch wird, völlig verfallen. Hunger und Erschöpfung machen uns leicht verärgert und grimmig, im schlimmsten Fall egoistisch und unmoralisch. Kultur und Kunst schätzen wir, aber nur solange wie für die Grundbedürfnisse gesorgt ist. Ganz anders verhält es sich mit dem Taugenichts. Hungrig erreicht er nach ganztägiger Wanderung das Dorf im Wald, und der natürliche Impuls wäre, dann zuerst zu essen und erst danach an Musik und Tanz zu denken. Beim Taugenichts ist es umgekehrt: Auch in dieser Lage erweist er sich zuerst und vor allem als Mensch von Rang, als jemand, der für das lebt und atmet, was uns verglichen mit anderen Kreaturen auszeichnet, nämlich die Kunst. Ohne Nahrung zu sich zu nehmen, spielt er in die späten Abendstunden hinein, und erst als die Leute, ohne dass es ihm aufgefallen ist, verschwunden sind, merkt er, dass er immer noch nichts gegessen hat. Dann ist es aber zu spät, und er wird von Leonardo und Guido gezwungen, mitten in der Nacht ihr Wegweiser zu sein.

Wie verhält es sich mit dem anderen Punkt, dem Schlaf? Macht sich der Taugenichts darum Sorgen, dass er nicht genug geschlafen hat? Niemals, im Gegenteil hat er (wie viele andere romantische Wanderer) eine Vorliebe für die Nacht, für Sternenhimmel und Mondschein[132]. Dazu kommt, dass er ein Frühaufsteher ist, der die Morgenstunden auszunutzen weiß, bezeichnenderweise nicht zur Arbeit oder zu vernünftigen Tätigkeiten, sondern zum Wandern und Musizieren.

Der Taugenichts ist also ein Mensch, der paradoxerweise in mancher Hinsicht *besser* ist als der Durchschnitt. Der deutsche Künstler Eckbrecht, mit dem er in Rom zusammentrifft, erkennt im Taugenichts ein „vazirendes Genie" (HKA, V/i, S. 168), und hat in diesem Punkt ganz Recht: Der Taugenichts ist ein Genie, nicht aber im Sinne eines selbstbewussten, eitlen Künstlers (dafür ist Herr Eckbrecht selbst ein Beispiel). Der Taugenichts ist ein Genie, weil er auf ganz naive, ungekünstelte Weise das essenziell Humane verkörpert: Das Leben dieses faulen Müllerssohns ist eine sehr unwahrscheinliche Realisierung einer menschlichen, kulturellen und moralischen Höchstleistung; das Leben als Kunstwerk.

Gibt es andere Menschen als Eckbrecht im Umkreis des Taugenichts, die auch spüren, dass an diesem Geige spielenden Jüngling etwas Besonderes ist? Fast alle, und vor allem die Frauen. Warum wirft Aurelie ein Auge auf den Taugenichts? Weil er musizierend die Landstraße entlanggeht, und sich deswegen von seinen arbeitenden Kameraden positiv abhebt. Warum wirft das Mädchen im Dorf ein Auge auf den Geige spielenden Landstreicher und denkt sogar ernsthaft daran, ihn zu heiraten? Weil er voller Freude spielt und zu stolz ist, um das Geld, das ihm angeboten wird, anzunehmen. Auf diese Weise erweist er sich als ein würdiger Ehemann oder, um Kunz noch einmal heranzuziehen: als ein Ritter von wahrhaft adligem Verhalten.

Um den Lesern dieses echte adlige Ideal vor Augen zu führen, entscheidet sich also Eichendorff, uns die Geschichte eines Wanderers im Modus des Landstreichers zu erzählen. Der Landstreicher verkörpert gleichzeitig den echten Gottesglauben, die höchste Form der Religionsausübung. Wie Landstreicher schickt auch Jesus seine Apostel in die weite Welt:

> Nehmt nichts mit auf den Weg, keinen Wanderstab und keine Vorratstasche, kein Brot, kein Geld und kein zweites Hemd. (Lk 9,3; Worte Jesu an die Jünger)

Diese Worte setzen ein immenses, naives Gottesvertrauen voraus, und gerade ein solches Vertrauen demonstriert der Taugenichts bei jedem Schritt seiner Wanderung. Der Katholik Eichendorff lässt seinen Wanderer ein ausgesprochen nicht-protestantisches Wanderideal realisieren. Einer der Studenten, denen der Taugenichts am Ende seiner Reise in den Alpen begegnet, drückt dieses Ideal wie folgt aus:

> Ich möchte gar nicht so reisen: Pferde und Kaffee und frisch überzogene Betten, und Nachtmützen und Stiefelknecht vorausbestellt. Das ist just das Schönste, wenn wir so frühmorgens heraustreten und die Zugvögel hoch über uns fortziehen, dass wir gar nicht wissen, welcher Schornstein heut für uns raucht, und gar nicht voraussehen, was uns bis zum Abend auch noch ein besonderes Glück begegnen kann. (WKA V/1, S. 178)

Das Wanderideal setzt auch voraus, dass das Wandern gelegentlich direkt unbehaglich wird, man wird nass und es wird einem kalt, was aber die Freude beim Wandern im Grunde steigert. Das Lied der Prager Studenten drückt dies aus:

Nun weht schon durch die Wälder
Der kalte Boreas
Wir streichen durch die Felder
Von Schnee und Regen naß,
Der Mantel fliegt im Winde,
Zerrissen sind die Schuh
Da blasen wir geschwinde
Und singen noch dazu:
Beatus ille homo
Qui sedet in sua domo
Et sedet post fornacem
Et habet bonam pacem. (WKA V/I, S. 185 f.)

Die Übersetzung der lateinischen Konklusion lautet: „Glücklich der, der in seinem Hause sitzt, der hinter dem Ofen sitzt und seinen Frieden genießt". Nur scheinbar singen aber die Studenten hier ein eindeutiges Lob auf das angenehme Leben des Sesshaften, denn die Voraussetzung dafür, dass sie die warme Stube so genießen, ist ja die Tatsache, dass sie vorher nass und ihnen kalt war.

Noch einmal: Hier geht es nicht um Tugenden wie Arbeit und fleißige Ausnutzung der Zeit. Der höchste Mensch hat sich über solche irdischen Kleinigkeiten längst erhoben. Dass es trotzdem gut ausgehen kann, davon zeugen viele der Wanderberichte, die seitdem geschrieben wurden und die heutzutage wirklich erfolgreich sind, in denen Leute ohne Geld und Planung von Kontinent zu Kontinent reisen, und trotzdem nicht verhungern müssen.

### Die Wanderphilosophie des Taugenichts zusammengefasst

Was können wir gegen diese Gesellschaftskrankheit mobilisieren? Was können wir tun, damit das Leben wieder gesund wird?

Eichendorffs Antwort: Wir müssen auf Wanderschaft gehen, nicht aber wie Seume es tut, sondern nach dem Vorbild des Taugenichts! Konkret bedeutet dies:

**Früh aufzustehen,** nicht aber um der Pflicht willen und um stoisch-männlich eine so lange Etappe wie möglich zurückzulegen, sondern aus Freude. Freude an der erwachenden Natur, Freude an den Blumen, die wie durch ein Wunder wieder zu blühen anfangen, Freude an dem pflichtlosen Leben am Morgen, bevor die anderen aufgestanden sind, wo man sich unbekümmert dem Geigenspiel hingeben kann. So verschmilzt man mit der Natur und der Ursprünglichkeit.

**Menschen mit Wohlwollen und ohne Hintergedanken zu begegnen.** Selbst in verzweifelten Situationen sich nicht zum Bettler oder Krämer zu erniedrigen, sondern als ganzer Mensch vor andere Menschen zu treten. Der ursprüngliche Mensch, jedenfalls die Idealvorstellung davon, ist hilfsbereit und erwartet mit größter Selbstverständlichkeit, selbst Hilfe zu bekommen.

**So wenig wie möglich zu planen und im Rucksack mitzunehmen.** Die Wanderer der Urzeit konnten niemals viel mitnehmen, sondern mussten das Improvisieren lernen und sich sonst Gottes Fügung überlassen. Genau wie der Taugenichts es tut.

**Sich um Essen Sorgen machen? So wenig wie möglich.** Hungern muss man gelegentlich, viel zu essen gibt es nicht, aber man hält den Kopf über Wasser. Was man isst, ist auch kaum von Bedeutung. Hauptsache ist, das Essen fehlt nicht ganz. Niemals aber, und das ist vielleicht das Wichtigste, sich wegen wenig Essen zum Bettler machen! Der Mensch von natürlichem Adel setzt Schönheit höher als alles andre: Liebe, Freude, Musik und Gottesvertrauen sind immer wichtiger als eine gute Mahlzeit.

**Wandern ist keine militärische Tugend.** Wandern hat nichts mit Männlichkeit zu tun. Eine Wanderung ist vor allem Sehnsucht nach Erneuerung, Sehnsucht nach einem Weg aus der Starrheit des Alltäglichen. Wer sich auf Wanderung befindet, steht mit der Echtheit und Natürlichkeit und Ursprünglichkeit des Lebens in engerer Beziehung als diejenigen, die in der Geborgenheit verharren. Durch Wandern realisiert man die eigene Menschlichkeit; eine Menschlichkeit, die geschlechtsunspezifisch ist.

**Wandern ist Religionsausübung und Gottesverehrung in ihrer ursprünglichsten Form.** Man lässt Gott walten, setzt sein ganzes Vertrauen in ihn.

# Heines Harzreise: Tempolauf vom Brocken herunter als Kur gegen allzu viel Ironie

Der 26-jährige Student Heinrich Heine begibt sich im Herbst 1824 auf eine 547 Kilometer lange Wanderung. Der erste Teil führt ihn zum Gipfel des Brockens, der zweite u. a. nach Weimar, wo er Goethe einen Besuch abstattet.

Die Forschung bezüglich der Harzreise hat das Wandern als körperliche, konkrete Tätigkeit weitgehend außer Acht gelassen. Stattdessen wird in erster Linie der Frage nachgegangen, was das Wandern und die Natur für den Wanderer bewirken sollen, und zwar einen Kontrast bilden zur politischen Enge und bornierten Bürgerlichkeit der Restauration.[133] Als Beispiel kann Birgit Diekkämpers Analyse[134] angeführt werden, in der im Ilse-Gedicht annähernd das Erfüllen des Ziels der Reise gesehen wird: Hier, im Ilsetal ist der Wanderer dem unironischen Lebensgefühl der Unmittelbarkeit und Ursprünglichkeit am nächsten. Ein anderer Zweig der Forschung setzt den Fokus dermaßen auf die zeitkritische Tendenz der Harzreise, dass das Wandern bloß als Anlass zur Gesellschaftskritik, Philister-Kritik und Wissenschaftssatire erscheint. Aber legt Heine wirklich 547 Kilometer zu Fuß zurück, um die Gesellschaft aus der Wanderperspektive ironisch zu beleuchten? Hat nicht das Wandern – als körperliche Tätigkeit und Herausforderung – auch einen eigenständigen Wert?

Die Gefahr besteht selbstverständlich, dass ich, durch meinen Fokus auf das Körperliche, zu sehr in die entgegengesetzte Richtung gehe, und die Harzreise zur unpolitischen Biedermeierliteratur reduziere. Dies wäre das Resultat, wenn man behaupten würde, es ginge Heine in diesem Text vorwiegend um Gesundheit und Entspannung.[135] Ich werde deswegen versuchen, einen Mittelweg einzuschlagen: Durch einen Fokus auf Wandern als körperliche

Tätigkeit (Länge der Tagesetappen, Wandergeschwindigkeit usw.) versuche ich Textstrukturen zu entdecken, die die Forschung bisher nicht so klar gesehen hat. Diese Textstrukturen können dann ihrerseits neues Licht auf Fragen bezüglich Heines Verhältnis zu Gesellschaftskritik, Ironie, Unmittelbarkeitsverlust und Romantik werfen.

### Das Wandern konkret

Heines Reiseroute sieht wie folgt aus:

| 1. Tag, 14.09. | Göttingen, Weende, Rauschenwasser, Nörten, Northeim, Mittag im Gasthof „Sonne", Osterode (Übernachtung im „Englischen Hof") | 42 km |
|---|---|---|
| 2. Tag, 15.09. | Lerbach, Clausthal (Übernachtung „Goldene Krone") | 12 km |
| 3. Tag, 16.09. | Clausthal, Zellerfeld, Goslar | 19 km |
| 4. Tag, 17.09. | Goslar | |
| 5. Tag, 18.09. | Oker-Stiefmutterklippen, verirrt Richtung Harzburg. Auf dem Ausläufer des Spitzenberges zwischen den beiden Trogtälern stand damals ein Zechenhaus (Besuch, Übernachtung). | 18 km |
| 6. Tag, 19.09. | Aufstieg zum Brocken (Übernachtung im Brockenhaus) | 12 km |
| 7. Tag, 20.09. | Brocken (Übernachtung) | |
| 8. Tag, 21.09. | Schneelöcher – Ilsetal – Ilsenburg (Gasthaus: „Zu den Rothen Forellen"), Wernigerode (Übernachtung „Zum Bären") | 28 km |
| 9. Tag, 22.09. | Elbingerode, Bielshöhle, Rübeland, Altenbrak, Tresburg | 31/35 km |
| 10. Tag, 23.09. | Ballenstedt | 25 km |

| 11. Tag, 24.09. | Ballenstedt (südlich auf die Burg Anhalt zu), Teilstück vom Selketal, Mägdesprung, Alexisbad | 16 km |
| 12. Tag, 25.09. | Silberhütte – Roßla | 30 km (4 Meilen) |
| 13. Tag, 26.09. | Burg Küffhausen, Rothenburg, Sangerhausen | 26 km |
| 14. Tag, 27.09. | Eisleben, Querfurt – Halle (Übernachtung), Fahrstrecke | 58 km |
| 15. Tag, 28.09. | Halle, Merseburg – Weisenfels (Übernachtung) | 26 km |
| 16. Tag, 29.09. | Ruinen Goseck, Naumburg | 18 km |
| 17. Tag, 30.09. | Jena | 34 km |
| 18. Tag, 01.10. | Weimar (Übernachtung). Brief an Goethe | 15 km |
| 19. Tag, 02.10. | Weimar. Besuch bei Goethe | |
| Rückreise | | |
| 20. Tag, 03.10. | Hopfgarten, Azmannsdorf, Erfurt | 26 km |
| 21. Tag, 04.10. | Erfurt, Gotha | 26 km |
| 22. Tag, 05.10. | Eisenach | 33 km |
| 23. Tag, 06.10. | Wartburg, Creuzburg | 20 km |
| 24. Tag, 07.10. | Wehretal | 22 km |
| 25. Tag, 08.10. | Hess. Lichtenau | 21 km |
| 26. Tag, 09.10. | Fürstenhagen, Eschenstruth, Helsa, Kaufungen-Kassel (Fahrstrecke) | 33 km |
| 27. Tag, 10.10. | Kassel | |
| 28. Tag, 11.10. | Münden – Göttingen (Fahrstrecke) | 52 km |
| Unsicherheiten | (Zu) lange Streckenabschnitte Warum auffallend kurzer Aufenthalt in Halle? Burgenbesuche | |

Die Rekonstruktion von Heines Harzreise habe ich der Internetseite der Göttinger literarischen Gesellschaft e. V. entnommen: http://www.literarischegesellschaft.de/Heinrich_Heine_HarzreiseII.html. Letzter Zugriff: 16. Juni 2017.

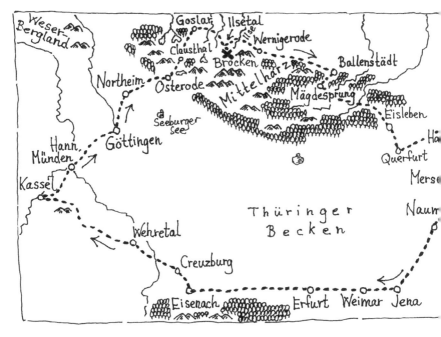

Abb. 15: Die Reiseroute Heines.

Dass Heine ein rüstiger Wanderer gewesen sein muss, steht – zumindest aufgrund dieses Reiseplans – fest. Die Tagesetappen sind zwar nicht, mit einigen Ausnahmen, besonders lang, aber die Gesamtlänge der Wanderung zeugt davon, dass wir es mit einem Wanderer zu tun haben, der bereit ist, länger als der durchschnittliche Bürger zu wandern.

## Der misslungene erste Teil der Harzwanderung

An der Harzreise sehen wir die Wertverringerung von vielen Dingen, die Heine lieb waren: Die Poesie erscheint in den Sonnenuntergangdichtungen des Kaufmanns und den Naturbeschreibungen der Frauen auf dem Brocken[136] in verringerter Form, die Liebe erscheint in abgewerteter Form als Prostitution und bei den beiden Werther-Epigonen im Brockenhaus als leere Empfindsamkeits-Formeln,[137] echter Geist und Wissensdrang erscheint allgemein in verringerter Form an der im Alten hängengebliebenen „Prinzenuniversität" Göttingen, Deutschlandliebe und das Volkstümliche werden verhunzt durch die platt-nationalistischen Auslegungen der „Greifswälder" im Brockenhaus,[138] die Romantik taucht als schlechte Poesie im Gästebuch auf und echte Aufklärung wird, wie u. a. in der Gestalt Saul Aschers, zum Vernunftglauben reduziert. Letztendlich erlebt auch die Wanderung an sich dadurch eine Wertverringerung, dass in den 1820er Jahren auch der Harz von Philistern, geistlosen Nationalisten und biedermeierlichen Bürgern bevölkert ist, welche, so können wir Heine lesen, die Kunst des Wanderns gar nicht verstehen.

Das Wandern wird also als Aktivität degradiert, und die im Eröffnungsgedicht proklamierte Hoffnung, auf den Bergen dem Leben des Flachlandes zu entschlüpfen und „freie Lüfte" aufzusuchen, muss scheitern. Im Harz ist nicht länger Einsamkeit, Echtheit, Romantik zu finden; die dunklen Tannen und die stolzen Wolken kann man zwar immer noch sehen, nicht aber ohne von schwadronierenden Philistern, Nationalisten, platt fühlenden Bürgern im unmittelbaren Naturgenuss gestört zu werden.

Oder ist eine Wanderung, „wie sie sein sollte", immer noch möglich? Ein Ziel von Heines Harzreise scheint eine Antwort gerade auf diese Frage zu suchen, und der Bericht zielt folglich auf die Rettung der wertvollen Aspekte der kulturellen Errungenschaften im Umfeld des Wanderns. Die ganze Struktur des Textes scheint dies zu bestätigen, beispielsweise die Antithesen oder die kontrapunktische Komposition, welche die Harzreise, vor allem im ersten Teil, prägen: Der Darstellung von den Freuden des Wanderns, wie Frühlingsluft, gute Stimmung, ein Gefühl von Freiheit, folgen konsequent Textstellen, die das Gegenteil bezeugen, von Ironie und Spott. Das Wertvolle, die Dinge, die Heine retten will, verbinden sich mit dem Wandern, besonders früh am Morgen, wenn die Natur noch rein ist und nicht von unbehaglichen Eindrücken, die Heines Spottsucht erwecken, verschmutzt.

Die Frage stellt sich nun, welches die wertvollen Aspekte des Lebens sind, die Heine zu retten versucht. Welches sind die „alten

Träume" (Heine 1995, S. 15), die wieder aufsteigen sollen? Auf die
Gefahr hin, dem Ironiker Heine nicht gerecht zu werden, können
wir die wertvollen Aspekte des Lebens stichwortartig wie folgt auf-
listen:

- Herz, (richtig wahrgenommene) Liebe,
- Natur,
- Wanderung,
- aber auch: Kunst, Schönheit, Geist, Zukunftsoffenheit und
  zuletzt die französischen Schlagwörter: Gerechtigkeit, Brüder-
  lichkeit, Freiheit.
-

Der Kritik ausgesetzt wird die Kehrseite dieser Werte:

- Fehlende (falsch wahrgenommene) Liebe,
- eine bloß zweckmäßige, vernunftmäßige Betrachtung von
  Natur und Wanderung,
- das Mittelmäßige, Geistlose, Statische, die alte feudale Ordnung der Standesgesellschaft usw.

Vor allem im ersten Teil der Wanderung, eigentlich ganz bis zum
Gipfel des Brockens, leidet der Wanderer Heine darunter, dass die
ersehnte Flucht aus den „platten Sälen" Göttingens nicht richtig
gelingt. Früh am Morgen scheint zwar alles in Ordnung zu sein:
„Es war noch sehr früh als ich Göttingen verließ" schreibt Heine,
und früh muss es sein, denn er beabsichtigt, die Marathonstrecke
von ganzen 42 Kilometern bis nach Osterode zurückzulegen. In
dieser frühen Morgenstunde wirkt alles vielversprechend: „Auf der
Chaussee wehte frische Morgenluft, und die Vögel sangen gar freudig, und auch mir wurde allmählich wieder frisch und freudig
zumute" (Heine 2002, S. 214). Den Rest des Tages verbringt Heine
aber mit zynisch-kritischen Reflexionen, über die Karlsbader
Beschlüsse (u. a. im Abschnitt mit den „Universitätspedellen" Schä-
fer und Dorothea, die auf die anderen Studenten aufpassen) und
über reaktionäre Juristen (u. a. der Hofrat Rusticus und das neue
hannoversche Strafgesetzbuch, das den Code Napoleon in vieler

Hinsicht rückgängig macht). Dieser Wechsel von freudig-optimistischer Morgenstimmung und einer darauffolgenden Enttäuschung setzt sich fort: Früh am Morgen in Osterode wacht Heine freudig auf zu den Glöckchen einer vorbeiziehenden Herde, aber wiederum wird die Idylle zerstört, diesmal durch Gedanken an den platt-geistlosen Ton des aufkommenden Germanentums (vertreten durch die Bilder aus dem Befreiungskrieg, „worauf treu dargestellt stand, wie wir alle Helden waren", Heine 2002, S. 219).

Diesen ständigen Enttäuschungen zum Trotz, macht die Wanderung Heine doch zunehmend für den natürlichen Reiz der Umgebung empfänglich und die Herzenswärme der volkstümlich-natürlichen Menschen, denen er begegnet. Der Junge, „der für seinen kranken Oheim im Walde Reisig suchte" und „mit den Bäumen in gar eigenem Einverständnis" (Heine 2002, S. 222) stand, ist nur ein Beispiel. Die Begegnung mit dem Kind setzt folgende Reflexion in Gang:

> „Die Kinder", dacht ich, „sind jünger als wir, können sich noch erinnern, wie sie ebenfalls Bäume oder Vögel waren, und sind also imstande, dieselben zu verstehen; unsereins aber ist schon alt und hat zuviel Sorgen, Jurisprudenz und schlechte Verse im Kopf." (Heine 2002, S. 222)

Der Reisig sammelnde Junge, die Bergleute, die sich „nach dem lieben Tageslicht und nach den Augen von Weib und Kind" (Heine 2002, S. 227) sehnten, die „steinalt, zitternde Frau", die Märchen erzählt; alle sind sie Vertreter von dem, wonach sich Heine sehnt: ein ursprünglicheres Lebensgefühl, eine Verjüngung, wenn man will. Er findet die Realisierung seines „alten Traumes" in Märchen und Aberglauben und vor allem bei den Kindern:

> In jener Zeit [als Kinder] ist uns alles gleich wichtig, wir hören alles, wir sehen alles, bei allen eindrücken ist Gleichmäßigkeit, statt daß wir späterhin absichtlicher werden, uns mit dem einzelnen ausschließlicher beschäftigen, das klare Gold der Anschauung für das

> Papiergeld der Bücherdefinitionen mühsam einwechseln und an
> Lebensbreite gewinnen, was wir an Lebenstiefe verlieren. (Heine
> 2002, S. 229)

Ist das Wandern eine Aktivität, die uns, die Erwachsenen, wieder
an das Anschauungsvermögen der Kinder annähern kann? Ist die
Harzreise ein Versuch Heines, seine eigene Kindheit und die Fähigkeit zum Anschauen zu stärken? Als eine solche Heraufbeschwörung
der Kindheit können wir folgende Gedichtzeilen lesen: „Steiget auf,
ihr alten Träume! Öffne dich, du Herzenstor!" (Heine 2003, S. 15).
Solche Reflexionen bleiben aber im ersten Teil der Wanderung
eben nur Reflexionen; sie vermögen nicht wirklich das Lebensgefühl des Erzählers, der immer noch voller Ironie und Spott steckt,
zu durchdringen. Selbst den schönsten Naturbeschreibungen haftet Ironie an. Als er beispielsweise Osterode (wieder früh am Morgen) verlässt, braust das Wasser, Waldvögel zwitschern und Her-
denglöckchen läuten. Es ist schön und klischeehaft zugleich, die
Aneinanderreihung von Natureindrücken tendiert zur Übertrei-
bung, und am Ende einer solchen naturverherrlichenden Passage
kann Heine es nicht lassen, es ins Absurd-Humoristische zu wenden:

> … und oben war die blauseidene Decke des Himmels so durchsich-
> tig, daß man tief hineinschauen konnte, bis ins Allerheiligste, wo
> die Engel zu den Füßen Gottes sitzen und in den Zügen seines Ant-
> litzes den Generalbaß studieren. (Heine 2002, S. 230)

Man kann den Eindruck bekommen, Heine sei von seiner eigenen
Tendenz zur Ironisierung nicht sehr begeistert. Vielleicht hofft er
darauf, durch die Wanderung, seinen ironischen Gestus, jedenfalls
für eine kurze Zeit, zur Seite schieben zu können?
    Ab und zu gelingt es Heine, sich in die Stimmung der kindlichen
Anschauung hineinzuversetzen. Die Darstellung der auf Granit
wachsenden Tannen und des Quellengemurmels unter den moos-

bedeckten Steinen ist beispielsweise gelungen als weitgehend uniro-
nische Naturbeschreibung, und der uralte Traum geht hier, direkt
unterhalb des Brockens, in Erfüllung: „ein uralter Traum wird
lebendig, die Geliebte erscheint". Aber auch diesmal ist er nur von
sehr kurzer Dauer: „ach, daß sie [die Geliebte] so schnell wieder
verschwindet!" (Heine 2002, S. 251).

Die Faust-Allusionen nehmen zu, als sich Heine dem Brocken
nähert, vielleicht um anzudeuten, dass das, was ihn oben im Brockenhaus erwartet, nicht die Erfüllung seines Wander-Traumes,
sondern eher eine zweite Walpurgisnacht, ein Fest der schlechten
Poeten, der Pseudo-Wanderer, des auf falsche Fährten geratenen
Germanentums, ist. Tatsächlich ist das Ankommen auf dem Brocken für den auf Läuterung und Genesung hoffenden Wanderer
Heine wie ein Schritt zurück. Die Frage stellt sich nun, warum dies
so ist. Heines Ankunft auf dem Brocken hätte ja mit einer Feier
enden können, der Feier Goethes auf dem Harz angekommen oder
dem Rufen Seumes am Rande des Ätna vergleichbar. Das Problem
scheint darin zu liegen, dass Heines Haltung oder Einstellung zum
Wandern nicht – oder jedenfalls noch nicht – die richtige zu sein
scheint. Wandert er nur, um ein Gesellschaftspanorama kri-
tisch-dichterisch zu gestalten? Oder noch bedenklicher: Reprodu-
ziert Heine durch seine Wanderung nur die modisch gewordene
Harzreise der von ihm verhassten Philister?

Wie wenig zufriedenstellend muss es für Heine sein, seine 547
Kilometer lange Wanderung zu machen, nur um erfahren zu müssen, dass er nur das tut, was von ihm als Student erwartet wird und
was auch so viele andere geistlose Vertreter des vom ihm gehassten
Deutschland der Restaurationszeit auch tun? Ihm fehlt der Reiz,
den Goethe gefühlt haben muss, als er sich in früher Morgenstunde heimlich hinausgeschlichen hat, um zu seiner „unerlaubten"
Harzreise aufzubrechen. Wieso soll es Heine gelingen, auf dem
Brocken eine Katharsis zu erleben, wenn er sowieso nichts Besonderes gemacht hat, um das zu verdienen? Im Gegenteil wird die
ganze Vorstellung von einer solchen Katharsis durch die Pseu-

do-Katharsis ironisiert, welche frühere Harzwanderer im Gästebuch der Brockenhütte in pathetischer Form beschrieben haben.

## Die Annäherung an einen „huronischen" Wandermodus im zweiten Teil der Harzwanderung

Dann kommt der Umbruch bei der Abreise vom Brocken. Nachdem
die Ranzen geschnürt sind und Heine mit ungefähr 20 anderen Studenten losgewandert ist, ändert sich die Tonlage. Die störenden Elemente tauchen sozusagen nicht mehr auf, und auch die Ironie und
der Spott des Dichters sind kaum mehr vernehmbar, stattdessen über-
wiegen feierliche Naturbeschreibungen, in denen die Natur besungen wird. Die drei Täler, Ilsetal, Bodetal und Selketal, treten dabei
als mythische Größen auf, als drei Göttinnen, die je auf ihre Weise
den Dichter mit Wonne, Wehmut, Kräuterduft und Himmelsbläue
erfüllen. Ein Ironieverlust scheint also stattzufinden, jedenfalls ver-
wischt sich auch für Heine die Grenze zwischen Ironie und Gefühl
dermaßen, dass er am Ende gestehen muss, „daß [er] nicht mehr
weiß, wo die Ironie aufhört und der Himmel anfängt" (Heine 2002,
S. 279). Im Folgenden werde ich einige Elemente diskutieren, die zu
diesem Umbruch der Stimmungslage beigetragen haben mögen.

Dass Heine jetzt, nach dem Verlassen des Brockens, ausschließlich von Freunden umgeben ist, die allesamt eine eher unverkrampf-
te denn philisterhafte Einstellung zum Leben haben, ist eine mögliche Antwort. Dass der Unter-Harz objektiv schöner, heller, weniger düster ist als der von Tannenbäumen geprägte Ober-Harz, ist
eine andere mögliche Antwort. Eine dritte Antwort könnte darin
bestehen, dass Heine jetzt den wichtigsten, gesellschaftskritischen
Teil seines Textes beendet hat, und schnell zum Ende eilen will und
keine Zeit für Ironie hat. An sämtlichen Antworten haftet aber
etwas Unbefriedigendes, denn sie vermögen es eigentlich nicht,
den Bruch mit dem Vorangehenden zu motivieren. Nun könnte
man selbstverständlich einwenden, dass der vom Dichter als Frag-
ment bezeichnete Text einer solchen Motivierung nicht bedarf. Im

Gegenteil, Heine schreibt ja bewusst auf eine Weise, die solche überdeutlichen, textlichen Motivierungen auslässt. Ich will diesen Einwand nicht von der Hand weisen.

Es gibt aber eine mögliche Erklärung für den Stimmungsbruch, die von der Forschung nicht diskutiert worden ist: Die Veränderung des Wandertempos. War der einsame Wanderer Heine auf dem Weg zum Brocken in einem eher als kontemplativ zu bezeichnenden Tempo gewandert (nur am ersten Tag legt er eine große Etappe zurück), geht es vom ersten Augenblick nach der Abreise vom Brockenhaus „über Hals und Kopf" (Heine 2002, S. 270). „Hallesche Studenten marschieren schneller als die österreichische Landwehr", stellt er fest, nicht ohne eine gewisse Begeisterung für diesen Tempoumschwung durchschimmern zu lassen. Nicht nur erscheint die Natur wieder in ihrer Pracht, jetzt trägt auch die körperliche Bewegung dazu bei, das Erlebnis zu erhöhen: Die Studenten laufen über quergelegte Baumstämme, klettern über Wurzeln, „in den ergötzlichsten Tonarten" emporjohlend. Es erinnert an Goethes Erlebnis bei seiner ersten Schweizreise:

> Nach kurzer Rast, frisch und mit mutwilliger Behändigkeit, sprangen wir den von Klippe zu Klippe, von Platte zu Platte in die Tiefe sich stürzenden Fußpfad, und gelangten um zehn Uhr nach Schwyz. Wir waren zugleich müde und munter geworden, hinfällig und aufgeregt, wir löschten gähling unsern heftigen Durst und fühlten uns noch mehr begeistert. Man denke sich den jungen Mann, der etwa vor zwei Jahren den „Werther" schrieb, einen jüngeren Freund, der sich schon an dem Manuskript jenes wunderbaren Werks entzündet hatte, beide ohne Wissen und Wollen gewissermaßen in einen Naturzustand versetzt, lebhaft gedenkend vorübergegangener Leidenschaften, nachhängend den gegenwärtigen, folgelose Plane bildend, im Gefühl behaglicher Kraft das Reich der Phantasie durchschwelgend, – dann nähert man sich der Vorstellung jenes Zustandes, den ich nicht zu schildern wüsste, stünde nicht im Tagebuche: „Lachen und Jauchzen dauerte bis um Mitternacht."[139]

Sowohl bei Goethe als auch bei Heine ist nicht mehr vom Wandern, sondern eher vom Laufen die Rede, und ein solches Laufen hat häufig den Effekt, Traurigkeit und Melancholie zu vertreiben.

In der mythischen Schönheitskonkurrenz, welche Heine, jetzt fast ohne jedes Anzeichen von Spott, zwischen den drei Göttinen Ilsetal, Bodetal und Selketal anstellt, ist es immer noch deutlich, dass Heine und seine Mitwanderer schnell laufend unterwegs sind, und das ist wahrscheinlich der eigentliche Grund dafür, dass ihn im Selketal „gar mancherlei Ungemach" (Heine 2002, S. 277) heimsucht:

> Daß ich, indem ich über das Wasser springen wollte, just in die Mitte hineinplumpste, daß nachher, als ich das nasse Fußzeug mit Pantoffeln vertauscht hatte, einer derselben mir abhanden oder vielmehr abfüßen kam, daß mir ein Windstoß die Mütze entführte, daß mir Walddorne die Beine zerfetzten, und leider so weiter. (Heine 2002, S. 277)

Solche kleinen Unfälle gehören nun eben dazu, wenn man von Stein zu Stein springt, aber es besagt viel, dass dies die Stimmung des Wanderers nicht im Geringsten verdunkelt: „Doch all dieses Ungemach verzeihe ich gern der schönen Dame [der Prinzessin Ilse], denn sie ist schön". (Heine 2002, S. 277)

Wer gewinnt aber die Schönheitskonkurrenz? Wem verleiht Heine, mythisch zu „Paris" erhöht, den Preis? Selbstverständlich der Ilse. Und wie wird sie beschrieben? *Eben wie eine Läuferin,* die vom Berg schnell und lustig hinunterspringt:

> Es ist unbeschreibbar, mit welcher Fröhlichkeit, Naivität und Anmut die Ilse sich *hinunterstürzt* über die abenteuerlich gebildeten Felsstücke, die sie *in ihrem Laufe* findet, so daß das Wasser hier wild emporzischt oder schäumend überläuft, dort aus allerlei Steinspalten, wie aus tollen Gießkannen, in reinen Bögen sich ergießt und unten wieder über die kleinen Steine *hintrippelt* wie ein munteres

Abb. 16: Die Ilse im Ilsetal. Hier sind Heine und seine Kommilitonen in hohem Lauftempo unterwegs.

> Mädchen. Ja, die Sage ist wahr, die Ilse ist eine Prinzessin, die lachend und blühend den Berg *hinabbläuft*. Wie blinkt im Sonnenschein ihr weißes Schaumgewand! (Heine 2002, S. 271)

Nicht nur die Prinzessin Ilse läuft den Berg hinab, Heine tut es selbst! Gerade die „Bewegung" (Heine 2002, S. 277), das ursprünglich-lachend-kindische Laufen der erträumten weiblichen Mitwanderin Ilse ist das Ausschlaggebende für Heines Entschluss, „der schönen Ilse" den Apfel zu geben. Das feiernde, johlende Laufen in den Bergen; das ist ein Teil des „alten Traumes" Heines, der jetzt in Erfüllung geht.

Sehr „huronisch" ist aber Heines Harzwanderung nicht. Goethe plant bewusst, seine Harzreise in der schlechtesten Jahreszeit durchzuführen, Seumes Gewaltmarsch durch ein kriegsverwüstetes Europa mit einem Minimum an Geld und Ausrüstung ist dazu bestimmt, den Wanderer an die Grenze seiner Komfortzone zu bringen und zuletzt: Der existenziell-ultimative Aufbruch des Taugenichts führt ihn unwillentlich in eine unangenehme Situation nach der anderen. Wie anders verhält es sich mit Heine, der in den Ferien, in einer angenehmen Jahreszeit und scheinbar ausschließlich bei schönem Wetter unterwegs ist. Wahrscheinlich auch mit einem ausreichend gefüllten Geldbeutel, denn Heines reicher Oheim Salomon in Hamburg hat seinen, häufig undankbaren, Neffen im Studium finanziell unterstützt.[140]

Kehren wir zu der in dieser Untersuchung mehrmals gestellten Frage zurück: Was hat der Wanderer im Rucksack? Im Fall Heines wissen wir es nicht so genau, aber alles deutet darauf hin, dass sein Ranzen alles, was er braucht – und vielleicht mehr, enthält. Einige Bemerkungen scheinen aber Hinweise zu geben, dass Heine relativ schnell nachdem das Wandern losgegangen ist, seine Art und Weise, den Ranzen zu packen, zu bereuen anfängt. Denn schon im Wirtshaus zu Nörten, er ist wohl nicht mehr als etwa 10 Kilometer gewandert, will er seinen Ranzen erleichtern, und schenkt seine blauen Hosen[141] dem Kellner (Heine 2002, S. 216). In Clausthal wiederholt sich dies, indem Heine seinen Ranzen „nochmals" erleichtert und „das eingepackte Paar Stiefel"[142] (Heine 2002, S. 230) wegwirft. Warum tut Heine das? Nur aus „symbolischen"[143] Gründen, wie Höhn konstatiert? Lassen wir die symbolische Lesart eine Weile beiseite und konzentrieren wir uns auf die rein wanderpraktische Perspektive. Dann könnten wir den Eindruck bekommen, dass der Erzähler hier seinen Rucksack erleichtert, weil er so leicht wie möglich, „minimalistisch", um einen modernen Ausdruck zu benutzen, wandern will. Eine gewisse Distanzierung zu den anderen, bürgerlich-philisterhaften Wanderern könnte auch aus dieser Gepäckerleichterung herausgelesen werden. Heine will eben einfach und ursprünglich unterwegs sein, nicht wie der übliche Tourist.

„Huronisch" ist und bleibt Heines Fußreise doch nicht, auch nicht im wilden Lauf die 28 Kilometer vom Brocken nach Wernigerode. Das Wetter bleibt schön und er befindet sich in der sicheren Gesellschaft von seinen burschenhaften Studentenfreunden. Statt selbst unter schlechten Bedingungen loszugehen, lässt Heine aber einen leisen Hinweis auf diesen anderen Wandermodus im Fremdenbuch der „Krone" in Clausthal hindurchschimmern. Dort entdeckt er nämlich den „vielteuren Namen Adelbert von Chamisso". Gleichsam stellvertretend für die fehlenden klimatischen Herausforderungen bei der Wanderung Heines nimmt Chamisso mit scheinbarer Begeisterung solche Herausforderung auf sich:

> Der Wirt erzählte mir: dieser Herr [Chamisso] sei in einem unbeschreibbar schlechten Wetter angekommen und in einem ebenso schlechten Wetter abgereist. (Heine 2002, S. 230)

Für Seume war das männlich-militärische, stoische Durchhalten der zentrale Wert bei der Wanderung. Wie wir gesehen haben, spielen solche Werte beim Taugenichts überhaupt keine Rolle; der Taugenichts ist eher androgyn, und sein Stolz ist nicht von seiner Ausdauer und seinem Mut in der Begegnung mit Gefahren abhängig. Heine scheint eine Zwischenposition einzunehmen: Einerseits ist er ein Dandy, bartlos-weiblich und modisch gekleidet, ein Salonmensch, der Poesie für wichtiger als Moral und militärische Gesinnung hält. Seume stellt klar, dass er nie abreisen würde, ohne seine Schulden zu begleichen; Heine, der in pekuniärer Hinsicht viel besser dran ist, nimmt es nicht so ernst, ob eine Rechnung bezahlt wird oder nicht. Vielleicht ist es nicht so merkwürdig, dass Heine es vorzieht, bei schönem Wetter loszugehen. Ist er eigentlich bereit, auf einer Wanderung Schmerzen zu ertragen? Ich denke, er ähnelt hier weniger Seume und mehr dem Taugenichts, der sich bei Einbruch der Nacht gar nicht stoisch verhält, sondern sofort das ganze Wanderunternehmen bereut und sich nach seines Vaters Mühle zurücksehnt. Eichendorff schickt seinen fiktiven Müllerssohn in die weite Welt, bleibt aber selbst komfortabel zu Hause. Auf dieselbe Weise legt Heine keinen Wert auf eine eigentlich gefährliche,

Grenzen herausfordernde Expedition, sondern bewegt sich innerhalb der Grenzen des Normalen und zu Erwartenden. Dass Studenten in den Ferien eine Harzwanderung machten, war letztendlich ganz gewöhnlich, und in den Vorlesungen an der Universität
wurden sogar solche Ausflüge aus gesundheitlichen Gründen emp-
fohlen. Eine Faszination für eine extremere Art der Wanderung
hat Heine doch, davon zeugt der Hinweis auf Chamisso. Die huronische Wanderung, von der Heine vielleicht träumt, sie selbst einmal durchzuführen, lässt er in der „Harzreise" Chamisso gleichsam
stellvertretend realisieren.

# Göttingen 2016: Zweite Wanderung

Der Oktober ist da, und es ist Zeit für die zweite Wanderung. Diesmal werden wir vier Etappen des Hermannswegs zurücklegen, Unterkunft in Wirtshäusern und Jugendherbergen ist gebucht, und wir steigen in den Zug ein. Um 15 Uhr haben wir in Rheine, Ausgangspunkt der Wanderung, eine kleine Mahlzeit zu uns genommen, und es geht los. Die erste Etappe beträgt 21 Kilometer, berechnete Geh-Zeit sind aber nur 5 Stunden. Trotzdem ist es knapp, um Bevergern vor Anbruch der Dunkelheit zu erreichen.

Es fällt mir ein, dass eine solche Familienwanderung mit zwei Erwachsenen und drei Kindern etwas ganz anderes ist als das, was in der Wanderliteratur dominiert: Ein einsamer Wanderer, in den absolut meisten Fällen männlich, wandert los, um vor etwas zu fliehen, um Abenteuer zu erleben. Der männliche Wanderer befindet sich manchmal im Modus der körperlichen Extremleistung.

Welcher von den aktuellen Wandermodi passt am besten für diese Familienwanderung? Ich, als „Reiseleiter" sozusagen, muss an vieles denken, woran der übliche Wanderer nicht denken muss. Die Stimmung der Gruppe ist wichtig. Gute Laune, vielleicht hervorgebracht durch kleine Spiele, erfundene und nacherzählte Märchen, Gesang – dies alles bekommt eine ganz andere und wichtigere Bedeutung, als wenn man als Mann allein zu einer Wanderung aufbricht.

Klar, auch für die kleine Familie sind Ausdauer, Abenteuer, sogar Flucht vom Alltag mögliche Modi, aber ich denke, bei uns mischt sich auch der Migrationsmodus hinein: Ich sehe vor mir ein Migrationsdenkmal, eine Familie mit einer Schubkarre, auf dem Weg in den wilden Westen.

Viel mehr kann mit fünf Leuten schiefgehen, als wenn man allein unterwegs ist, was wir auch erfahren sollen. Erstens erlebt meine Frau, dass sie große Schmerzen vom Tragen des Rücksacks bekommt, nicht nur in den Schultern setzt er sich fest, er entwickelt sich zu wirklich schmerzhaftem Kopfweh. Also übernehme ich ihren Rucksack, binde ihn fest an meinen eigenen auf eine primitive Art, aber es funktioniert. Nach vier Stunden kommt der Rucksack der Jüngsten hinzu, und ich trage nun drei Rucksäcke. Dies soll mehr oder weniger meine Beladung für die kommenden Tage sein, was mir das Aussehen eines Landstreichers gibt. Ich bedaure sehr, dass ich den neu gekauften großen Rucksack zuhause gelassen habe. Wie viel kann ich aushalten, ohne kapitulieren zu müssen? Menschen auf erzwungener Migration oder sogar auf der Flucht befinden sich, so denke ich, kontinuierlich in dieser Lage, sie bewegen sich an der Grenze des Möglichen und müssen sich entscheiden: Können wir jetzt weitergehen, oder müssen wir ganz einfach den Ranzen erleichtern, etwas loswerden. Was haben wir am nötigsten? Nun, soweit, dass wir solche Fragen stellen müssen, sind wir noch nicht.

Anderes zu bedauern als den zuhause gebliebenen Rucksack, gibt es eigentlich nicht. Das meiste läuft gut, das Hermannsweg-Handbuch in Kombination mit einer guten Ausschilderung macht die Orientierung leicht. Im Vergleich zur ersten Wanderung, wo wir uns auf wenig bewanderten Pfaden befanden und keine Einkäufe machen konnten, geht es jetzt wie auf Schienen. Damals, mitten im Eichsfeld oder „der Wüste Gobi", wie ein Jugendlicher es nannte, mussten wir an fremden Türen klopfen, um Wasser in die Flaschen nachzufüllen, im Wirtshaus mussten wir darum bitten, extra Brötchen mitnehmen zu können usw. Jetzt haben wir alles, was wir brauchen, mehr oder weniger in der direkten Umgebung.

Wir erreichen unser Tagesziel, Bevergern, um 20:15 Uhr, es ist schon relativ dunkel, und ziehen in ein typisch deutsches Wirtshaus ein. Die Stimmung ist gut.

Am nächsten Tag geht es weiter nach Tecklenburg. Es ist eine anspruchsvolle Etappe von 22 Kilometern mit einem Höhenunterschied von über 800 Metern. Es geht über alle Erwartung, die Kinder leben sich in ihre eigene Phantasiewelt hinein, ziehen es vor, etwa 50 Meter hinter uns Erwachsenen zu gehen, um in Ruhe gelassen zu werden. Nur meine Frau merkt, dass die Steigerung für den hinteren Oberschenkelmuskel anstrengend ist, und der Gedanke an die nächste Etappe ist nicht direkt verlockend. Wir ziehen in die Jugendherberge ein, eine schöne Art und Weise, mit der deutschen Jugendherbergstradition Bekanntschaft zu machen, denke ich.

Mitten in der Nacht wird Malin krank. Es ist Ferienzeit, und eine Schule oder etwas Ähnliches ist hier in der Ferienkolonie. Im Flur hören wir, dass auch andere Kinder krank sind, es hängt also entweder mit dem Essen zusammen oder es ist eine ansteckende Magenkrankheit, die sich breitmacht.

Am nächsten Morgen geht es Malin etwas besser, nun ist aber Aurora an der Reihe. Sie ist ganz einfach zu schwach, um weiterzugehen, und wir müssen den ganzen Tag in Tecklenburg bleiben und uns eine neue Unterkunft suchen. Unter diesen ungünstigen Umständen ist die Stimmung trotzdem gut.

Am dritten Tag müssen wir weitergehen, wir können nicht hier unser ganzes Reisebudget verschwenden. Glücklicherweise erholt sich Aurora, nachdem wir zu wandern angefangen haben. Das Ziel ist jetzt Bad Iburg. Das Wirtshaus ist wieder ganz prima, und wir genießen eine schöne Abendmahlzeit, während einige Männer aus der Gegend an der Theke ihr Bier trinken. Am Abend diskutieren meine Frau und ich, ob wir die Wanderung um einen Tag verlängern sollen, wir hatten ja ursprünglich vier Etappen geplant. Am Ende entscheiden wir aber, dass es für diesmal genug ist. Morgen fahren wir nach Göttingen zurück.

Es soll aber nicht einfach werden: Am nächsten Morgen hat Emilie Magenbeschwerden, und die Rückfahrt per Bus und Bahn wird anstrengend. Nun sollte man vielleicht glauben, dass sich die Probleme bei dieser Wanderung auf die Einstellung der Kinder zum Wandern negativ auswirken. Dies scheint aber nicht der Fall zu sein: „Wann gehen wir nochmal wandern, Papa? Bitte, noch eine Wanderung, bevor wir nach Bergen zurückkehren!"

# Stifters *Waldgänger:* Langsames Wandern in einer pädagogischen Utopie

Tap-tap-tap. Der rhythmische Laut von Füßen auf einem mit Nadeln bedeckten, von Gras überwachsenen Waldpfad. Die Landschaft öffnet sich, eine Bergwiese kommt zum Vorschein. Dahinter Berge, große Steinformationen, die Millionen Jahre alt sind. Ich selbst befinde mich auf einem solchen alten Bergrücken, als ich mich laufend vorwärtsbewege. Nur ein paar Jahre ohne menschlichen Verkehr, und der Pfad wäre unter dem wuchernden Gestrüpp verschwunden, ohne Spuren zu hinterlassen. Trotzdem denke ich: Der Pfad muss uralt sein. So wie er sich von der sumpfigen Landschaft auf beiden Seiten erhebt, bietet sich der Bergrücken jedem, der zu Fuß unterwegs ist, gewissermaßen als natürlicher Wanderweg an: Hier oben kann man trocken und sicher gehen. Eine Gruppe von Hirschjägern, notdürftig bekleidet und mit bloßen Füßen, erscheint vor meinem inneren Auge. Tap-tap-tap laufen auch ihre Füße über den Bergrücken. Geduldig und geübt folgen sie seit Stunden ihrem Beutetier, einem Bock, der immer noch verwundert über diese langsamen Störenfriede von einem Berghang auf sie niederblickt. Aber am Ende des Tages wird er diesen Störenfrieden erliegen, denn sie sind Menschen, das ausdauerndste „Lauftier" der Erde. Das Bild von den Jägern löst sich auf in meinem Kopf. Ich sehe stattdessen eine Gruppe Kinder vor mir auf dem Pfad. Die Kleidung verrät, dass sie aus einer viel späteren Zeit stammen. Sie sammeln Reisig und Brennholz in großen Körben, die sie auf dem Rücken tragen. Auch sie sind barfuß. Vielleicht sind sie auf dem Weg zum Tal, oder vielleicht sammeln sie nur Brennholz für das abendliche Feuer in der Almhütte. Die Reste der Grundmauern einer alten verlassenen Alm tauchen auf der rechten Seite, verborgen unter dem Gestrüpp, auf. Leicht zu übersehen. Und ich achte auch nicht auf sie, als ich weiterlaufe, das Gefühl, Teil einer sehr langen Geschichte zu sein, kribbelnd in jedem Körperteil. Die Probleme des Tages verschwinden gleichsam vor der Perspektive der

Generationenwechsel durch die Jahrhunderte und Jahrtausende, vor der fast geologischen Perspektive, die zu mir von den stummen blauen Berghängen spricht. Die lange Zeit ist in die Landschaft wie eine heimliche Schrift eingeschrieben, und die Bedeutung dieser Schrift erschließt sich demjenigen, der durch die Landschaft unter Einsatz der eigenen Kräfte unterwegs ist.

In kaum einem anderen literarischen Werk wird so viel gewandert wie im Werk Adalbert Stifters (1805–1868). Stifter kam aus einfachen Verhältnissen in Oberplan – mit dem riesigen Böhmerwald in unmittelbarer Nähe, und war wohl selbst, wie seine literarischen Wanderer, mit stundenlangem Herumlaufen in den Wäldern vertraut. In seinen Erzählungen wird das Ideal eines wandernden Menschen heraufbeschworen, der in den Wäldern alles, Großes und Kleines, mit gleicher Aufmerksamkeit und Liebe wahrnimmt und, sowohl was Kleidung als auch Ernährung betrifft, Einfachheit und Mäßigung ausstrahlt. Es gehört zu den großen Paradoxen oder sogar zur Tragik im Leben Stifters, dass er selbst, als erwachsener Mann und erfolgreicher Pädagoge, Dichter und Maler, von diesem Ideal so weit weg wie möglich kommen sollte. Als Städter, in einer unglücklichen Ehe, greift er auf andere Mittel als Natur, Einfachheit und Wandern zurück, um das Leben zu bewältigen: unmäßiges Essen und Trinken. Er konnte sechs Forellen zu Mittag verspeisen, und Haselhuhn, Rindfleisch und Alkohol nahm er in so großen Mengen zu sich, dass man fast sagen kann, dass er sich systematisch zu Tode gegessen hat. Und um noch bei der Paradoxie zu bleiben: Es ist in eben dieser Zeit der schwankenden Gesundheit, dass Stifter für sein asketisches Ideal des einfachen, naturnahen Wanderers den schönsten literarischen Ausdruck findet.

Im Folgenden werden wir uns mit zwei Erzählungen Stifters befassen, in denen Wandern über relativ lange Strecken hinweg zentral ist: *Der Waldgänger* und *Bergkristall*[144]. Meine Frage lautet: Worin besteht das Ideal des asketischen Wanderers Stifters? Die mehrmals angewandte Suchoptik (**siehe S. ###**) werden wir wieder anwenden, mehr oder weniger systematisch, um im Vergleich mit Goethe, Seume, Eichendorff und Heine das Besondere des Stifterschen Wandermodus sehen zu können.

## Waldgänger –
## Pädagogik übertrumpft biologischen Nachwuchs

Im *Waldgänger* hören wir von Georg, der sich im hohen Alter dafür entscheidet, ein Leben als Wanderer zu führen. In der Kindheitslandschaft Stifters, dem Böhmerwald, streift Georg umher, sowohl auf viel benutzten Wegen als auch auf den Waldpfaden, von denen sonst nur die Jäger, die Holzhauer und die Wildschützen wissen. (WuB, 3,1, S. 105, 116) Er wohnt in einer Kammer bei dem „Simmibauern", wandert aber häufig zum Dorf Kienberg (heute Loučeovice), um dort auf einem Stein vor dem Wirtshaus zu sitzen, bevor er wieder durch den Wald nach Hause geht.

Überhaupt unternimmt Georg sehr viele „Gänge […] in der Gegend", ist bei den Bewohnern der abseits gelegenen Hütten ein wohl angesehener Gast. Besonders aber „schien er […] den Wald […] zu lieben":

> Er ging oft in denselben hinaus, und da ging er nun zwischen den Birken und zwischen den Haselnußgesträuchern oberhalb des Kienberges herum, oder in den Föhrenwäldern, die sich dort häufig vorfinden – ja selbst in den großen, dichten weit ausgebreiteten Wald ging er gerne, der jenseits des Wassers liegt, und von dem wir oben sagten, daß sich vorzugsweise nur Holzhauer- und Jägerpfade in demselben vorfinden. (WuB, 3,1, S. 116)

Während er unterwegs ist, sammelt er Moose, Gewächse und Schmetterlinge, die er auf Nadeln steckt. Eine merkwürdige Figur mit anderen Worten, die vornehmlich durch ihre Eigenschaft als Wanderer gekennzeichnet wird. Welche Spielart des Wanderns lässt Stifter hier vor uns treten? Was war an der Lebensführung eines solchen Mannes so wichtig, dass Stifter eine ganze Erzählung dafür verwenden konnte, über das Umherirren auf den Pfaden des Böhmerwaldes zu berichten?

### *Inhaltsangabe mit Bezug auf Wanderung und Wanderpädagogik*

Die Erzählung vom Waldgänger Georg ist in eine Rahmenerzählung eingebettet: Wir folgen einem Wanderer auf seinem Weg nach Wien. Der Mann leidet darunter, dass er den Verlust seiner Jugendliebe, obwohl ihr Tod schon viele Jahre zurückliegt, noch nicht verkraftet hat. Das tagelange Wandern löst aber einen Prozess der Genesung aus, denn langsam fängt der Leidende an, die Erinnerung an den schmerzhaften Verlust durch positiver gefärbte Erinnerungsbilder zu ersetzen. Es sind vor allem Erinnerungen an Natur, an einen Föhrenwald oder einen Felsen, die diesen Prozess in Gang setzen. Wandernd erinnert sich der Mann aber auch an einen anderen Wanderer, eben Georg, der den Bewohnern seines Kindheitsdorfes unter dem Namen Waldgänger bekannt war. (WuB 3,1, S. 102).

Georg, erfahren wir, war im Norden Deutschlands aufgewachsen, als Sohn eines (wahrscheinlich protestantischen) Predigers. Wie später sein Sohn, war der Vater Georgs auch ein Wanderer, oder bezeichnenderweise – ein Spaziergänger. Er teilte seinen Arbeitstag streng ein, und machte, um der Gesundheit willen, tägliche Spaziergänge in das Feld. Das Spazierengehen stand für den Vater eindeutig im Dienst der effektiven Ausnutzung der Zeit.

Als die Frage nach der Ausbildung des Sohnes aufkommt, beschließt der Vater, dass Georg Jura studieren soll. An der Universität kommt aber Georg allmählich in Kontakt mit seinen inneren Triebkräften, die nicht in Richtung Jura, sondern eher in Richtung Mathematik, Geologie und Baukunst gehen. Nach dem Tod der Eltern bricht Georg sein Jura-Studium abrupt ab, kehrt dem Studium den Rücken und begibt sich auf Wanderschaft.

Georg heiratet Corona, eine Frau, die, wie er selbst, eine gewisse Gleichgültigkeit gegenüber den Normen der Gesellschaft entwickelt hat. Die beiden leben mehrere Jahre glücklich zusammen und wählen sich schließlich einen Platz aus für ihr künftiges Haus, das am Waldrand stehen soll. Das Sich-Niederlassen bedeutet aber einen Bruch mit dem Leben auf Wanderschaft, was schwere Folgen für die beiden haben soll.

Das Glück scheint vorerst vollkommen zu sein, mit der einzigen Ausnahme, dass Georg und Corona noch keine Kinder haben. In ihrem Bestreben, Kinder zu bekommen, fangen sie fast unmerklich an, ihre Lebensweise zu verbürgerlichen: Alles, was sie tun, richtet sich darauf hin, ein bürgerliches Leben mit Kindern vorzubereiten. Sie sind so sehr darauf bedacht, dass sie andere Möglichkeiten übersehen, z. B. ein Waisenkind zu sich zu nehmen.[145] Corona bietet Georg schließlich die Scheidung der Ehe an, damit Georg mit einer anderen Frau Kinder bekommen kann.

Georgs großer Fehler liegt darin, dass er dieses Scheidungsangebot akzeptiert, nach einigen Jahren eine andere Frau, Emilie, heiratet, und zwei Söhne bekommt. Als Georg nach mehreren Jahren zufällig auf Corona stößt, und erfahren muss, dass sie keine neue Ehe eingegangen ist und deshalb keine Kinder bekommen hat (wahrscheinlich war das auch niemals ihre Absicht), sieht er seinen Fehlgriff ein: Er hat das biologische Prinzip des Kinderzeugens als das wichtigste im Leben angesehen. Viel wichtiger ist aber im Ideensystem der Stifterschen Erzählung die liebevolle Übertragung von Wissen und Erfahrung von Generation zu Generation.

Als alter Mann bekommt nun Georg die Möglichkeit, sein Leben zurück auf die richtige Bahn zu bringen. Seine zweite Frau ist gestorben, und statt im Eng-Bürgerlichen zu verharren, verschafft er sich ein Paar gute, „schwer mit Nägeln beschlagene[ ] Schuhe" (WuB 3,1, S. 139) und fängt das Leben als Waldgänger an. Durch einen glücklichen Zufall wird Georg mit dem Hegerbuben bekannt gemacht, für den er so etwas wie ein Ersatzvater oder Lehrer werden darf.

In hohem Alter erwacht also der Pädagoge in Georg: Wäre es möglich – so können wir uns vorstellen, dass Georg sich selbst fragt – eine andere Pädagogik zu entwickeln als die Pädagogik des Vaters? Der Vater Georgs hat sich überhaupt nicht um die Interessen und Fähigkeiten des Kindes gekümmert, sondern versucht, den Lebensweg Georgs selbst zu bestimmen. Die Ausbildung als Jurist hat nur den einzigen Zweck gehabt, den Jungen auf den künftigen Beruf – und auf die Familiengründung mit Kindern – vorzubereiten. Wäre es nicht möglich, einer Pädagogik zu folgen, die in den Interessen und im inneren Drängen des Kindes den Ausgangspunkt nehmen würde? Und wäre es nicht möglich, das Erwerben von Wissen als Selbstwert zu betrachten, ohne an die Nützlichkeit dieses Wissens zu denken? Erst wenn Georg imstande wäre, nach diesen Prinzipien zu handeln, wäre er ein echter Pädagoge, d. h. jemand, der mit dem Kind *zusammen geht*, und es nicht nur in eine vorausbestimmte Richtung *führt*.

Bald sind Georg und der Hegerbube unzertrennlich, sie wandern umher in den Wäldern, sammeln Moose, Steine und Gewächse, sprechen über die Namen und lernen die Natur kennen. Der Rhythmus des Wanderns gibt dem Lernprozess etwas Natürliches. Sie fangen mit den Buchstaben an, immer sind sie aber in der Natur, umgeben von den „Düfte[n] des Harzes von den vielen Fichten" (WuB 3,1, S. 127). Wichtig ist es, immer im Wald unterwegs zu sein, und dort lernt das Kind schnell „die Beschäftigungen des Greises", also das Einsammeln von Raupen, Schmetterlingen, Gewächsen, Moosen und Steinen. Dabei lernt der Junge, die Naturerscheinungen zu unterscheiden und sogar mit lateinischen Namen zu benennen. Auf unaufdringliche Weise lehrt Georg das Kind elementare Biologie, Botanik und Geologie. Der Junge lernt also alles in seiner natürlichen Umgebung kennen, die beiden sind in jeder Jahreszeit, des Wetters ungeachtet, unterwegs, und das Lernen stört damit keineswegs die natürlichen Triebe des Kindes, in den Wald hinauszugehen (WuB 3,1, S. 125), viel in Bewegung zu sein und auf Felsen zu klettern.[146]

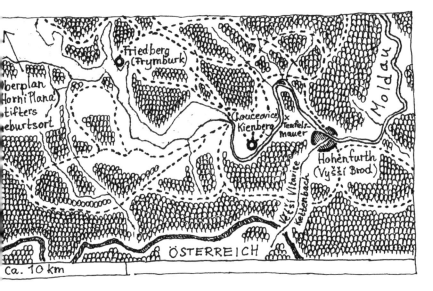

Abb. 17: Georgs Wanderungen in der Umgebung von Friedberg (Frymburk). Stifters Waldgänger ist immer auf den Beinen, seine Wanderungen finden aber alle innerhalb eines relativ begrenzten Raumes statt.

## Wo und wie weit?

Georg und der Hegerbube machen keine Expeditionen, setzen sich selten konkrete Wanderziele, sondern wandern ganz einfach in der Umgebung von Friedberg, Kienberg und Hohenfurth umher. Sie benutzen sowohl Wanderwege als auch wenig betretene Holzhauer- und Jägerpfade. Häufig sind sie den ganzen Tag unterwegs, manchmal legen sie weite Strecken zurück, ein andermal bleiben sie wahrscheinlich mehr oder weniger an ein und derselben Stelle. Eines Tages gehen sie hin und zurück von der Hütte des Simmibauern (in der Nähe von Friedberg) nach Hohenfurth, eine Strecke von etwa 35 Kilometern.

Georg sucht Anschluss zu finden an eine ursprüngliche Lebensart und eine ursprüngliche Form des Wanderns, die eine Korrektur der bürgerlichen Lebensform und der bürgerlichen Form des Wanderns, des Spaziergangs, sein kann.

### Physische Voraussetzungen

Ein langes Leben auf den Beinen hat Georg für die ausgedehnten Wanderungen vorbereitet. Auch dem Hegerbuben ist das Wandern nichts Fremdes. Als Sohn von Waldhütern, Menschen also, die gewohnt waren, jeden Tage die Wälder kreuz und quer zu durchwandern, um das Wild und die Jagdrechte zu hegen, ist der Hegerbube das stundenlange Umherlaufen schon gewohnt, was seine Füße „gesund und tauglich, wie die des Rehes" (WuB, S. 122) gemacht hat. Der Hegerbube trägt also mit sich die Tradition des Weitwanderns, wohlgemerkt nicht als Freizeitbeschäftigung, sondern aus Notwendigkeit. Die Funktion des Hegerbuben in Stifters Erzählung mag mit dem zivilisationskritischen Projekt zusammenhängen: Der Junge, der wie ein Reh herumspringen kann und dessen nackte Füße sich jeder Gehunterlage angepasst haben, repräsentiert gleichsam das ungenutzte Wander- und Laufpotential des zu Bequemlichkeit und zum Stillsitzen erzogenen modernen Menschen.

### Wann?

Georg und der Hegerbube befinden sich das ganze Jahr hindurch im Wald. Gerade der Wechsel der Jahreszeiten hat ein pädagogisches Potential, denn auf diese Weise kann man den natürlichen Zyklus von Frühling, Sommer, Herbst und Winter selbst erfahren. Gleichzeitig unterstreicht die Tatsache, dass sie sich das ganze Jahr draußen aufhalten, dass es sich hier nicht um eine Expedition, sondern um eine Lebensform handelt.

Georg ist vorsichtig, er kennt die Launen der Natur und setzt sich keinen unnötigen Risiken aus. Andererseits hat er aber wenig Angst davor, die Natur auch zu ungünstigen Zeitpunkten aufzusuchen, beispielsweise ist er mit dem Kind auch nachts, in völliger Dunkelheit, unterwegs:

Als das Fest vorüber war, war es draußen auch schon ganz finstere

Nacht geworden, und sie gingen bei dem Lichte einer schlechten Laterne, das der Waldgänger angezündet hatte, den langen Weg durch die Wälder und dem angeschwollenen Moldauwasser entgegen zu der kleinen Wiese und dem darauf gelegenen Häuschen zurück. (WuB, 3,1, S. 125)

Es handelt sich wohlgemerkt auch nicht um eine kurze Strecke; wir müssen uns vorstellen, dass der Greis und das Kind mindestens 5 bis 7 Stunden im Stockdunkeln unterwegs waren.

Es wäre vielleicht natürlich, dass Georg und der Junge gelegentlich im Freien übernachten würden, aber davon hören wir nichts. Vermutlich kehren sie jeden Abend zur Hütte des Simmibauern zurück, oder sie werden von unterschiedlichen Leuten als Übernachtungsgäste empfangen.

## Ausrüstung

Das Schuhzeug Georgs wird an mehreren Stellen hervorgehoben, es handelt sich um ein Paar „schwer mit Nägeln beschlagene[r] Schuhe" (WuB 3,1, S. 103, 139). Sonst hat er eine sehr funktionelle Bekleidung, die gut für ein Leben im Wald angepasst zu sein scheint: Er hat „kurze lederne Beinkleider" an, eine Jacke mit großen Taschen mit Tuchlappen gegen den Regen und außerdem trägt er „einen breiten Hut" (WuB 3,1, S. 103).

Der Hegerbube dagegen läuft interessanterweise gern *barfuß* (u. a. WuB, 3,1, S. 103, 118) umher. Dass das Barfußlaufen kein Problem für ihn darstellt – und auch für gesunde Menschen im Allgemeinen kein Problem darstellen *sollte,* wird durch die Betonung der Gehunterlage unterstrichen, die modernen Menschen für das Barfußwandern extrem ungeeignet erscheinen muss: „Dann gingen sie wieder auf dem Fußpfade ... zurück, und durch den Wald über Dornen, spitze Hölzer, knorrige Wurzeln und über die bemoosten Steine und den feuchten Moorweg zu den Eltern hinauf." (WuB 3,1, S. 124 f.).

Dadurch, dass der Hegerbube barfuß unterwegs ist, wird die
Natürlichkeit des Wanderns unterstrichen. Wir Menschen sind
dazu geboren, zu Fuß unterwegs zu sein, mit oder ohne Schuhzeug,
nur die moderne Zivilisation hat uns dieser urmenschlichen Bewegungsart entfremdet.

Im Rucksack hat Georg einfaches Essen, aber auch Unterrichts-
material wie Tafel und Schreibgeräte. Bücher sind nicht dabei, der
Unterreicht scheint nicht Lesen von gedruckten Texten zu umfas-
sen.

## Wie schnell?

Beide Wanderer, sowohl der Erzähler als auch Georg, scheinen mit
der ausführlich beschriebenen Landschaft und den Flüssen, entlang derer sie wandern, in einem engen Bezug zu stehen. Meine
Annahme ist, dass wir durch das Beobachten der Eigenschaften
der Flüsse auch etwas über das Wandertempo erfahren können.

Fangen wir mit dem Erzähler und seinem Fluss, der Enns, an.
Der Erzähler, der die Strecke von der oberen Enns bis an die Donau
und dann weiter nach Linz zu Fuß geht, hat gleichsam die beiden
Flüsse, die Enns und die Donau, als Wegbeleiter:

> Ganz oben, wo das Tal mit noch geringer Tiefe anfängt, begann auch
> ein winziges Wasserfädlein neben dem Wanderer abwärts zu gehen.
> Es ging in dem Rinnsale neben dem Wege unhörbar und nur glit-
> zernd vorwärts, bis es durch die Menge des durch die Höhen fli-
> ckernden Wassers geschärft vor ihm plaudernd und rauschend ein-
> her hüpfte, als wollte es ihm den Weg durch die Talmündung hinaus
> zeigen. (WuB, 3,1, S. 98)

Was den Lauf des Flusses kennzeichnet, ist vor allem, dass er
friedlich, plaudernd, hüpfend, nur ab und zu schäumend und
tobend, die friedliche Landschaft durchströmt und bewässert. Entlang des Flusses gibt es Mühlen, Kapellen, Felder, Bäume, ebene

Gefilden mit Herbstfrüchten besetzt und mit Obstbäumen bepflanzt. Der Fluss versinnbildlicht auf diese Weise das in Verbindung mit Stifter häufig diskutierte „sanfte Gesetz":

> Für [Stifter] ist nach diesem Gesetz das „Wehen der Luft, *das Rieseln des Wassers,* das Wachsen der Getreide, das Wogen des Meeres, das Grünen der Erde, das Glänzen des Himmels" größer als „das prächtig einherziehende Gewitter", der „Blitz, welcher Häuser spaltet", der „Sturm, der die Brandung treibt", der „Feuer speiende Berg", denn auch sie sind nur „Wirkungen viel höherer Gesetze". Dabei ist nicht der Mensch das Maß aller Dinge, sondern auch für ihn gilt die Notwendigkeit der Einordnung in das „sanfte Gesetz" des Naturnotwendigen, „wodurch das menschliche Geschlecht geleitet wird".[147]

Die Enns fließt, dem sanften Gesetz gemäß, überwiegend ruhig und bewässert das umherliegende Land. Ebenso verhält es sich bezeichnenderweise mit der Moldau, dem Wegbegleiter des Waldgängers. Nur an einer Stelle, bei der Teufelsmauer, geht es stürmisch und gewaltig vor sich, sonst ist die Moldau friedlich (was auch der Name des Orts Friedberg unterstreicht), fließt an Wiesen und Föhrenwäldern fort, „an manchen Stellen ein winzig kleines, graues Waldhäuschen" (WuB, 3,1, S. 105) und Feldern, „auf dem Kartoffeln und sehr grüner Haber stehen" (WuB, 3,1, S. 106). Sie „rollt beschwichtigend" (WuB, 3,1, S. 111) weiter und

> … muß endlich, obwohl sie die Größere ist, den Namen verlieren, neue Räume kommen, wo sie mit ihrer Schwester im breiten Strome wallt, und vielleicht alle die Ereignisse und Dinge vergessen hat, die sich im fernen Walde, in ihrem ersten Laufe und ihrer Jugend zugetragen haben. (WuB, 3,1, S. 111)

Die Teufelsmauer kann für die Turbulenz der Jugendzeit, die stürmischen Gefühle, die Leidenschaft, aber auch den Verlust und den Schmerz[148] stehen. Dies geriet aber, in der langen Perspektive

Abb. 18: Die Teufelsmauer an der Moldau (Adalbert Stifter, 1845). Der Sage nach versuchte der Teufel hier eine Abdämmung zu bauen, um das Zisterzienserkloster in Hohenfurth zu überfluten. Das Wandern sollte aber Stifter zufolge nicht dramatisch wie dieser Wasserfall sein, sondern eher langsam wie die ruhig fließende Moldau.

aufgehoben, in Vergessenheit, denn es war nur eine Episode, nichts, was auf Dauer das beschwichtigende Rollen des Wassers aufhalten oder am „sanften Gesetz" rütteln kann. Wie der Fluss ist also, so meine These, der Waldgänger ein Vertreter des sanften Gesetzes und seine Art und Weise zu gehen, ist eine Realisierung dieses Gesetzes.[149] Sein Wandertempo ist ruhig wie das Wasser eines ruhig fließenden Flusses.

Wie der Lauf der Moldau friedlich und plaudernd ist, so ist auch der Wandermodus des alt gewordenen Georg friedlich und plaudernd. Das ständige Unterwegssein ist Georgs Wanderprinzip, in den Wäldern fühlt er sich zuhause, hier realisiert er eine urmenschliche Lebensform, aber ohne diese Lebensform dramatisch zu überhöhen: Georg besteigt keine Berge, er jagt nicht durch die Wälder bis zur Erschöpfung, wie ein Stürmer und Dränger auf der Suche nach starken Gefühlen. Bezeichnend ist es, dass dieser „Urmensch" kein Jäger ist, sondern vor allem ein Sammler. Die suchende Bewegung seines Blickes beim Wandern ist mit dem suchenden Blick eines Sammlers vergleichbar, Georg verkörpert einen Prototypen des Menschen, der sowohl nach dem Grundlegenden (Essbaren, Trinkbaren, Anwendbaren) Ausschau hält als auch nach dem Schönen und Wunderbaren. Gleichzeitig hat er den Blick des Aufklärers, der Forschers, der mit Staunen die Welt der Natur zu beobachten und zu verstehen versucht.

Das Zu-Fuß-Gehen ist für Georg ein bewusstes Zurückgreifen auf eine ältere Lebensweise. In den 1840er Jahren war vielen Menschen die Unbefangenheit in der Benutzung der eigenen Füße als Transportmittel schon weitgehend abhandengekommen. Aber aus der Perspektive der großen Geschichte betrachtet, ist das statische, „stillsitzende" moderne Leben auch nur eine Episode. Um mit der langen Zeit, den großen, übergreifenden Gesetzen des menschlichen Lebens, wieder in Kontakt zu kommen, müssen wir das Gehen wiederentdecken. Die Flüsse können uns lehren *wie*. Die Moldau lehrt uns beispielsweise nicht, dass wir, wie Seume, vom Still-Sitzen abrupt aufbrechen, um 6000 Kilometer in einem Zug zu wandern, und danach zurück zum Still-Sitzen zurückkehren sollen. Nein, die Moldau lehrt uns, wie das Wasser, ständig und langsam zu „rollen" und auf unserem Weg, der das Leben ist, unsere Mitmenschen zu „bewässern".

### Wanderung als Genesung von Schmerz

Dem Erzähler bietet dieser Wandermodus eine Lebensmöglichkeit, die gleichzeitig ein Weg zur Heilung seines Schmerzes ist. Verlust von Liebe ist Verlust der wunderbaren Dimension des Lebens. Das

Wunderbare kann aber auch in kleinen Dingen zum Vorschein kommen, denn überall in der Natur gibt es Wunder, man muss nur ein Auge dafür haben. Um den Sinn für das Wunderbare in dieser Hinsicht zu erreichen, ist das langsame, ausgedehnte Wandern fast eine Voraussetzung. Auf ähnliche Weise wie die ersten Menschen auf Erden darf der langsam wandernde Mensch die Welt neu entdecken. In diesem Genesungsprozess werden die alten, mit Schmerz verbundenen Erinnerungsbilder durch neue Erinnerungsbilder ersetzt:

> [...] so sind doch wieder andere [Bilder] dafür in seiner Erinnerung
> auf gestanden, die er damals nicht beachtet hatte, und sie sich jetzt
> mit sanftem Reize vor seine Seele stellten – sei es nun ein düsterer
> Föhrenwald, an dessen schwarzen Wurzeln die dunklen Wässer
> dahin wuschen – sei es ein lieber Fels, der emporragte und auf dem
> Haupte gesellschaftliche Pflanzen trug – seien es gegen ein Rinnsal
> herein gehende Birkenwälder, die den Fluß einsogen, und unsicht-
> bar zu den weiteren ebeneren Ländern hinaus leiteten: – oder sei-
> en es Menschen oder einfache Charaktere, die er dort gekannt,
> beliebt, bedauert, geachtet hatte. (WuB, 3,1, S. 101 f.)

Ein Prozess der Genesung ist hier spürbar, in dem die Trauer über den Verlust der geliebten Frau durch neue Erinnerungsbilder verdrängt wird, die in hohem Grad mit der Kindheitslandschaft in Verbindung stehen. Die Genesung scheint also *in der erinnerten Landschaft verborgen* zu liegen.

Auch das Wandern Georgs können wir als einen Versuch betrachten, den Schmerz eines Verlustes in der Vergangenheit durch eine neue Tätigkeit, also Wandern, zu kompensieren oder zu überwinden. Georg hat eine gescheiterte Ehe hinter sich, und es ist naheliegend, diese auch in Verbindung mit Stifters eigener gescheiterter Liebesbeziehung zu Fanny Greipl in Beziehung zu setzen. Der Schmerz, der überwunden werden soll, befindet sich aber auch auf einer überindividuellen Ebene: Georg leidet unter einer Gesellschaftskrankheit, die mit allzu viel Stillsitzen, zweckrationellem

Handeln und einer ökonomisch-unmenschlichen Denkweise verbunden zu sein scheint. Dies alles trägt zur Unmündigkeit und einem Fehlen von Autonomie bei.

*Stifters Wanderphilosophie zusammengefasst*

In Stichworten können wir die Wanderphilosophie in Stifters „Waldgänger" wie folgt zusammenfassen:

Die Gesellschaftskrankheit
Die Menschen um 1840 sind von einer Gesellschaftskrankheit ergriffen. Stichworte sind:
- Stillsitzen,
- zweckrationelles Handeln, auch im Bereich der Pädagogik,
- ökonomisches Denken (in allen Bereichen des Lebens, auch der Liebe),
- streng berufsvorbereitende Pädagogik von Anfang an.

Die pädagogische Utopie
Vor der Folie dieser Gesellschaftskrankheit entwickelt Stifter seine pädagogische Utopie. Stichworte sind:
- Bewegung, Gehen, Nähe zur Natur als Reaktion auf das Stillsitzen,
- Bewegung, Gehen, Nähe zur Natur als Weg, dem zweckrationellen Handeln entgegenzuwirken,
- Bewegung, Gehen, Nähe zur Natur im Verein mit Pädagogik = eine das Entwicklungsstadium des Kindes berücksichtigende Pädagogik + Kinderpädagogik als eine freie Sphäre außerhalb des ökonomischen, zweckrationellen Paradigmas.

Waldgang – näher bestimmt
Die Art des Gehens/Wanderns, die zur Herausbildung einer persönlichen Autonomie des Kindes beiträgt ist stichwortmäßig:
- Ruhig – wie das Fließen eines Flusses (nicht so schnell wie möglich ans Ziel kommen),

- natürlich und frei (barfuß gehen, spielerischer Tempowechsel),
- zu jeder Jahreszeit, bei jedem Wetter, zu jedem Zeitpunkt des Tagesablaufs (z. B. Nachtwandern),
- im Leben völlig integriert (nicht Ausnahmeprojekte, wie beispielsweise eine einmalige Reise nach Italien),
- mit der systematischen Aufnahme von Lernstoff verbunden (Der Waldhegerbube lernt Mathematik während des Herumwanderns im Wald).

### Bergkristall – oder: Der Gschaider Stolz über die örtlichen Bergführerkenntnisse

In der Novelle *Der Waldgänger* entwickelt Stifter seine auf Bewegung gegründete Lebens- und Pädagogikphilosophie am ausführlichsten. Das Gehen, das ruhige Fließen des Wassers, durchströmt den ganzen Text, in einem solchen Maße, dass es unmöglich wird, diese Bewegung bloß auf ein Mittel zu einem höheren Zweck – beispielsweise Bildung – zu reduzieren. Die Bewegung gewinnt Eigenwert, sie wird zum zentralen Thema des Textes.

Wie verhält es sich mit anderen Texten Stifters? Wird dem Wandern auch dort ein vergleichsweise ähnlich hoher Stellenwert gegeben? Wir wenden uns nun der Novelle *Bergkristall* zu.

Die Novelle *Bergkristall* handelt meines Erachtens von der Bedeutung von guten Wanderschuhen. Sie handelt von der Wichtigkeit von guten lokalen Kenntnissen, um einen Berg zu besteigen. Sie handelt von Kenntnissen, die in österreichischen Dörfern von Generation zu Generation überliefert werden, wie man auf einer Wanderung im Winter überleben kann. Sie handelt von einem Berg, der für die Dorfbewohner etwas Bedrohliches ist, der für sie sozusagen das bedrohliche Element des Lebens versinnbildlicht, dessen Besteigung aber andererseits auch eine Herausforderung ist, die Ausdauer, gute Ausrüstung und viel Lokalkenntnis erfordert, wenn man sie auf sich nimmt. *Bergkristall* ist auf diese Weise eine frühe Huldigung der alpinen Kultur Österreichs.

Ist es legitim, eine solche Behauptung über Stifters *Bergkristall* machen? Selbstverständlich nicht, könnte man sagen, denn *Bergkristall* geht doch viel tiefer, u. a. ist der religiöse Bereich von wesentlicher Bedeutung. Die Novelle wird typischerweise wie folgt präsentiert:

> Der Autor verwendet religiöse Motive: Zu Weihnachten verirren sich die Kinder im Hochgebirge, und als sie lebendig und wohlbehalten zu ihren Familien zurückkehren, ist das wie eine Auferstehung zum Osterfest. Diese Geschichte, die in der Heiligen Nacht spielt, vermittelt also die Vorbereitungen zum bevorstehenden Geburtstag Jesu (Weihnachten), die Todesgefahr (Karfreitag), die Rettung aus der Todesgefahr (Ostern) und die anschließende Versöhnung (Pfingsten).[150]

Die Forschung spiegelt diesen Fokus auf das Religiöse wider, und wenn nicht gerade der religiöse Aspekt im Zentrum steht, wird die Novelle häufig als eine zeitlose Geschichte interpretiert, in der es um allgemeine Gefühlsregungen wie Neid, Hass und Liebe geht.

In der Stifter-Forschung findet man eine Reihe von Interpretationsansätzen, die weit weg von der, von mir postulierten, sehr konkreten, wandertechnischen These führen. Im Folgenden soll aber die Wander-These weiterverfolgt werden.

Zwar beginnt die Novelle mit einer Besprechung der christlichen Hochzeiten, die Handlung spielt aber in Gschaid, einem österreichischen Dorf, in dem neben Kirche und Schule auch die wichtigsten Handwerker vertreten sind. Unter ihnen ist der Schuster, ein Mann der also u. a., wie es betont wird, gute Gebirgsfußbekleidung fertigen kann.

### *Der Schneeberg – die große Herausforderung der Gschaider*

Zuerst wird uns aber der zentrale Gesprächsgegenstand des Dorfes vorgestellt: Der Schneeberg: „Es lebt kein Mann und Greis in dem

Dorfe, der nicht von den Zacken und Spitzen des Berges, von seinen Eisspalten und Höhlen, von seinen Wässern und Geröllströmen etwas zu erzählen wüßte …" (WuB, 2,2, S. 187). Neben der bürgerlichen Arbeit der Bauern und Handwerker im Dorf gibt es eine andere Nebenbeschäftigung, nämlich als Führer zu dienen für die „Gebirgsreisenden", die den Berg besteigen wollen. Die Wichtigkeit der Führertätigkeit wird deutlich unterstrichen, denn

> … einmal Führer gewesen zu sein, dieses und jenes erlebt zu haben, diese und jene Stelle zu kennen, ist eine Auszeichnung, die jeder gerne von sich darlegt. Sie reden oft davon, wenn sie in der Wirtsstube bei einander sitzen, und erzählen ihre Wagnisse und ihre wunderbaren Erfahrungen, und versäumen aber auch nie zu sagen, was dieser oder jener Reisende gesprochen habe, und was sie von ihm als Lohn für ihre Bemühungen empfangen haben. (WuB, 2,2, S. 187 f.)

Da Stifter nun fortfährt und sich über drei Seiten darin ergeht, wie der Berg von ferne aussieht und zu verschiedenen Jahreszeiten, und auch auf technische Herausforderungen in Verbindung mit der Besteigung des Berges eingeht, scheint dies einen selbstständigen Stellenwert zu bekommen. Es ist mit dem genauen Lesen einer Wanderkarte vor der Wanderung vergleichbar. Was die zwei Kinder Konrad und Sanna später erleben, ist gerade die Wanderung, die ihnen der von der frühen Kindheit an vertraute Anblick des Berges nahegebracht hat. Dass sie sich verirren (also die „Karte" nicht gut genug kennen), zeugt nun desto mehr von der wirklichen Gefahr, die vom Berg ausgeht. Die Spannung wird weitgehend dadurch erzeugt, dass wir als Leser die Karte und die Gefahren von vornherein so gut kennen, dass wir sehr gut verstehen, wie prekär die Lage für die Kinder ist. Denn selbst erfahrene Bergsteiger „begnügen sich" damit, „bis zu dem Firnschrunde" zu gehen, eben weil es zu gefährlich ist, weiterzugehen.

Es ist auffallend, dass die Kinder nicht als naiv und unerfahren beschrieben werden. Die Strecke von einem Tal zu anderen, vom

Dorf Gschaid nach Millsdorf, ist ihnen, obwohl sie drei „Wegstunden" (WuB, 2,2, S. 192) in Anspruch nimmt, wohl vertraut. Ja, sie sind sogar gewohnt, diese Strecke in einem Tag hin und zurück zu gehen, also 6 Stunden, was wahrscheinlich einer Etappe von fast 20 Kilometern entspricht. Stifter unterstreicht nun auch, dass diese Strecke „für die an große Entfernungen gewöhnten und Mühseligkeiten liebenden Gebirgsbewohner eine unbedeutende Kleinigkeit ist" (WuB, 2,2, S. 192).

Die Strecke verläuft aber nun einmal über den mäßig hohen Bergrücken, der „Hals" genannt, der die Kinder in die Nähe des Schneeberges bringt. Dass sich die Erwachsenen über die Gefahr vollkommen im Klaren sind, zeigt sich u. a. dadurch, dass die Großmutter die Kinder, als sie am Weihnachtsabend den Rückweg antreten sollen, reichlich mit Essen und Trinken ausstattet. Dass die Kinder sich am Ende verirren, ist nicht ihnen zur Last zu legen, denn jeder, der in dichtem Schneewetter gewandert ist, weiß, wie schnell sich selbst sehr gewohnte Gegenden in etwas komplett Fremdartiges verwandeln können.

## Die Wichtigkeit guter Bergschuhe

Der Schuster, jetzt ein arbeitsamer Bürger, war, erfahren wir, in seiner Jugend ein „Gemsewildschütze" (WuB, 2,2, S. 195) gewesen, stand also als Wilddieb außerhalb der Legalität und galt als Jugendlicher nicht als ganz verlässlich. In den Bergen kannte er sich gut aus, und war auch, als Geselle, auf „Wanderung gegangen". Der Berg hat, aus bürgerlicher Sicht, eine zu große Anziehungskraft auf ihn gehabt. Der Sohn ist von ähnlichem Typus, er „ging auf alle Jagden, die in der Gegend gehalten wurden", war häufig „mit seiner Doppelbüchse und Steigeisen fort" (WuB, 2,2, S. 195) und hatte eine Zuneigung zum Tanzen und Spielen. Dies alles gefällt seinem künftigen Schwiegervater, dem Färber von Millsdorf, nicht, denn der setzt auf bürgerlichen Fleiß und Ordnung.

Als der alte Schuster gestorben ist und der junge Schuster das Haus übernommen hat, „änderte [der junge Schuster] sich gänzlich" und saß jetzt „in seiner Stube, und hämmerte Tag und Nacht an seinen Sohlen" (WuB, 2,2, S. 196). Vor allem wird hervorgehoben, dass er, „[n]ach seiner Vorliebe zu den Bergen" auch „Gebirgsbundschuhe" (WuB, 2,2, S. 197) macht. Er legt Wert darauf, die Schuhe so zu fertigen, „dass der Schuh außen hart [ist], und damit kein Geröllstein, wie scharf er auch sei, empfunden [wird], und daß er sich von innen doch weich und zärtlich wie ein Handschuh an die Füsse [legt]". (WuB, 2,2, S. 197). Gerade diese Eigenschaften der Schuhe werden oben am Berg wichtig, wo der Fuß des Mädchens „tiefer durch den jungen Schnee einsank" und „nicht erdigen Boden unter sich empfand, sondern etwas anderes, das wie älterer gefrorner Schnee war" (WuB, 2,2, S. 216). Immer wieder, aber ohne es zum eigenen Thema zu machen, werden die Schuhe der Kinder erwähnt, dass der Schnee nicht klebt beispielsweise (übrigens eine Eigenschaft, die von guter Imprägnierung zeugt!). Die Thematik des guten Schuhhandwerks wird dadurch unterstrichen, dass der Schuster, als die Bergleute nach dem erfolgreichen Suchen wieder gegen den Wald des Halses kamen und die Spuren von anderen Leuten entdeckten, wie folgt kommentiert: „Das sind keine Fußstapfen von Schuhen meiner Arbeit". (WuB, 2,2, S. 237)

### Der Schneeberg als Ort eines Initiationsritus

Die gesamte Rettungsaktion ist wie eine Huldigung der Bergkenntnisse der Gschaider. Die Gruppe, die die Kinder ausfindig macht, kommt mit der Fahne, „welche der Herr, der mit dem jungen Eschenjäger den Gars bestiegen hatte, auf dem Gipfel aufpflanzte" (WuB, 2,2, S. 233). Die Bergführerkenntnisse werden so an dieser wichtigen Stelle direkt angesprochen. Der erste ihrer Retter, der die Kinder erkennt, ist der Hirte Philipp. Die religiöse Thematik ist hier deutlich (Jesus als der Hirte, der verlaufene Schafe findet), andererseits kann es als eine Huldigung der Lokalkenntnisse der Hirten angese-

Abb. 19: Illustration zu Stifters Erzählung Bergkristall. Die Gschaider haben gerade
die beiden Kinder entdeckt, und freuen sich wahrscheinlich schon darauf, im Wirtshaus einander Geschichten über ihre Bergsteigerheldentaten zu erzählen.

hen werden. Denn jetzt kommen die Gschaider nicht als Bürger zur
Rettung, sondern sie kommen als Hirten, Eschenjäger (WuB, 2,2,
S. 232) usw. Was sie als „Retter" qualifiziert, ist ihre Verwurzelung
in der uralten Tradition des Ortes als Bergsteigerort, ein Hirten- und
Jägerort. Als der Vater, der Schuster, erscheint, ist es in der Eigen-
schaft als erfahrener Bergsteiger: „Der Schuster war es, der einstige
Alpsteiger, mit Alpenstock und Steigeisen." (WuB, 2,2, S. 235).

Die Versöhnung zwischen den beiden Dörfern, die am Ende
stattfindet, ist so gesehen nicht nur eine Versöhnung zwischen zwei
Dörfern, sondern eine Versöhnung der Bürgerlichkeit der Mills-
dörfer mit den unbürgerlichen Bergsteigern und Wanderern aus

Gschaid. Die Kinder werden durch ihr Bergabenteuer in Gschaid endlich als vollwertige Mitglieder des Dorfes aufgenommen:

> Die Kinder waren von dem Tag an erst recht das Eigentum des Dorfes geworden, sie wurden von nun an nicht mehr als Auswärtige sondern als Eingeborene betrachtet, die man sich von dem Berge herab geholt hatte. (WuB, 2,2, S. 239)

Die Großmutter ruft zwar: „Nie, dürfen die Kinder in ihrem ganzen Leben mehr im Winter über den Hals gehen" (WuB, 2,2, S. 238). Diese Aussage wird aber gleichsam von den Gschaider im Wirtshaus zurückgenommen oder relativiert. Das Abenteuer der Kinder geht für sie in die Bergsteigerchronik des Dorfes ein, was für sie tatsächlich wichtiger zu sein scheint als die christlichen Traditionen und die Kirche:

> In dem Wirtshause in Gschaid war es an diesem Abende lebhafter als je. Alle, die nicht in der Kirche gewesen waren, waren jetzt dort, und die Andern auch. Jeder erzählte, was er gesehen oder gehört, was er gethan, was er gerathen, und was für Begegnisse und Gefahren er erlebt hat. Besonders aber wurde hervorgehoben, wie man alles hätte anders und besser machen können. (WuB, 2,2, S. 239)

Warum schreibt Stifter hier, dass „alle, die *nicht* in der Kirche gewesen waren" (meine Hervorhebung) sich im Wirtshaus versammelten? Und warum die gleichsam schmunzelnde Hinzufügung „und die Andern auch"? Können wir hier eine leise Abschwächung der religiösen Thematik herauslesen zugunsten einer Lesung, die mehr Gewicht auf die Bergsteiger-Thematik legt?

# Der Weg des Wanderers in das 20. Jahrhundert

Eine erste Phase in der Geschichte des Fernwanderns ist mit dem Übergang zur zweiten Hälfte des 19. Jahrhundert vorbei. Diese erste Phase ist dadurch gekennzeichnet, dass Aufklärer und romantische Dichter Fernwanderungen als eine eigene *Lebensform* mit kritischem und freiheitlichem Potential entdeckt hatten. Das Zu-Fuß-Gehen über weite Strecken und mit einfacher Ausrüstung wurde als Alternative oder Handlungsoption bei einer Reihe von melancholischen oder bedrückenden Gemütszuständen heraufbeschworen; Zuständen, die man häufig entweder der Modernität oder der Rückständigkeit gesellschaftlicher Lebensformen zuschrieb. Ob man sich in einem von Stillstand geprägten Lebensalltag langweilte oder unter der Monotonie der modernen Arbeitsweise litt, kam auf dasselbe hinaus: Der Weg ins Grüne mit Rucksack und Wanderschuhen bot die Möglichkeit der Flucht vom Alltag an. Das Wandern wurde als Medizin gegen körperlichen und seelischen Verfall betrachtet, es bot die Gelegenheit, dem Leben einen Hauch des Abenteuerlichen, Ursprünglichen und sogar Gefährlichen zu geben. Das Zu-Fuß-Gehen in Wäldern und Feldern war deswegen eine Form der Rebellion des aufkommenden Bürgertums gegen althergebrachte Machtverhältnisse. Die erste Phase des Fernwanderns ist also tendenziell philosophisch, gesellschaftskritisch und politisch orientiert, von einer Suche nach alternativen Lebensformen durchzogen.

Was sich vor allem um etwa 1850 ändert, ist, dass das Wandern sich zu einem Massenphänomen entwickelt, und dadurch verliert das Wandern jedenfalls teilweise seinen elitären und gesellschaftskritischen Touch.[151] Ab 1862 entstehen in Deutschland und Österreich-Ungarn die ersten Gebirgs- und Wandervereine, eine Entwicklung, die im Jahre 1883 in der Gründung des Deutschen Wanderverbandes mit über 11.000 Mitgliedern ihren ersten Höhepunkt erreicht. Wir befinden uns außerdem im „Goldenen Zeitalter des Alpinismus", die Erstbesteigungen von vielen alpinen Gipfeln sorgen für großes Aufsehen, es ist eine Zeit geprägt von sportlichem Ehrgeiz und Eroberungsenthusiasmus. Das Wandern wird in schnellem Tempo institutionalisiert, überall entstehen markierte Wanderwege, und ein Unterkunftsnetz für Wanderer- und Jugendgruppen wird systematisch aufgebaut. Nicht nur die Angehörigen des Adels und des Bürgertums wandern, nicht nur Studenten und Vagabunden gehen auf Wanderschaft, sondern auch die große Gruppe der Arbeiter geht jetzt ins Grüne. Das Volk wandert.

Die meisten jedoch, die sich des jüngst ausgebauten Wanderwegnetzwerkes nach 1850 bedienen, sind nicht als Fernwanderer zu bezeichnen. Wirklich ausgedehnte Wanderungen, wie die von Goethe, Seume und Heine, oder existentiell drastische Brüche mit dem bürgerlichen Leben durch einen Entschluss zum Leben auf der Straße, wie sie literarische Darstellungen in Figuren wie dem Taugenichts und dem Waldgänger gefunden haben, sind selten. Stattdessen dominiert das Wandern im Modus des Spaziergangs[152], eine bürgerlich-biedermeierliche Aktivität, welche ihre philosophische und politische Sprengkraft zum Teil eingebüßt zu haben scheint.

Nicht nur das Verhältnis der Deutschen zum Wandern, auch ihr Verhältnis zum „Wald" verändert sich in der zweiten Hälfte des 19. Jahrhunderts. Der Weg des aufgeklärten oder romantischen Wanderers ging ja sehr häufig in den *Wald* hinein. Dies hatte natürliche Gründe, denn, im Vergleich mit Frankreich und England war die deutsche Landschaft im 18. Jahrhundert trotz zunehmender Entwaldung immer noch von großen Wäldern geprägt.[153] Es wurde aber schon im 18. Jahrhundert immer offenbarer, dass der Wald durch die moderne Zivilisation bedroht war, was aber die Liebe zum Wald als bevorzugter Umgebung für das Weitwandern noch stärker machen sollte: Nicht nur die Wanderung an sich, sondern die Landschaft, in der die Wanderung stattfand, der Wald eben, wurde zum Gegenpol der Gesellschaft, zum philosophischen Ort oder „Hallraum der Seele"[154] gemacht.

Nach 1850 kommt es aber zunehmend zu einer Verflachung der Konzepte „Wanderung" und „Wald" durch die Vermischung mit den Konzepten „Nation" und „Germanentum". Die Romantik gerät erneut ins Zentrum der Aufmerksamkeit, diesmal aber galt es, das romantische Gedankengut in den Dienst der Nation zu stellen. Die Folge war, dass das geistige Niveau der Wander- und Waldliteratur sich sehr verringerte, und es ging so weit, dass Nietzsche 1873, „vor der Extirpation des deutschen Geistes zugunsten des deutschen Reiches" (NW III 1, S. 155) warnte.

Der Wald, durch den Adlige, Bürger und Arbeiter im wilhelminischen Zeitalter am Übergang ins 20. Jahrhundert wanderten, war vor allen ein *deutscher* Wald. Nationale Denkmäler, wie u. a. die etwa 240 errichteten Bismarcktürme, wurden weitgehend in Natur- und Waldgebieten gebaut, umkränzt von einem Netzwerk von Wanderwegen, gerade um die Wanderer die Präsenz des neuerrichteten Deutschen Reiches nie vergessen zu lassen.

Im Nazi-Propagandafilm *Ewiger Wald* aus dem Jahr 1936 wird die Verbindung zwischen Wald und Germanentum ins Extreme geführt: Die Geschichte des deutschen Volkes und sein inniges Verhältnis zum Wald wird uns vor Augen geführt, von der Hermannsschlacht zur Gegenwart, wobei der Wald zur Kathedrale des deutschen Volkes stilisiert wird; ein Volk, das den Drang des Waldes, sich über einen ständig größeren Raum zu verbreiten, gleichsam verinnerlicht hat. Wie dem auch sei: Das Potential der romantischen Wanderung zu geistiger Steigerung hat mit der Vorstellung von Wandern im nationalistisch geprägten Klima der Jahrhundertwende wenig zu tun.

Nicht nur wird der geistige Aspekt heruntergespielt, die Tendenzen der Romantiker zu Extremwandern unter teilweise sehr schlechten Bedingungen findet in den 1870er und 80er Jahren wenig Widerhall. Stattdessen wird Wanderung instrumentalisiert

Abb. 20: Der Bismarckturm in Göttingen, gebaut, um die Wanderer nicht vergessen zu lassen, dass sie in einem Wald des Deutschen Reiches wandern.

und pädagogischen Zwecken dienstbar gemacht. John Alexander
Williams zufolge gehört das Wandern im Wilhelminismus zum
Bereich der sogenannten Jugendpflege, und sollte vor allem pädagogischen Zwecken dienen, wie z. B. „to reduce the pesky sexual
drive of adolescents". Außerdem sollte Wandern

- „young people more rational in their thinking" machen,
- Heimatliebe fördern,
- militärische Tugenden wie Landschaftsorientierung und physische Ausdauer kultivieren.[155]

Viele Künstler wandten sich von diesem trivialisierten romantischen Gedankengut ab, und zogen stattdessen ein Großstadtleben
im Zeichen der Dekadenz und des Dandytums vor.

   Einige wenige Intellektuelle wollten aber trotzdem nicht auf das
kritische Potential des Wanderns verzichten. Diese kamen aber
scheinbar zu der Konklusion, dass Wandern *an sich* nicht genug
war, um einen kritischen Blick auf die Gesellschaft zu erzeugen, es
sei denn, das Wandern werde radikalisiert. Gerade das ist es aber,
was wir mit der Jugendbewegung, dem Entstehen der Lebensreformbewegung und der Gründung des „Wandervogels" erleben,
jedenfalls, wenn wir es mit den Augen des Historikers der Wandervogelbewegung, Hans Blüher, sehen. Hans Blüher zufolge war
der Wandervogel eine Protestbewegung gegen die „verwitterten
Ideale"[156] der Vätergeneration, gegen das gegenwärtige Durchein-
ander von Wandern, militärischem Patriotismus und bürgerlichem
Kontrollwahn. Mit dem Wandervogel wird also das Extremwandern im Geist der Romantik wieder lebendig.

   Das Ganze hatte an einem Steglitzer Gymnasium angefangen, als
die Schüler von den Wanderberichten ihres Lehrers Hermann Hoffmann erfuhren, und mit einmal Feuer und Flamme waren: „Das
müssen Sie auch mit uns machen"[157]. Die Ausflüge wurden immer
länger, zuerst nur zwei Tage, dann 1897 eine dreiwöchige Wanderung
in den Harz, 1898 eine vierwöchige Wanderung usw. Immer länger,
immer experimenteller, immer revolutionärer in ihrem Charakter.

Wandern in diesem revolutionären Sinn hat Blüher zufolge nichts mit „Gesundheit", „Maß" und „Bildung" im wilhelminischen Sinne, zu tun. Eher findet es Ansporn in der wilden und maßlosen Romantik, um eine neue Generation von Jugend für das Wandern zu entflammen. Dies bedeutet aber keine Abwendung von typisch „männlichen" oder militärischen Tugenden wie Härte und Ausdauer. Im Gegenteil: Härte und Ausdauer werden radikalisiert. Blüher hält beispielsweise nichts von den Empfehlungen, bei starkem Regenwetter die Wanderung abzubrechen:

> Das alles empfiehlt sich in der Tat für schwache Gemüter, die sich von vornherein sagen müssen, daß sie nicht die Kraft haben, die Unbilden der Witterung mit dem Überschwang ihrer Jugendlichkeit zu übertönen, und wer die alte Wandervogelbachantik kennt und kein Degenerat ist, der kennt auch die unvergeßliche Pracht solcher verzweifelten Regenwettermärsche.[158[

Dreizehn Jahre nachdem Blüher diese Worte schrieb, publiziert der ehemalige Wandervogel Manfred Hausmann seinen Roman und Bestseller *Lampioon* (1925). Auch hier haben wir es mit einer radikalisierten Vorstellung von Wandern oder eben Extremwandern zu tun. Der Ich-Erzähler des Buches, der Wanderer und freiwillige Landstreicher Lampioon, führt das Wort:

> Du kannst einen warmen Mantel anziehen, einen Rucksack auf den Buckel hängen und allerlei Geld in die Tasche tun. Auf diese Weise kannst du durch den Winter reisen. Es friert, es schneit, du hörst die Wälder krachen, siehst die Ebene schimmern, zuweilen verläufst du dich, zuweilen rutscht dein Fuß in einen leicht überfrorenen Bach, aber es hat weiter keine Gefahr, denn du bist ein Naturfreund und liebst dergleichen. Abends findet sich ein Gasthaus mit Gesellschaft und Kartenspiel. Dann schläfst du die Nacht über in einem Federbett und stampfst am anderen Morgen, rosig rasiert, über Berg und Tal. So kannst du es machen. Aber ich stimme dir nicht zu.

Wenn es Winter wird, habe ich vielleicht einen langen Sack, der aus
drei Schaffellen zusammengenäht ist, die Wolle nach innen. Dieser
Sack ist mein Wirtshaus, mein Bett, mein liebes Weib, mein Freund
in der Not und Tod und alles das miteinander.

Heute Mittag will ich zum Beispiel über den Geest nach Tröndel-
beck und dann durch die vereiste Hammeniederung ins Moor. So
schiebe ich denn meinen Lebensmittelbeutel in den Schlafsack und
rolle das Ganze zusammen, dann schnalle ich zwei Riemen herum
und werfe das Bündel über meine Schulter. Untendran baumelt ein
Wasserkesselchen, lächerlich anzusehen, aber gut zu verwenden.
Obenauf binde ich die Bratpfanne. Nun brauche ich niemanden und
nichts, danke.

Hm … niemanden und nichts … unter uns gesagt, mehr als ein Tütchen mit Salz und ein Viertelliter Schnaps ist in meinem Lebensmittelbeutel nicht drin. Und mit meinem Gelde verhält es sich wieder einmal so sonderbar. Irgendwelchen Überfluß wirst du ja nie
bei mir antreffen, aber in diesen Tagen besitze ich besonders wenig,
nämlich nichts. (Hausmann 1983, S. 10 f.)

Wovon Lampioon hier Abstand nimmt, ist nicht der typische Sonn-
tagswanderer, sondern tatsächlich die Art des Wanderns, die wir
wohl mit dem Begriff Fernwandern beschreiben könnten: Also das
ausgiebige Wandern über große Distanzen von Herberge zu Herberge. Das ist aber für ihn nicht radikal genug. Er will das Radikale, das Leben wie ein echter Landstreicher. Lampioon ist wie ein
zweiter Taugenichts, aber dann doch nicht: Wo der Taugenichts
vor dunklen, rauschenden Wäldern zurückschreckt und jedenfalls
nicht freiwillig vom vorgetretenen Pfad abweicht, sucht Lampioon
die sumpfige, weglose Öde der Heide- und Moorlandschaft im
Norden Deutschlands. Sich „linker Hand ins Dickicht" (MHWG
1983, S. 71) zu schlagen, das könnte sein Motto sein. Hier friert er
in einem Augenblick fast zu Tode, hungert und weiß nicht, wo und
wie er ein Stück Essen finden soll; in einem anderen Augenblick
ist er vom Sternenhimmel wie berauscht und kann sich kein ande-

res Leben vorstellen. Er habe sein „Königreich", die anderen dagegen, die in der Stadt einem gewöhnlichen Beruf nachgehen, haben
nichts von alledem verstanden.

Ein anderer Autor, der in der Wandervogelbewegung seinen
Hintergrund hat, Hermann Hesse, hat auch seine Wandererfahrungen literarisch produktiv gemacht. In der kleinen Erzählung
*Wanderung* von 1917 befindet er sich auf einer Wanderung im Tessin. Die Tendenz zur Radikalisierung des Wanderns (länger, einfacher, natürlicher – Hermann Hesse wanderte u. a. nackt) sehen
wir auch bei Hesse. Die erstrebte Primitivisierung macht er expli-
zit: Ich bin ein Nomade, schreibt er: „Der Wanderer ist in vieler
Hinsicht ein primitiver Mensch, so wie der Nomade primitiver ist
als der Bauer". (HHGW 6, S. 7)

Die Frage, die wir uns im Folgenden stellen werden, ist: Gibt es
Linien, die von Goethe, Seume, Eichendorff, Heine und Stifter bis
hin zu Hesse und Hausmann führen? Welche Kontinuitäten gibt
es, und welche Brüche bezüglich des Fernwanderns als Phänomen?
Und wie geht der Weg des Wanderns weiter – nach dem Extremwanderer Lampioon?

Auf dem Weg zu Hesse und Hausmann, die wir ausführlicher
besprechen werden, werden wir ein paar Zwischenstationen ein-
schalten: Nietzsches *Also sprach Zarathustra*[159] und August Trinius'
*Der Rennsteig. Eine Wanderung von der Werra bis zur Saale*[160]. Nietzsche schickt seinen Propheten auf eine zehnjährige Wanderung im
Gebirge. Danach kehrt Zarathustra zurück in der Absicht, seine
Erkenntnisse unter den Menschen zu verbreiten.

Trinius' Rennsteigbuch ist im Vergleich zu Nietzsches Text sehr
einfach und eindimensional. Als Zeitdokument steht es aber in der
Tradition der Heimatliteratur, und die Verknüpfung von Heimatliteratur und Wanderung wird hier auf eine sehr aufschlussreiche
Art und Weise erkennbar. In Hermann Hesses Text sehen wir, wie
die Heimat-Thematik nach dem Ersten Weltkrieg wiederaufge-
nommen wird und vor dem zeitgeschichtlichen Hintergrund diskutiert und problematisiert wird. Es gibt außerdem einen anderen

Grund, um Trinius' Buch in dieses Buch aufzunehmen. Am 20. Mai 2017, während ich schreibe gute zwei Monate in der Zukunft, werde ich am GuthMuths Rennsteiglauf teilnehmen, einem sogenannten Supermarathon oder Ultramarathon von 73,5 Kilometern. Dieser alte Weg, der sich von Eisenach nach Schmiedefeld über einen schmalen Bergrücken erstreckt, ist die Arena einer der bekanntesten Ultraläufe in Europa.

Meine eigene Teilnahme an diesem Traillauf durch dichten Fichtenwald zusammen mit 15.000 anderen Verrückten aktualisiert außerdem einen anderen Aspekt meiner Fragestellung: Ich will ja nicht bloß die Wurzeln beispielsweise der Wandervogelbewegung untersuchen, sondern auch die Linien bis hinein in unsere Gegenwart ziehen. Ist das Phänomen Ultralaufen vor allem historisch entstanden? Können wir sagen, dass das Ultralaufen aus einem mehr oder weniger ähnlichen Kontext (Kritik gegen die Modernisierung, ein Zurückgewinnen des ursprünglichen menschlichen Lebens auf den Füßen) entstanden ist, oder kommt die gegenwärtige Begeisterung für grenzlose Wanderungen (z. B. „Norwegen der Länge nach") oder Läufe aus ganz anderen Quellen? Hat der heutige Drang zur „Selbstoptimierung" überhaupt etwas mit Hausmanns Landstreicherprojekt oder Goethes wildem Ritt zum Brocken zu tun?

# Wald und Waldgang: Germanentum, Lebensreform oder radikaler Aristokratismus?

Viele Richtungen oder Tendenzen prallen in der zweiten Hälfte des 19. Jahrhunderts aufeinander, und viele von diesen nehmen die in der ersten Hälfte des Jahrhunderts populär gewordenen Konzepte „Wald", „Waldgang", „Waldeinsamkeit" und „Wanderung" für sich in Anspruch: Einige zentrale Richtungen lassen sich unter folgenden Überschriften zusammenfassen:

- Germanentum, Kolonialismus und Nationalpathos,
- Wandervogel und Lebensreform,
- der Wanderer als radikaler Aristokrat,
- Arbeiter und Sozialisten als Wanderer.

## Wanderung, Germanentum, Kolonialismus und Heimat

Eine aufkommende deutsche Nationalbegeisterung macht sich nach 1871 breit, häufig in Kombination mit einem aufblühenden Enthusiasmus dafür, dass auch Deutschland am kolonialen Wettkampf teilnehmen soll, um einen „Platz an der Sonne" zu gewinnen. Breite Schichten der Gesellschaft, Arbeiter, Bürger und Adelige, sind national entflammt. Der deutsche Wald und der Deutsche als der im Wald Umherschweifende wurden in dieser Periode intensiv mit Deutschtum oder Germanentum in Verbindung gebracht. Man konnte sich dabei auf die vorhergehende Generation von Romantikern stützen: Jakob Grimm hatte den Wald zum heiligen oder religiösen Ort der Deutschen erklärt und Ernst Moritz Arndt und Friedrich Ludwig Jahn hatten sich für die Aufforstung an den Grenzen des Deutschen Reichs eingesetzt, um Schutz gegen kriegerische Angriffe von Ost oder West herzustellen. Überhaupt wurde der deutsche Nationalcharakter in der zweiten Hälfte des

Abb. 21: C. D. Friedrichs Bild „Der Chasseur im Wald" bietet ein schönes Beispiel für das Verlorensein eines französischen Soldaten in einem deutschen Wald.

19. Jahrhunderts immer enger mit dem Wald in Verbindung gebracht, wohingegen der Nationalcharakter der Franzosen und Engländer mit ihrer Nähe zu Parklandschaften gekennzeichnet wurde. Das deutsche Volk entwickle, so der Kunsthistoriker Wilhelm Heinrich Riehl, seine charakterlichen Eigenschaften aufgrund dieser Nähe zum deutschen Wald.[161]

In diesen Wäldern wandert nun der Deutsche, mythologisch zum weit ausschweifenden Wanderer oder „Waldgänger" stilisiert: Die Engländer und Franzosen können in ihren Parks wandern so viel sie wollen, die Germanen aber ziehen es vor, einsam in ihren deutschen Wäldern ihren eigenen Gedanken nachzuhängen. Qualitäten, die den Deutschen auszeichnen sollen, sind Tiefe, Innerlichkeit, der Wunsch, sich aus der Welt zurückzuziehen, von der Außenwelt Abstand zu nehmen. Was aber leicht als Schwäche, nämlich als Lebensuntauglichkeit, interpretiert werden könnte, wird zur Stärke und Auszeichnung des Deutschen umfunktioniert: Wegen des Rückzugs des Ichs aus der Welt wird der Deutsche in seinem Inneren *wahrer, echter, ursprünglicher* als seine europäischen Nachbarn.

Adalbert Stifter hat mit seiner „Waldgänger"-Novelle einen ersten Beitrag zu dieser Mythologisierung des germanischen „Waldgängers" geliefert. Die Germanen werden von ihm als ein den (böhmischen) Wäldern zugehöriges und ein die Einsamkeit, die Jagd und die Freiheit suchendes Volk dargestellt (WuB 3,1, S. 105). Von den Slawen vertrieben, haben die Germanen sich in die Reste des Waldes, die nach dem Abforsten noch geblieben sind, zurückgezogen und leben hier als ewige Wanderer. Georg ist vor diesem historischen Kontext nur als eine besondere Spielart des Germanentums zu betrachten.

Gustav Freytag hat mit seinem Roman *Die Ahnen* dieser mythischen Kombination von deutschem Volk, deutschem Wald und deutschem Wandertrieb wichtigen Vorschub geleistet: Die Handlung des Romans ist in die Völkerwanderungszeit verlegt, und nicht zufällig kommen sowohl Ingo, der Königssohn der Vandalen (357

n. Chr.), wie auch sein Nachfahre Ingraban (724 n. Chr.), vierhundert Jahre später, gerade über den Rennsteig hingewandert, diesen deutschesten der deutschen Wanderwege.

Teil I des Romans, *Ingo und Ingraban*, fängt damit an, dass ein Wächter oben an einer Stelle auf dem Rennsteig die Grenze bewacht:

> Plötzlich bog er sich vor und lauschte; auf dem Pfad vor ihm klang leiser Fußtritt, durch das Baumlaub wurde die Gestalt eines Mannes sichtbar, der mit schnellem Schritt zu ihm heraufstieg. Der Wächter drehte den Riemen des Hornes und faßte den Speer zum Wurfe; als der Mann aus dem Gehölz auf den freien Grenzrand trat, rief er ihn an, die Spitze des Wurfspeers entgegenhaltend: „Steh, Waldgänger, und singe den Spruch, der dich von meinem Eisen löst!" Der Fremde schwang sich hinter den letzten Baum seiner Seite, streckte die geöffnete Rechte vor sich und sprach hinüber: „Ich grüße dich friedlich, ein Landfremder bin ich, unkundig der Losung."[162]

Der Waldgänger Ingo hat die typischen germanischen Tugenden: Freiheitsliebe, Ehrlichkeit, Mut, Gastfreundlichkeit und. die noch deutlicher sind bei seinem Nachfahren Ingraban – Frömmigkeit und echtes Christentum.

Die Vorstellung vom Deutschen als dem weit Umherschweifenden, der von seinem Lebensraum im Osten einmal verdrängt worden war, kam dem Gedanken von Kolonialismus entgegen, vor allem der Ostkolonisation. Der deutsche Wanderer nimmt aber meistens keine solch stark politisierte Rolle ein, sondern ist eher eine mit Heimat, heimatlicher Natur und heimatlichem Boden verbundene Figur. Die Wandervereine sind weitgehend im Geist des Nationalpathos, des Konservativismus und der Heimatbewegung gegründet. Der Thüringer-Wald-Verein (1880 gegründet) mit seinen 16.000 Mitgliedern[163] ist dafür ein Beispiel. Der Verein sollte alle Bestrebungen, die auf Erweckung der Liebe zum Thüringer Wald gerichtet waren, vereinigen.

Abb. 22: Die Militarisierung der Pfadfinder und des Wandervogels wurde nach der Umbenennung in Bündische Jugend zunehmend deutlich.

Die Heimatliteratur genießt in dieser Zeit eine große Popularität, vor allem durch Autoren wie Ludwig Ganghofer und Peter Rosegger. Die Entdeckung von Wanderwegen in der direkten Umgebung vom heimatlichen Dorf gehört zu den Merkmalen der Heimatliteratur, und August Trinius' *Der Rennstieg* ist dafür ein Beispiel. Die um diese Zeit häufige Errichtung von Denkmälern in den Wäldern, wie das Hermannsdenkmal und das Kyffhäuserdenkmal, unterstreicht diese neuentdeckte Liebe für den Wald und das Wandern.

War aber die Heimatliteratur vorwiegend im Geiste einer unpolitischen Heimatliebe konzipiert, weisen die Denkmalerrichtungen wie beispielsweise das Hermannsdenkmal (1875 eingeweiht) auf eine Tendenz zur Politisierung des deutschen Wanderers hin: Der deutsche Wanderer sollte nicht länger nur ein einsam-innerlicher

Waldliebhaber sein, sondern jemand, der durch körperliche Aktivität sich stark und gesund hält und auf diese Weise das Deutsche Reich im Notfall auch verteidigen kann. So wie Hermann der Cherusker, der im deutschen Gründungsmythos in der Varusschlacht der imperialistischen, westlich-demokratischen Zivilisation (durch die Römer repräsentiert) Widerstand leistete und auf diese Weise einen Ring der Verteidigung um das Echt-Germanische schlagen konnte. Nach dem Ersten Weltkrieg kommt diese der Wanderbewegung innewohnende Tendenz zum Nationalismus erst recht zum Vorschein, beispielsweise in dem 1923 gegründeten *Deutscher Wald e. V. – Bund zur Wehr und Weihe des Waldes*. Die zunehmende Umfunktionierung des Pfadfinders und des Wandervogels in *Bündische Jugend* im Laufe der 1920er Jahre ist ein anderes Beispiel.

Am Ausgang des 19. Jahrhunderts verbindet man also mit Wandern und Wald dreierlei:

- Den durch Wald weit und einsam umherschweifenden Germanen, gekennzeichnet durch germanische Tugenden wie Echtheit, Natürlichkeit, Frömmigkeit usw.,
- den Germanen weiterhin, der von seinem Wanderraum verdrängt ist, der mehr Platz braucht, um seinem natürlichen Wanderdrang nachgehen zu können, mit anderen Worten: den kolonialistischen oder politisierten Wanderer,
- den Germanen, der durch Wandern sein eigenes Land in Besitz nimmt und mit Liebe und Nationalstolz seine Heimat verteidigt.

### Wandervogel und Lebensreform

Wald und Wandern ließen sich aber nicht ausschließlich von den Konservativen und Völkischen in Beschlag nehmen, dazu war das Konzept allzu mächtig. Viele Menschen, die ursprünglich nichts mit der nationalen Begeisterung zu tun hatten, entdeckten in der zweiten Hälfte des 19. Jahrhunderts im Wald eine Möglichkeit, ein alternatives Leben zu realisieren im Protest gegen die Verstädter-

Abb. 23: Gusto Gräser gilt als „Vater der Alternativbewegungen". Eine Weile lebte er
in der Reformsiedlung Monte Verità bei Ascona, später sogar in einer Felsgrotte im
Wald von Arcegno. Der junge Hermann Hesse suchte Gusto dort auf, um von ihm in
die Weisheitsehren des Ostens eingeführt zu werden.

ung, Technifizierung und das künstlich-aufgezwungene Stillsitzen
in modernen Berufen. Unter dem Namen *Lebensreform* vereinen
sich eine Reihe von Bestrebungen von denjenigen, die ursprünglicher und naturnäher leben wollten bis zu progressiven Entwürfen
für moderne Kleidung, Architektur und Frauenemanzipation.[164]

Die sich breitmachende Erfahrung war, dass das moderne Leben
zu Zivilisationskrankheiten beitrug, und die Lösung, die viele im
Laufe der zweiten Hälfte des 19. Jahrhunderts für dieses Problem
fanden, war die Folgende: ein Leben im Einklang mit der Natur,
Bewegung in der frischen Luft und eine vegetarische Ernährung.
Und um es zu vervollständigen: in Kombination mit Freikörper-

kultur und Abkehr von Religion. Der geistige Vater der Reformbewegung, Karl Wilhelm Diefenbach, praktizierte dies alles, als er
in den 1860er Jahren in München seine Lehre verbreitete. Seine
Landkommune Himmelhof in Wien gilt als ein Vorläufer des Monte Verità in Tessin, einer Kolonie der „Freaks des Deutschen Reiches", wie Conti sie nennt.[165]

Die Wandervögel gelten als ein Zweig der Lebensreformbewegung, und viele Kennzeichen der Lebensreform finden wir unter
den Wandervögeln wieder: Lose, zur Bewegung geeignete Kleider,
den Wunsch, sich natürlich, d. h. vor allem vegetarisch, zu ernähren und auch die Sehnsucht, die Kleider ganz loszuwerden, um
nackt und barfuß wie ein Naturkind zu laufen.

Einige Wandervögel wollten also auch in Bezug auf Ernährung
einen „Schritt rückwärts" machen und sich natürlicher ernähren.
Im Geist der Lebensreform bedeutete dies einen Verzicht auf das
im Zuge der modernisierten Viehzucht fast manisch betriebene
Fleisch-Essen. Wie unsere Vorfahren sollten wir, so meinten die
Lebensreformer, auf eine vorwiegend vegetarische Diät zurückgehen. Buchtitel wie *Die naturgemäße Diät* (Theodor Hahn, 1857/58)
und *Pflanzenkost. Die Grundlage einer neuen Weltanschauung*
(Gustav Struve, 1869) erschienen in großen Auflagen und wurden
als Ratgeber herangezogen. Vegetariervereine erblickten zum ersten Mal das Licht der Welt und bekamen schnell hohe Mitgliederzahlen.

Die Wandervogelbewegung ist aber im Kontext eines Gymnasiums entstanden, und die Ausflüge verfolgten von Anfang an einen
pädagogischen Zweck. Eine Unzufriedenheit mit der autoritären
„Pauk- und Drillschule", welche auf Qualifikation und Selektion
aufgebaut war, drängte sich auf, und Reformpädagogen wie Rousseau, Pestalozzi, später Friedrich Fröbel und Julius Langbehn (*Rembrandt als Erzieher,* 1890) hatten schon neue und revolutionierende Ideen ins Leben gesetzt: Der Unterricht sollte des Weiteren Rücksicht auf die Entwicklungsstufe des Kindes nehmen, er sollte handlungsorientiert sein mit der Selbsttätigkeit der Schüler im Zentrum

der Aufmerksamkeit. Dies passte der aufkommenden Generation von bürgerlichen Kindern gut, die sich von den als altmodisch und rückständig wahrgenommenen Werten der Elterngeneration befreien wollten. Vorbilder fanden die Wandervögel nicht in der Elterngeneration, sondern bei den Großeltern und Urgroßeltern, die im Geiste des Sturm und Drangs oder der Romantik von der steifen, vernünftigen Gesellschaft mit jugendlicher Tatkraft zu „wilden" Wanderungen aufgebrochen waren. Einige Wandervögel vollzogen einen radikalen Bruch mit ihrem bürgerlichen Hintergrund und orientieren sich, was Kleider, Haltung und Sprache anging, an den sich ebenfalls zu Fuß bewegenden Landstreichern.[166]

Die Anregung kam aber nicht nur aus Deutschland, sondern auch vom Amerikaner Thoreau, der aufgebrochen war, um zweieinhalb Jahre in einer einfachen Hütte mitten im Walde ein sehr spartanisches und auf jedweden Luxus verzichtendes Leben zu führen. Seine Erfahrungen hatte Thoreau im Buch *Walden* zusammengefasst:

> Das meiste von dem, was man unter den Namen Luxus zusammenfasst, und viele der so genannten Bequemlichkeiten des Lebens sind nicht nur zu entbehren, sondern geradezu Hindernisse für den Aufstieg des Menschengeschlechts.[167]

Dies nahmen die Wandervögel sich zu Herzen: Einfach und bedürfnislos sollten auch sie auf ihren Wanderungen sein, darin lag sozusagen der pädagogische Wert des ganzen Unternehmens.

Die Lebensreformer wie die Wandervögel standen in der Tradition des Monismus. Nietzsche mit seinem revolutionären Konzept von Leben, welches den Dualismus von Geist und Körper aufhob, galt ihnen in dieser Hinsicht als ein Vorbild. Rüdiger Safranski führt aus:

> ‚Leben' bedeutete die Einheit von Leib und Seele, Dynamik, Kreativität. Es wiederholte sich der Protest von Sturm und Drang und

Romantik. Damals war ‚Natur‘ beziehungsweise ‚Geist‘ die Kampf-
parole gegen Rationalismus und Materialismus gewesen. Der Begriff
‚Leben‘ hat jetzt dieselbe Funktion. ‚Leben‘ ist Gestaltenfülle, Erfin-
dungsreichtum, ein Ozean der Möglichkeiten, so unabsehbar, so
abenteuerlich, daß wir kein Jenseits mehr brauchen. Das Diesseits
bietet uns genug. Leben ist Aufbruch zu fernen Ufern und doch
zugleich das ganz Nahe, die eigene gestaltfordernde Lebendigkeit.
‚Leben‘ wird zur Losung der Jugendbewegung, des Jugendstils, der
Neuromantik, der Reformpädagogik.[168]

„Bleib der Erde treu“, sagt Zarathustra, und liefert auf diese Weise
den Lebensreformern ein Motto, die sie Carstensen und Schmid
zufolge für allerlei Zwecke ausnützen konnten:

> Wie leidenschaftlich und dabei außerordentlich selektiv die lebens-
> reformerische Aneignung Nietzsches betrieben wurde, zeigt das
> Beispiel des jungen Journalisten Walter Hammer (1888–1966). In
> seinem 1909 erschienenen Werk Friedrich Nietzsche: Der Lebens-
> reformer und seine Zukunftskultur erklärte Hammer den Philoso-
> phen zum Vorreiter einer alternativen, anti-dekadenten Moderne,
> die sich – beflügelt von einem tiefen „Willen zur Gesundheit“ – auf
> die Prinzipien eines genügsamen, naturgesetzlichen Lebens stützen
> und eine vegetarische Kulturpolitik im nietzscheanischen Sinne
> verfolgen müsse.[169]

Der Fokus auf Leben tritt hervor als eine Art säkularisierte Heilslehre, mit der einen Konsequenz, dass der Körper und häufig auch
die geschlechtliche Liebe einen erhöhten Status bekommen. Wilhelm Bölsche, eine zentrale Figur der Lebensreform, entwirft

> eine Sakralisierung des Erotischen, die durchaus im Kontext sexu-
> alreformerischer Ideen und damit als Befreiung aus dem wilhelmi-
> nischen Denken gelesen werden kann: In der geschlechtlichen Lie-
> be, so lautet eine der Thesen, erlangt der Mensch eine besondere
> Teilhabe an der Schöpfung.[170]

Abb. 24: Zubereitung von Essen auf dem Hohen Meißner 1913. Die Wanderbewegung hatte mit dem Ersten Freideutschen Jugendtag auf dem Hohen Meißner einen Höhepunkt erreicht.

Die Wanderlust vieler Jugendlicher (und vielleicht auch Erwachsener) kann gerade als eine Suche nach erotischen Abenteuern verstanden werden, obwohl der Wandervogel seinen eigenen Prinzipien zufolge das Gegenteil bewirken wollte: Sexuelle Triebe zu zähmen und Selbstdisziplin zu entwickeln.

Die Grenzen zwischen den Lebensreformern, dem Wandervogel und dem völkisch-nationalen Zweig der Wanderbewegung sind fließend. Auf dem letzten großen Fest des Wandervogels vor dem Ersten Weltkrieg, auf dem Hohen Meißner am 11. und 12. Oktober 1913, gab es ein Wirrwarr von verschiedenen Richtungen; auch die Völkischen waren da, obwohl sie prinzipiell nicht Zugang haben sollten.

Nach dem Kriegsausbruch verändern sich dann die sich ursprünglich vor allem pazifistisch ausgebenden Lebensreformer und Wandervögel urplötzlich und bekennen sich kriegsbegeistert zu den „Ideen von 1914". Die Kluft zwischen dem völkisch-nationalen Teil der Wandervogelbewegung einerseits und der alternativen, „linken" Flügel anderseits scheint also für einige Zeit verschwunden zu sein.

## Wanderung und der aristokratische Individualismus

Die völkisch-nationale Bewegung, die Lebensreformbewegung, die Jugendbewegung oder die Wandervogelbewegung waren eben – *Bewegungen,* also *kollektive Phänomene.* Das organisierte Wandern in Gruppen, so wie wir es bei den Wandervögeln vorfinden, hat nicht nur das Ziel, die Individuen zu erziehen, sondern eine neue Gesellschaftsformation zum Leben zu erwecken. Auf der ganz anderen Seite des Spektrums steht der einsame Wanderer. Wir haben gesehen, dass Wanderpioniere wie Goethe und Seume und romantische Wanderfiguren wie der Taugenichts und der Waldgänger vorwiegend allein unterwegs sind und als autonome, nonkonformistische, fast störrisch-eigensinnige Individuen auftreten. Sie widersetzen sich auf diese Weise der Einstufung in eine Bewegung. Auch nach 1850 gibt es Wanderer dieser Art, und sie treten häufig auf als Intellektuelle, Künstler, Philosophen oder andere Querdenker.

Der einsame Wanderer hat also häufig mehr von einem Individualisten; jemand, der seine Freiheit sucht, abseits der gesellschaftlichen Bindungen; nicht aber als Teil einer Gruppe, sondern als er selbst. Den Bindungen der Gesellschaft steht dieser Wandertyp häufig kritisch gegenüber, oft auf eine viel radikalere Weise als beispielsweise der durchschnittliche Wandervogel, der häufig relativ konform war. Wir dürfen nicht vergessen, dass die Wandervögel – jedenfalls in den ersten Jahren, in Schuluniformen unterwegs waren, und die Eltern die Ausflüge als Teil einer bürgerlichen

Reformbestrebung im Gebiet der Pädagogik unterstützten; Eltern, die sich von den Ausflügen Disziplin, Härte und nicht zuletzt sexuelle Triebablenkung erhofften. Die individualistischen Wanderer passen hier überhaupt nicht ins Bild.

Ein stiller, aber doch vehementer Protest geht von dieser Art des Wandernden, auf sich selbst gestellten Intellektuellen aus. Er sieht sich selbst als ein Verteidiger der natürlichen, urmenschlichen, ewigen Werte, wohingegen jedwedes Kollektiv, seien es der Staat, die Nation, die kapitalistische Gesellschaft oder alternative Gruppierungen, die Feinde dieser Werte sind, die danach trachten, die Menschen in ihrem Eigenwert zu reduzieren und zum Getriebe in einer großen Gesellschaftsmaschine zu machen. Der wirkungsmächtigste Vertreter dieser Position im 19. Jahrhundert ist Friedrich Nietzsche. Als ein besonderer Typus des einsamen Wanderers und Intellektuellen finden wir den Waldgänger, einen Typus, den vor allem Ernst Jünger geprägt und fast zu einer mythologischen Größe gemacht hat.[171]

## Wandernde Arbeiter und Sozialisten

Die Arbeiterklasse wuchs in hohem Tempo nach 1860, Fabrikarbeiter gingen aus den Städten in die umliegende Natur, um sich zu erholen. Etwa um dieselbe Zeit, als die Wandervögel das Licht der Welt erblickten, tauchten auch die ersten Arbeiterwandervereine auf, vor allem die Naturfreunde, die 1895 in Wien gegründet wurden. Sie etablierten sogenannte *Naturfreundehäuser,* die preiswerte Unterkunft anboten, und das Wandern unter Jugendlichen fördern wollten, um Solidarität und Zusammenhalt zu stärken.

Es gab viele Berührungspunkte zwischen Wandervogel und Naturfreunden, aber auch Differenzen. Aus sozialistischer Sicht geht die Innerlichkeit einiger Wandervögel zu weit. Der sozialistische Schriftsteller Erich Weinert ironisiert das in einem Lied:

Wer sich von innen her beschaut,
wer Nietzsche liest und Rüben kaut,
was kümmern den die andern?
Juchhu! Wir müssen wandern![172]

Weinerts Kritik trifft sowohl Teile der Wandervögel als auch die
Kolonie der Lebensreformer auf dem Monte Verità, also die kol-
lektiven Bewegungen.

Ein anderer Schriftsteller, Ernst Niekisch, wendet sich kritisch
auch gegen die besondere Spielart des einsamen Wanderers, den
wir vor allem durch Ernst Jünger unter dem Begriff „Waldgänger"
kennen. Für Niekisch war Jüngers Waldgänger ein misslungener
und inadäquater Versuch europäischer Intellektueller, die Welt
vom Überbau (Marx) aus zu erklären. „Der Individualismus hatte
vergessen, dass der Mensch von Natur aus ein kollektives Wesen
ist", schreibt er. Dann helfe es nicht, sich in eine Innerlichkeit
zurückzuziehen, wie viele europäische Intellektuelle, sondern man
müsse sich der Wirklichkeit stellen und aktiv eingreifen. Jüngers
„Waldgänger" nennt Niekisch einen „Fluchtweg", durch den die
Intellektuellen sich als Partisanen stilisieren, als Rebellen „in Per-
manenz", eigentlich aber sind sie nur Anarchisten oder Nihilisten,
„die von ihrem Elite- und Außerwähltheitsbewußtsein nicht lassen
können".[173]

# Nietzsche: Der Übermensch als Wanderer, der Wanderer als Krieger

In Nietzsche finden wir den aristokratischen einsamen Wanderer in Reinform. Im Folgenden werden wir untersuchen, wie extremes Wandern für Nietzsches Zarathustra und das Konzept des „Übermenschen" von zentraler Bedeutung ist.

Erstens müssen wir feststellen, dass das Konzept des „Übermenschen" schwer festzulegen ist, was die divergierenden Stellungnahmen der Nietzsche-Forscher zum Übermenschen und seinen Eigenschaften deutlich bezeugen. Im Rahmen meines Projektes werde ich bewusst einseitig vorgehen und stelle etwas lapidar fest: Der Übermensch ist vorzugsweise – ein Wanderer! Meine Hauptbegründung für diese These liegt vor allem darin, dass Zarathustra, der Prophet des Übermenschen, schon von der ersten Seite von *Also sprach Zarathustra* an uns als ein Einsiedler und Wanderer entgegentritt. Um den „Übermenschen" kennenzulernen, müssen wir Zarathustra kennenlernen. Und vor allem: Wir müssen uns auch mit Friedrich Nietzsche und seiner Haltung zum Wandern auseinandersetzen.

Nietzsche war, um gut denken und philosophieren zu können, viel auf den Beinen unterwegs. In seiner Autobiographie *Ecce Homo* schreibt er, dass er „keinem Gedanken Glauben schenken" will, „der nicht im Freien geboren ist und bei freier Bewegung, in dem nicht auch die Muskeln ein Fest feiern".[174] Dies lässt sich problemlos auch auf Zarathustra und das Konzept des Übermenschen übertragen.

## Der wandernde Übermensch als Kontrast zum Komfort suchenden „letzten Menschen"

Stellen wir noch einmal die Frage: Wer ist der „Übermensch"? Wie sollen wir dieses Konzept verstehen? Der Übermensch ist Zarathustra zufolge *das Ziel des Menschen,* ein Zustand, nach dem wir streben sollten. Oder anders ausgedrückt: Das Streben nach diesem Zustand ist ein Naturgesetz, das in uns niedergelegt ist: Wie der Affe aus seinem Affendasein zum Menschen hinstrebe, so solle auch der Mensch, jedenfalls ideal gesehen, auch nach etwas „über" sich selbst hinaus streben, nämlich nach dem Leben als „Übermensch". (NW VI 1, S. 8).

Fest steht, dass Nietzsche sich den Übermenschen *nicht* analog zu der bekannten Illustration vorgestellt hat, in der die darwinistische Entwicklungslehre vor der Folie des zivilisierten, stillsitzenden Menschen parodiert wird: Vom Affen, der ein Vierfüßer ist, geht es weiter zu den ersten Primaten, welche die Bipedie entwickeln, dann weiter bis zum aufrechten und stolzen Gang des Jäger- und Sammler-Menschen, gleichsam dem Höhenpunkt der Entwicklung. Danach findet die Degeneration statt, erst mit der neolithischen Revolution, in der die Menschen ortsgebunden werden und eine zunehmend einseitige Arbeit auszuführen haben, mit der Konsequenz, dass die stolze Haltung einer leicht vorgebeugten Positur weichen muss. Die Industrielle Revolution, mit ihrer strengen Selektion der Menschen zu verschiedenen Spezialaufgaben, und schließlich die Kommunikationsrevolution reduzieren den Menschen, jedenfalls physisch, zu einem Krüppel, der physisch nicht länger gut funktioniert.

Der Krüppel vor dem Computer auf dem Bild, dem das Gehen völlig abhandengekommen ist, ähnelt nicht dem Übermenschen, sondern dem negativen Widerpart des Übermenschen, *dem letzten Menschen,* wie Zarathustra ihn nennt. Dieser „Erdfloh" (NW VI 1, S. 13) sucht Wärme und Komfort:

Abb. 25: Die Entwicklung der Menschheit bis hin zum „letzten Menschen". Der wandernde Philosoph Nietzsche wollte in Zarathustra seinen zum Stillsitzen verurteilten Mitmenschen den aufrecht gewachsenen, ständig umherschweifenden Jäger- und Sammler als Vorbild vor Augen führen.

> Sie [die letzten Menschen] haben die Gegenden verlassen, wo es
> hart war zu leben: denn man braucht Wärme. (NW VI 1, S. 13)

Der letzte Mensch lebt in einer technifizierten Welt, in einer Welt, in der man sich nicht täglich auf 40 bis 100 Kilometer lange Jagdläufe einstellen muss, in der man auch nicht länger Bauer sein muss, sondern, in der der Mensch dank der Selektionsgesellschaft physischer Arbeit völlig fremd geworden ist. Komfort bedeutet dem „letzten Menschen" alles; wenn er es komfortabel hat, ist er glücklich.

## Lebensbedingungen des Übermenschen: Gefahren, Hunger, Erschöpfung

Viel auf den Beinen zu sein, ist die beste Medizin gegen diesen modernen Krankheitszustand. Dazu kommt, dass es Zarathustra zufolge nicht genügt, in Städten und Parks unterwegs zu sein; nein, wir müssen bewusst die Gegenden aufsuchen, wo das Leben hart ist (NW VI 1, S. 11), wo Wind und Kälte herrschen. Man soll also Gefahren nicht scheuen (NW VI 1, S. 16), und auch nicht Hunger, was dadurch unterstrichen wird, dass Zarathustra keinen Hehl daraus macht, dass er auf seinen Wanderungen durchaus mit der Erfahrung von Hunger vertraut ist (NW VI, S. 18).

Zarathustras Wanderungen beinhalten so alles, was der „letzten Mensch" nicht mit einem guten Leben verbindet. Die zentralen Werte des „letzten Menschen" sind Sicherheit, Gesundheit, Mäßigung, Glück und Konfliktvermeidung. Der „letzte Mensch" sucht nicht den steilen, gefährlichen Pfad und das kalte Wetter, sondern beurteilt Menschen, die sich von solchen Dingen angezogen fühlen, als „Thoren":

> Krankwerden […] gilt ihnen [den letzten Menschen] sündhaft: man geht achtsam einher. Ein Thor, der noch über Steine […] stolpert. (NW VI 1, S. 14)

Im achten Kapitel der Vorrede können wir etwas mehr über die Wandergewohnheiten Zarathustras erfahren: Ein Seiltänzer ist gerade heruntergestürzt und ums Leben gekommen, und da niemand sich um den Körper kümmert, nimmt Zarathustra ihn mit: Er lädt „den Leichnahm auf seinen Rücken und machte sich auf den Weg" (NW VI 1, S. 17). Zarathustra wandert nun zwei Stunden mit der schweren Last „an Wäldern und Sümpfen vorbei", keine kleine Leistung. Dann bekommt er Hunger, eine Erfahrung, mit der der „letzte Mensch" kaum jemals wirklich Bekanntschaft gemacht hat. Zarathustra erhält von einem alten Mann Brot und Wein und geht weiter in die Nacht hinein, immer noch mit seiner schweren Last:

> Daraufhin gieng Zarathustra wieder zwei Stunden und vertraute dem Wege und dem Lichte der Sterne: denn er war ein gewohnter Nachtgänger und liebte es, allem Schlafenden in's Gesicht zu sehn. Als aber der Morgen graute, fand sich Zarathustra in einem tiefen

Walde, und kein Weg zeigte sich ihm mehr. Da legte er den Todten in einen hohlen Baum sich zu Häupten – denn er wollte ihn vor den Wölfen schützen – und sich selber auf den Boden und das Moos. Und alsbald schlief er ein, müden Leibes, aber mit einer unbewegten Seele. (NW VI 1, S. 19)

So mitten in der Nacht, der Kälte und anderen Gefahren ausgesetzt, sei aber überhaupt nicht gesund, so hören wir den auf Komfort und Sicherheit eingestellten „letzten Menschen" einwenden. In *Also sprach Zarathustra* findet aber eine Umwertung des traditionellen Wertes der Gesundheit statt. „Gesund" ist für den „letzten Menschen" gleichbedeutend mit Handlungen, die uns ein „langes Leben" bescheren. Ganz anders sieht es aber Zarathustra: Die höhere Gesundheit, die er predigt, hat nichts mit „Lang-Leben" zu tun. „Gesund" ist dagegen für ihn der Menschentypus des Kriegers, der alles riskiert, auch sein eigenes Leben, denn, wie er sagt: „Welcher Krieger will geschont sein!" (NW VI 1, S. 56) Der „Krieger" als Wanderer ist jemand, der nicht, wie so häufig heutzutage, wandert, um gesund zu werden und einen strammen Körper zu bekommen, sondern jemand, der sein Leben immer wieder aufs Spiel setzt. Einige Teilnehmer an Ultraläufen sehen sich selbst als solche „Krieger", für welche die Vorstellung von Training und Gesundheit nicht länger das Primäre ist: Ihnen geht es eher darum, ihr Äußerstes zu geben.

## Gehen als Voraussetzung für das „kühne" Denken

Nun, ein Ultraläufer ist Zarathustra dann doch nicht, denn mit tausenden von anderen Menschen auf einem Track laufend und schwitzend unterwegs zu sein, ist wahrscheinlich seine Sache nicht. Trotzdem gibt es gewisse Ähnlichkeiten: Zarathustra geht es um eine Totalität von Intellekt, Gefühl und Körper. Die physische Bewegung fördert ein gesundes Lebensgefühl und gesunde Gedanken, weswegen Zarathustra nach dem extremen Nacht-Wandern mit einem Toten auf dem Rücken zu einer neuen Erkenntnis aufwachen kann (NW VI 1, S. 19). Lesen wir Ultraläuferblogs, erfahren wir schnell, dass es hier auch nicht nur um das Laufen an sich geht, sondern um ein Totalerlebnis, häufig um das Gefühl, durch die Erfahrung von Erschöpfung und Hunger zu einer höheren Erkenntnisstufe zu gelangen.

Thomas Bernhard hat sich 100 Jahre später ähnliche Gedanken über den Wert des Gehens gemacht. „Gehen und Denken sind zwei durchaus gleiche Begriffe", schreibt er, und setzt fort:

> [...] wir können ohne weiteres sagen (und behaupten), dass der, welcher geht und also der, welcher beispielsweise vorzüglich geht, auch vorzüglich denkt, wie der, der denkt und also auch vorzüglich denkt, auch vorzüglich geht. Wenn wir einen Gehenden genau beobachten, wissen wir auch, wie er denkt. Wenn wir einen Denkenden genau beobachten, wissen wir auch, wie er geht.[175]

Wie denkt man denn beim Gehen? Jedenfalls anders als sitzend vor dem Computer. Können wir den Gedanken, die beim Gehen verfasst sind, mehr Vertrauen schenken? Trägt der aufrechte Gang, in dem das Blut freier durch den Körper strömt und im Laufe dessen man verschiedene Sinneseindrücke von der durchwanderten Umgebung erhält, dazu bei, die Gedanken irgendwie besser und vertrauenswürdiger zu machen? Die Antwort Nietzsches – und Bernhards – auf diese Fragen, ist eindeutig „ja". Die Gedanken, die beim Gehen verfasst sind, werden Nietzsche zufolge freier und kühner.

### Zarathustra als Pädagoge

Trotz seines Einsiedlerdaseins und seines Waldgängertums ist Zarathustra nicht nur ein Individualist und Alleingänger. Er hat, wie der Waldgänger Stifters, eine pädagogische Ader. *Also sprach Zarathustra* fängt damit an, dass Zarathustra den Entschluss fasst, seine Weisheit mit anderen Menschen zu teilen.

Siehe! Ich bin meiner Weisheit überdrüssig, wie die Biene, die des Honigs zu viel gesammelt hat, ich bedarf der Hände, die sich ausstrecken. (NW VI 1, S. 5)

Als Pädagoge versucht er sich zuerst in der Rolle eines Hirten, der seine Herde leiten soll. Die Erkenntnis aber, die er beim Aufwachen nach der schweren, nächtlichen Wanderung bekommen hat, lautet: „Gefährten brauche ich" (NW VI 1, S. 19), also keine Herde. Er will seinen Gefährten kein Hirt sein, sondern sie als Gleichrangige betrachten, als „Mitschaffende", „Miterntende" und „Mitfeiernde". (NW VI 1, S. 20) Er will ihnen also nicht seine persönliche Erkenntnis aufdrängen, sondern sie sollen selbst ihre Erkenntnis schaffen. Auf welchem Weg? Auf dem *Wanderweg* selbstverständlich, als Gefährten Zarathustras. Die Erkenntnis, die auf diesem Wege entstanden ist, wird nicht bloß etwas Trocken-Intellektuelles sein, sondern wird eine Erkenntnis des Körpers und der Erde, eine Erkenntnis, die man „ernten" kann und auch voller Freude „feiern" sollte. Körper, Natur, Intellekt gehen so in einer Art höherer Einheit auf.

Nüchterner betrachtet ist das, was Zarathustra erstrebt, nicht so weit weg von den pädagogischen Idealen, die Adalbert Stifter in seinen Waldgänger hineingepflanzt hat: Der alte Mann, der mit dem Waldhegerbuben ruhig durch die Wälder geht, Moos sammelt, mit den Beinen im Wasser spielt und eine einfache Mahlzeit einnimmt, während das Kind neugierig verschiedene Dinge selbst entdeckt, sich wundert, und auf selbstgestellte Fragen Antwort bekommt. Der Waldhegerbube ist vielmehr ein Gefährte Georgs als sein Schüler. Das pädagogische Ideal, das hier zum Vorschein kommt, ist nicht so weit weg von den Idealen der Reformpädagogik, die auch das selbsttätige Kind ins Zentrum des Interesses stellte.

## Nietzsche als Lebensreformer, Vegetarier und Nacktwanderer?

Diese Nähe von Nietzsches Philosophie zur Lebensreformbewegung haben auch viele Lebensreformer entdeckt, und zahlreich sind die Versuche, Nietzsche für die Bewegung zu vereinnahmen. Ein Nacktwanderer war Nietzsche zwar nicht, aber ein Vegetarier doch, jedenfalls bis sein Freund Richard Wagner ihm den Vegetarismus ausredete.

Die Lebensreformer interessieren sich leidenschaftlich für Ernährungs- und Gesundheitsfragen und haben früh von Nietzsches Experiment im Bereich des Vegetarismus erfahren. Auch die leicht aufzunehmende Botschaft „bleib der Erde treu" ließ sich leicht für lebensreformerische Zwecke ausnützen. Carstensen und Schmid führen aus:

> In seinem 1909 erschienen Werk *Nietzsche. Der Lebensreformer und seine Zukunftskultur* erklärte Hammer den Philosophen zum Vorreiter einer alternativen, anti-dekadenten Moderne, die sich – beflügelt von einem tiefen „Willen zur Gesundheit" – auf die Prinzipien eines genügsamen, naturgesetzlichen Lebens stützen und eine vegetarische Kulturpolitik im nietzscheanischen Sinne verfolgen müsse. Zahlreiche künstlerische Darstellungen um 1900 belegen Nietzsches Status als Ikone der Lebensreform. Seinen bizarren Höhepunkt erreicht der Nietzsche-Kult mit dem 1907 entstandenen Exlibris, das den nackten Denker mit athletischem Körper auf einem Felsen im Gebirge verortet.[176]

Rezeptionsgeschichtlich führt also ein Weg vom einsamen Wanderer, Waldgänger und radikalen Individualisten Nietzsche zu den großen Wander-und Alternativbewegungen der Zeit.

Diese Rezeption ist nicht ganz ohne Rückhalt in Nietzsches Texten, denn wie die Lebensreformer dachte Nietzsche weitgehend monistisch: Leib und Seele waren für ihn eins, im Leib verborgen

Abb. 26: Nietzsche als Nacktwanderer und Ikone der Lebensreform dargestellt.

sah er eine „große Vernunft" (NW VI 1, S. 35) und meinte immer
wieder, er habe die Fähigkeit, sich selbst gesund zu machen (NWKS,
Bd. 6, S. 281), weshalb er zu Ärzten ein zwiespältiges Verhältnis
hatte.

# August Trinius' *Der Rennstieg:*
# Expeditionsträume im Thüringer Wald

Es war mit großer Erwartung, als ich am 29. April 2017, extra zugeschickt aus Deutschland, Trinius' Buch *Der Rennstieg*[177] in der Universitätsbibliothek in Bergen abholte. Am Tag vorher hatte ich einen Newsletter vom Rennsteiglauf bekommen: Nur noch 53 Tage bis zum Rennsteig Supermarathon! Könnte ich vielleicht in diesem alten Buch etwas über den Rennsteig erfahren, worüber gegenwärtige Laufberichte keine Auskünfte geben?

Aus diesem Grund lese ich dieses Buch nicht so sehr als „hohe Literatur" (was es ja auch nicht ist), sondern – jedenfalls teilweise – als „Race-Report". Nach Ultramarathons wie am Rennsteig florieren solche „Race-Reports" im Internet, also persönliche Berichte über den Verlauf eines Rennens: Hier finden sich Informationen über die konkreten Herausforderungen des Trails, wo es steil aufwärts geht, wo Trinkwasser zu finden ist (wenn man aus Quellen trinken muss) usw. Vor allem aber hören wir von persönlichen Dingen wie Training, Planung, Ausrüstung, Spannung und Vorfreude, und wenn es losgeht: Erschöpfung, Schmerz, Essen, Erbrechen, Enttäuschung oder Euphorie. Wie sieht ein Race-Report anno 1889 aus? Das war es, was ich hoffte, aus Trinius' Buch erfahren zu können.

Nun, ein genuiner Race-Report konnte Trinius' Rennsteig-Buch nicht sein, da es sich ja um keinen Wettkampf, sondern eine Wanderung handelte; wohlgemerkt eine Wanderung, bei der die Teilnehmer „mit durchschnittlich zehn bis zwölf Stunden strammen Marsches" (Trinius 1899, S. 51) pro Tag rechnen. Auch gehört Trinius' Buch zu einer anderen Gattung: Es ist ein Reisebericht, geschrieben im Nationalpathos der ersten Jahrzehnte nach der deutschen Reichsgründung. Hier finden wir ständig Hinweise auf die Einigung von Nord- und Süddeutschland (vom Norddeutschen Bund und Rest-Deutschland), auf deutsche Wälder und vor allem den Thüringer Wald als den deutschen Wald par excellence. Der Rennstieg wird von Trinius zu einem deutschen Kulturdenkmal ersten Ranges stilisiert.

Ich werde diese Aspekte in meiner Erörterung des Buches nicht gänzlich ausblenden, mein Augenmerk richte ich aber vor allem auf die konkrete, wanderthematische Seite des Buches.

## Kontext

Trinius kann man als Verfasser von Heimatliteratur einstufen, und es ist auch ganz offenbar, dass er vom Nationalpathos und Germanentum des ausgehenden 19. Jahrhunderts geprägt ist. Es lohnt sich aber, seinen Wanderbericht *Der Rennstieg* auch im Lichte der bisher besprochenen Autoren zu sehen. Meine Analysen koinzidieren in dieser Hinsicht zu einem hohen Grad mit den Ausführungen von Wolfgang Albrecht.[178]

Goethe und Seume sind als Aufklärer Vertreter eines zweckgerichteten Wanderns, was sich u. a. darin zeigt, dass sie eine vorausgeplante Route verfolgen. Der Romantiker Eichendorff dagegen schickt seinen Taugenichts in ein offenes Abenteuer, lässt ihn ziel- und zwecklos umherwandern, sich den Zufällen überlassend. Eichendorffs Zeitgenosse Heine kann aber schon 1824 nicht umhin, sich über das biedermeierliche Lustwandeln lustig zu machen: Nun sind längst nicht mehr nur Wanderpioniere unterwegs, sondern eine Masse von Bürgern, die nun durch Wandern „die Bedrängnisse des Alltags zu kompensieren suchen"[179]. Dieser Wandertourismus hat für das Wandern, so wie es sein sollte, für Heine „pervertierende Auswirkungen". (ZPW: 189).

Als Trinius 1889 zu seiner Rennsteigwanderung aufbricht, hat sich aber eine andere und neue Art des Wanderns zu den übrigen hinzugesellt: Nämlich „die Studienwanderungen […], bei denen der Faktor Zufall durch zweckgerichtete Vorbereitung und Aus-

führung weitestgehend eliminiert werden sollte".[180] Die Wanderer
wollten, Albrecht zufolge, in der zweiten Hälfte des 19. Jahrhunderts sowohl Abenteurer wie auch Forscher sein. Zu mehr als einer
Imitation der Forscher kamen die meisten jedoch nicht: Die Ausrüstung sollte den Eindruck des großen Abenteuers erwecken, u.
a. wurden neue Rucksäcke, die aufschnallbar waren und die Hände freiließen, zur Mode, und auch die Ernährung und Hygiene
wurden nicht dem Zufall überlassen.[181] In der Realität aber beweg-
te sich der Wanderer, wie Albrecht schreibt, „durch topographisch
vermessene, visuell vorerkundete und meist ausführlich beschrie-
bene Räume, wanderte gefahrlos auf empfohlenen Routen in ver-
schlossener, *schöner* Natur"[182]. Dieser Zwiespalt zwischen männ-
lich-mutigem Forscher und einem auf sicheren Pfaden vorwärts-
schreitenden Bürger finden wir auch, wie wir sehen werden, bei
Trinius.

## Planung

Mit humorvoll übersteigertem Pathos beschreibt Trinius den
Augenblick, in dem die Idee einer Rennsteigwanderung konzipiert
wurde. Es ist natürlich, wie bei vielen solchen Projekten, eine
Schnapsidee. Wir hören von drei Kameraden, dem „Bayern", dem
„Böhmen" (Trinius selbst, der allerdings aus Sachsen kam) und
dem „Chronisten von Goldbach" (Trinius 1899, S. 48), die beim
Biertrinken in einer Neuenhofer Kneipe einen Rennsteig-Bund
eingehen: Zusammen wollen sie die ganze Strecke des Rennsteigs
von Hörschel nach Blankenburg, fast 170 Kilometer (siehe Karte,
Abb. 31), wandern.[183]

Das im Buch durchaus präsente Nationalpathos wird dadurch
erträglicher gemacht, dass dieses Pathos als das komisch überstei-
gerte Gerede des besoffenen „Bayern" persifliert wird. Mit Tränen
in den Augen proklamiert der Bayer: „Bayern und Böhmen sitzen
an einem Tisch mit Norddeutschland – an einem Tisch – ja! – und
alle –Feindschaft ist aufgehoben." (Trinius 1899, S. 48) Der Renn-

steig an sich ist als ehemaliger Grenzweg zwischen Thüringen und Franken, zwischen Norddeutschland und Süddeutschland, gleichsam und durchaus im Ernst, ein Symbol der neuen Einheit im Deutschen Reich. Es ist Trinius, als ob die Grenzsteine, „hie ein meiningischer, hie ein bayrischer Grenzstein" sich „selbst die Hände" schüttelten (Trinius 1899, S. 10 f.). Mein Eindruck ist aber, dass es den drei Kameraden nicht so sehr darum geht, dem sich schon breitmachenden deutschen Nationalismus weiteren Vorschub zu leisten, sondern darum, ein aus dem Alltag fallendes Abenteuer zu erleben. Die drei Kameraden wollen ihren Spaß haben, und das Nationalpathos steigert den Spaß.

Die Freude am Projekt wird dadurch noch erhöht, dass sich die Kameraden spielerisch ausmalen, wie „gefährlich" das Ganze ist: In ihren Augen bekommt das Vorhaben die Ausmaße einer Expedition, und sie haben das Gefühl „als gälte, völlig unbekannte Länder zu erschließen" (Trinius 1899, S. 49). Die Hyperbel dominiert als literarisches Mittel, wie im folgenden Zitat:

> Die Lust an der Strapaze regte sich in uns, und der Gedanke, vielleicht Entbehrungen auf der menschenleeren Bergstraße erdulden zu müssen, ließ schon im Voraus Jeden über dem Haupte des Anderen einen sanften Glorienschein, in Regenbogenfarben schimmernd, erblicken. (Trinius 1899, S. 49)

Die Gefahren sind da, werden aber, wie wir sehen, sehr übertrieben, und auch die Frauen der „Forscher" nehmen an diesem Spaß teil. Trotzdem ist das Projekt so ungewöhnlich und extrem, dass sich das Gerücht von der „Expedition" verbreitet und sie einige wohlmeinende Ratschläge bekommen, wie beispielsweise: „Bleiben Sie daheim!" (Trinius 1899, S. 51). Dies trägt aber nur dazu bei, den Reiz noch zu erhöhen.

Typisch für solche Projekte ist auch, dass die Vorbereitung und Planung einen großen Teil der Freude ausmachen. In „unzähligen Briefen" planen die Kameraden die Ausfahrt den ganzen Winter hindurch. Mitten im Sommer, im Juli, soll es losgehen. Der Eindruck entsteht, dass die Vorfreude ein ebenso wichtiger Teil des Ganzen ist wie die Durchführung.

## Ausrüstung

Um Essen, Kleider und Ausrüstung zu transportieren, wählt Trinius einen einfachen Ranzen, während sein Wanderfreund einen etwas größeren Rucksack mitbringt. Sie wollen offenbar so leicht wie möglich wandern und lehnen deshalb den Vorschlag der Frauen, einen Petroleumkocher und Fleischkonserven mitzunehmen (Trinius 1899, S. 56), entschieden ab. Sie nehmen kein Bier mit, gönnen sich aber ein wenig Cognac „aus der Feldflasche". Wasser nehmen sie nicht mit, sondern bereiten sich darauf vor, „aus den Quellen" zu trinken.

Die Freude besteht, wie gesagt, darin, sich das Vorhaben als so expeditionsähnlich und abenteuerlich wie möglich vorzustellen, und wir bekommen deshalb im Kapitel „Am Vorabend der Wanderung" den Eindruck, sie würden mit einem Existenzminimum überleben müssen, fast ohne Essen und Trinken. In Wirklichkeit wandern ja die Freunde ganz gemächlich von Waldhütte zu Waldhütte, in denen alles, was die Zivilisation bieten kann (vor allem Bier), vorhanden ist. Deshalb brauchen sie ja auch fast kein Essen und Trinken, nur genug Geld, um sich in den Hütten das zu kaufen, was sie begehren.

Trinius macht uns auch darauf aufmerksam, dass sie „Kompaß und eine Reihe Einzelkarten" (Trinius 1899, S. 56) mitbringen, was den Expeditionscharakter der Reise unterstreichen soll. Direkt unklug war dies auch nicht, denn so gut ausgeschildert wie heutzutage war der Rennsteig damals nicht. Trotzdem spricht Trinius von „tausende[n] von Wanderern", die „alljährlich" jedenfalls Teile des Rennsteigs auf den „breit ausgetretenen Straßen entlang stürmen" (Trinius 1899, S. 5). Die wenigsten von ihnen, so müssen wir annehmen, waren mit Kompass ausgerüstet, ganz notwendig kann er also nicht sein.

Auch sonst überlassen Trinius und seine Wanderfreunde wenig dem Zufall. Vor allem aber lenkt Trinius, wie vor ihm Stifter und Seume, die Aufmerksamkeit auf die Wanderstiefel, deren Sohlen mit neuen Nägeln beschlagen waren (Trinius 1899, S. 56). Für Seume war es durchaus notwendig, dass die Stiefel gut waren, und er musste mehrmals seine Stiefel flicken lassen; für Trinius ist der Hinweis auf die gute Ausrüstung geradeso viel ein Zeichen seines Traumes, expeditionsmäßig unterwegs zu sein.

Ein anderer Grund, weswegen die Wanderfreunde ihre Rennsteigwanderung als extrem und gefährlich darstellen, war, dass sie aufdringliche Leute, die sie begleiten wollten, abschrecken wollten. Vor allem der „dickbäuchige" Propfenfabrikant erweist sich als sehr schwierig abzuweisen. Als dieser aber von Trinius erfährt, dass auf dem Rennstieg kein Bier zu erhalten sei, ist er ganz erschrocken: „Das sind ja doch Verhältnisse wie bei den Wilden", sagt er, und lässt alle Pläne mitzugehen, auf einmal fahren (Trinius 1899, S. 53). Einen anderen potentiellen Wandergenossen halten sie sich dadurch vom Leibe, dass sie ihn auf die zehn bis zwölfstündigen Tagesmärsche aufmerksam machen. Der Mann reagiert darauf wie folgt:

> „So? Aeh! Hmhm! Na, wir werden weiter darüber sprechen." Und er zog den grauen Schal fester um die Schultern, schob eine Emser Pastille in den Mund und empfahl sich schnell und ergebenst. – (Trinius 1899, S. 51)

Auf diese Weise erreicht Trinius nicht nur, dass die Aufdringlichen alle Pläne mitzuwandern, fahren lassen; er vermittelt gleichzeitig die folgende Botschaft an seine Leser: So wild ist es also dort oben! Solche gewaltigen Tagesetappen werden sie also zu bewältigen haben!

Am Vorabend der Wanderung stellt sich Trinius allen Ernstes sein Vorhaben als ein solch „wildes" Abenteuer vor, bei dem sie mit wenig Ausrüstung auskommen müssen. Wie Goethe und Seume wollen Trinius und seine Kameraden, dass es regnen und stürmen soll, damit sie, wenn sie zurückkehren, was zu erzählen haben. Nur einmal aber hören wir davon, dass Regen und Nebel das behagliche Wandern erschweren. Es ist am vierten Wandertag, als sie den Wasserberg eben verlassen haben:

> Es war mehr ein Patschen und Waten denn ein Wandern. […] Allmählich fanden wir sogar Reiz darin, wenn das hohe Graß spritzend um uns zusammenschlug und Sümpfe und Wasserpfützen uns zwangen, im zierlichen Meuttschritt bald rechts, bald linkes zu hüpfen. (Trinius 1899, S. 203)

Dass die Wanderung als Ganzes sich nicht wie geplant entwickelt, davon zeugt der ganze Rest des Buches, das in einem eher traditionellen, sachlich-berichtenden Reisebuchstil erzählt wird, sehr im Kontrast zu dem Expeditionspathos der Freunde im Winter und Frühling, als die Wanderung in den Köpfen stattfindet.

## Der Race-Report

Was ist schließlich aus Trinius' Buch für meinen Zweck, für die Vorbereitung auf den Rennsteiglauf, herauszuholen? Kann das Buch als ein Race-Report funktionieren?

Auf den ersten Blick ist das Buch in dieser Hinsicht enttäuschend: Ich erfahre fast nichts über die körperliche Herausforderung, wahrscheinlich aus dem einfachen Grund, dass die Etappen nicht sehr anstrengend sind. Nur einmal werden die Wanderer müde und müssen eine Stunde schlafen.

Positiv ist es aber, dass die Strecke, der Trinius 1889 folgt, mit dem für den Wettkampf aktuellen Trail mehr oder weniger identisch zu sein scheint.[184] Nur aus diesem Grunde könnte das Buch als eine Art Reiseführer von Interesse sein. Details, wie dasjenige, dass der Kartograph Julius von Plänckner 1830 die ganze Länge des Rennsteigs „in einem Eilmarsch von nur 43 ½ Stunden" (Trinius 1899, S. 44) beschritten hat, zeugen davon, dass es damals Wanderer gegeben hat, die nicht nur romantisch umhergeschlendert sind, sondern in sportlicher Haltung sehr schnell, jedenfalls streckenweise sogar im Lauftempo, unterwegs waren.

Als Reiseführer ist Trinius allerdings ein wenig zu gesprächig. Mit vielen Details und fast enzyklopädischem Eifer bespricht er nahezu alles, was es zu besprechen gibt. Nicht sehr viel von dieser Bildungsflut ist für den heutigen Wanderer von Interesse. Andererseits könnten doch einige der historischen Anekdoten und Sagen, die Trinius zum Besten gibt, dazu beitragen, das Erlebnis von heutigen Ultraläufern zu erhöhen. Denn, wie wir schon bei Goethe, Seume und Stifter gesehen haben: das Wandern ist mit einer tiefen Faszination für die lange Zeit verbunden. Deshalb zu wissen, dass Luther (der übrigens auch ein Weitwanderer war) den Rennstieg mindestens viermal gekreuzt hat (1518, 1521, 1530 und 1537) (Trinius 1899, S. 9) setzt die eigene Wanderung in eine lange Perspektive. Noch besser: Vielleicht war der Rennstieg schon zu Karl des Großen Zeiten im achten Jahrhundert als Grenzweg zwischen Franken und Thüringen angelegt worden. Auf diese Weise kann man sich beim Wandern oder ruhigen Laufen den Rennstieg entlang – mithilfe von Trinius' Buch zurück in vergangene Zeiten träumen.

Je tiefer zurück in die Vergangenheit man geht, desto mehr tritt Trinius zufolge der Rennstieg als ein Laufweg auf. Oder wie der Name andeutet: Als ein Steig für das „Rennen". Dies lässt selbstverständlich den Ultraläufer aufhorchen! Einige Forscher weisen nämlich darauf hin, so führt Trinius aus, dass der Rennstieg, wie übrigens viele andere solcher schmalen Wanderwege, die wir auf Bergrücken in Deutschland vorfinden (die ebenfalls Rennsteige genannt werden), als ein Weg für Eilboten angelegt war. (Trinius 1899, S. 26) Auf schmalen Tracks, für Handelswagen, Heereszüge oder Postkutschen überhaupt nicht geeignet, konnten nämlich Reiter zu Pferde oder eben Läufer schnell vorankommen. Die vielen Rennsteige, und vielleicht auch der thüringische Rennstieg, könnten deshalb von professionellen Läufern benutzt worden sein, die beispielsweise die

Ludowinger in der Wartburg vor herannahenden Feinden aus dem Osten warnen sollten. In die Rolle eines solchen professionellen Läufers könnte ich mich beim Laufen am 20. Mai hineinträumen.

Oder wurde die speeresbreite Spur durch den Frankenwald und Thüringer Wald zu friedlicheren Zwecken benutzt? Vielleicht waren es, so spekuliert Trinius, die Siedler aus dem Osten, die diesen Weg in seiner ganzen Länge zum ersten Mal benutzt haben? Gustav Freytag verfolgt diesen Gedanken in seinem groß angelegten Roman *Die Ahnen* (Trinius 1899, S. 19). Die Vorstellung, auf demselben Weg wie die ersten Bewohner dieses Landes unterwegs zu sein, gibt dem heutigen Wanderer vielleicht das Gefühl, selbst ein Ursiedler dieses Landes zu sein, der zu Fuß die Landschaft erforscht.

Was ich jedenfalls während meines Laufes mit Sicherheit bemerken werde, sind die Grenzsteine (Trinius 1899, S. 8), auf die Trinius häufig zurückkommt. Denn, wenn der Rennsteig kein Rennweg oder Laufweg gewesen ist, ist er jedenfalls im 16. und 17. Jahrhundert ein Reinweg- oder Grenzweg gewesen. Die vielen Grenzsteine sind immer noch zu sehen, und spiegeln sich auch in Namen wie Dreiherrnstein oder Adlerstein wider.

Nicht durch detaillierte Beschreibung der Herausforderungen beim Wandern, sondern eher durch die Heraufbeschwörung des Rennsteigs als einem Wanderweg mit einer sehr langen Geschichte funktioniert Trinius' Buch doch als Inspiration für die heutigen Wanderer des Rennsteigs.

## Laufen als eine nationale Angelegenheit

Auch Ereignisse der jüngsten deutschen Geschichte spielen in Trinius' Buch eine wichtige Rolle. Vor allem im Vorwort ist das Nationalpathos, das in der Zeit nach der deutschen Reichsgründung so hervortretend war, deutlich zu spüren: Man bekommt den Eindruck, der Wanderer des Rennsteigs solle sich als ein deutscher Wanderer fühlen, und das Wandern könnte so als ein Akt des Patriotismus aufgefasst werden.

Möglicherweise aus diesem Grund hat Trinius den Rennsteig personifiziert und zu einem typischen Vertreter von deutschen Tugenden oder Attributen gemacht. Stichworte sind „Einsamkeit", „Wald", „Treue" und „Tapferkeit". Schauen wir uns einige Beispiele an: Die Einsamkeit des Rennsteiges wird mehrmals betont, denn fern von der Besiedlung, hoch auf dem Bergrücken, schlängelt er sich durch den Wald. So einsam ist es hier, dass der Wanderer auf diesem Pfad Trinius zufolge kaum auf Wild stößt: „Selten schreitet das Wild über diese alte, verwachsene Wildbahn … Vereinsamt bleibt der Rennsteig." (Trinius 1899, S. 6) Zweitens ist der Rennsteig ein ausgeprägter Waldweg, ja der Pfad scheint den Wald ebenso innig zu lieben wie die Deutschen selbst ihre Wälder lieben: „Stundenlang zieht sich oft der Pfad durch dichten Wald" (Trinius 1899, S. 6), schreibt Trinius, er spricht vom „Rauschen des Waldes scheue Seel" (Trinius 1899, S. 5) und von einem „unübersehbare[n] Waldmeer" (Trinius 1899, S. 7). Der Rennsteig und der Deutsche – beide sind einsame Waldgänger. Deutsche „Treue" finden wir am Rennsteig wieder, z. B. in der Beschreibung der Grenzsteine:

> Hie ein meiningischer, hie ein bayrischer Grenzstein! Sie sagen kein Wort; aber man meint, sie schütteln sich fest die Hände und blickten sich treu an: Nord und Süd allzeit nun einig. (Trinius 1899, S. 10 f.)

Hier wird offenbar, dass mit Treue vor allem Treue zum deutschen Charakter, zur deutschen Tugend und – zum Deutschen Reich gemeint ist. Am Ende der Einleitung tritt das Nationalpathos am deutlichsten hervor, und sämtliche deutsche Tugenden werden noch einmal heraufbeschworen.

> Wie ein grünes Ordensband legt sich der Thüringer Wald gleichsam quer über die Brust des deutschen Vaterlandes, und darinnen jubelt es und singt und klingt in hellen, frischen Tönen. Denn das Thüringer Land ist die Wiege des deutschen Volksgesanges. Aber

auch Treue wohnt darinnen, Arbeitsfreudigkeit und schlichte Tapferkeit. Mit mächtig schaffender Hand hat Mutter Natur in dem
Thüringer Walde eine Scheidemauer zwischen Nord und Süddeutschland gezogen. [...] Nicht Berg noch Strom trennt heute mehr
Nord und Süd. In der Einigkeit seiner Volksstämme ruht des Deutschen Reiches Macht und Herrlichkeit. (Trinius 1899, S. 44)

Für die Leserschaft zwischen 1890 und 1914 liegt ein Großteil des
Wanderreizes darin, dass der Rennsteig zum deutschesten Wanderweg stilisiert wird. Der Weg verkörpert gleichsam das große
nationale Glück der Deutschen zu dieser Zeit: „Wer über den Rennsteig einsam dahinzieht, der schaut über rauschende Wälder-Pracht
hinab in die blühenden Gelände von Nord und Süd" (Trinius 1899,
S. 44). Für die Leser von Heute, für die das Nationalpathos der wilhelminischen Zeit längst nichts mehr bedeutet, liegt der Reiz des
Buches anderswo: in der kindisch-begeisterten Vorfreude Trinius'
auf eine lange Wanderung, fernab von beruflichen Pflichten, und,
als es losgeht, auf die Nähe zur Natur und die Nähe zur Geschichte, zu den vielen Vorgängern auf diesem Pfad; seien es nun Gren-
zwächter, Waldhüter, Siedler oder eben Eilboten zu Pferd oder zu
Fuß.

# Hermann Hesse: Wandern als Grenzüberquerung und friedensstiftende Tätigkeit

Der Erste Weltkrieg war für den Autor Hermann Hesse ein entscheidendes und aufrüttelndes Ereignis, das auch sein Verhältnis zum Wandern grundsätzlich verändern sollte. Seit früher Jugend ein leidenschaftlicher Wanderer, der sich vor allem dem Landstreicherleben verbunden fühlte, hatte Hesse in der Vorkriegszeit literarische Wanderfiguren wie Peter Camenzind und „Knulp" zum Leben erweckt. Nach dem Krieg konnte aber Hesse nicht länger seine Wanderleidenschaft unverblümt zum Ausdruck bringen, was in der kleinen Erzählung *Wanderung* (1920) deutlich wird. Was ist passiert?

Hesse ist ein typisches Beispiel für einen Schriftsteller, der von der Reformbewegung, dem Wandervogel und Nietzsches aristokratischer Wanderphilosophie wesentliche Impulse bekommen hatte. Im Jahre 1904 hatte er außerdem Maria Bernoulli geheiratet, eine Frau, die für die Reformideen der Zeit sehr aufgeschlossen war. Zusammen zogen sich die Neuverheirateten vom städtischen Leben zurück, und ließen sich in Gaienhofen, einem sehr abgeschieden gelegenen Bauernhof am Untersee in der Nähe von Steckborn zurück. Den Idealen der Reformbewegung treu wollten sie sich hier selbst mit Obst und Gemüse versorgen und „ein ländliches, einfach-aufrichtiges, natürliches, unstädtisches und unmodisches Leben führen" (Böttker 1975, S. 115, Hesse, GS, IV, 619 f.).

In den folgenden Jahren stellt Hesse Versuche mit einem asketischen, radikal vegetarischen Leben an, macht ausgiebige Wanderungen, probiert freie Körperkultur aus und hat, wie so viele andere Intellektuelle dieser Zeit, Nietzsche mit Begeisterung rezipiert.

All diese Impulse waren aber mit dem Ausbruch des Krieges radikal in Frage gestellt, denn sie hatten den Blick für gesellschaftliche und politische Realitäten eher verschleiert als geschärft. Dies gilt vor allem für die Nietzsche-Rezeption, denn die Wandervögel hatten Nietzsches Schriften systematisch falsch gelesen und den Philosophen zum kombinierten Wander-Guru und kriegerischen Germanen erkoren, was dazu betrug, den Krieg auf ungebührliche Weise zu einem spannenden Wanderabenteuer zu romantiseren. Aus diesen Gründen war Hesse gezwungen, sich jedenfalls teilweise von dem ihn in der Jugend prägenden Bildungsgut zu distanzieren. In der Erzählung *Wanderung* geht es ihm darum, das Wandern – d. h. Hesses eigene Art und Weise zu wandern – in die neue Zeit hinüberzuretten. Deswegen erscheint die Erzählung als eine Diskussion, in der Hesse seine Spielart des Wanderns von politisch oder ideologisch problematischen Umfeldern fernzuhalten versucht.

Drei von den vier Punkten, die wir bis jetzt besprochen haben (Nationalismus, Lebensreform, Aristokratismus) werden als Positionen in diese Diskussion eingebracht. Hesse schreibt dichotomisch, er stellt verschiedene Vorstellungen von Wandern gegeneinander auf. Mehrere mit Wandern in den Vorkriegs- und Kriegsjahren häufig wiederkehrende Stichworte werden im Text zum Diskussionsthema erhoben:

- Wandern und Heimat/Nation/Grenzen/„Mutter Erde",
- Wandern und Gesundheit/Kraft/Liebe/Erotik/Lebensreform,
- Wandern und Einzelgängertum/radikaler Aristokratismus/ Nietzsche.

## Die Wanderroute Hesses im Tessin

Bevor wir uns diesen Punkten widmen, werden wir aber zuerst versuchen, die Wanderroute Hesses in der Erzählung *Wanderung* zu rekonstruieren.

Die Wanderung findet im Tessin statt, und der biographische Kontext ist wie folgt: Im Jahr 1919 ist Hesses Frau psychisch schwer krank, und Hesse sieht ein, dass er mit ihr nicht mehr zusammen-

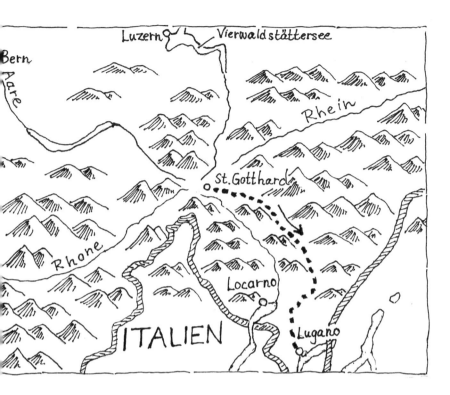

Abb. 27: Die Wanderung Hesses ging möglicherweise von St. Gotthard nach Lugano, eine Strecke von ungefähr 100 km.

leben kann. Ohne Familie verlässt er Bern und reist nach Lugano im Tessin, wo er nach einiger Zeit eine Wohnung im kleinen Bergdorf Montagnola bezieht. Wie „seine Lieblingsfigur, der Landstreicher Knulp", schreibt Fritz Böttger, „kam [Hesse] als Habenichts in die neue Landschaft, ohne Umzugsgut und ohne Anhang".[185] Hesse schreibt selbst, dass er in Tessin wie ein Fremder, „der von Milch und Reis und Makkaroni lebte, seine alten Anzüge bis zum Ausfranzen austrug und im Herbst sein Abendessen in Form von Kastanien aus dem Walde heimbrachte" (GS IV, S. 630). Hesse probiert hier in der neuen Heimat im Tessin ein neues Leben aus, es ist ein Neuanfang, ein Zurückgreifen auf eine primitivere, ursprünglichere Lebensform. Das Wandern spielt dabei eine zentrale Rolle.

Am Anfang der Erzählung *Wanderung* macht Hesse eine Pause „in einem Alpenpaß" (HHGW, Bd. 6, S. 133), ungefähr dort, wo auch die schweizerische Sprachgrenze zwischen Deutsch und Italienisch zu finden ist. Hesse befindet sich also entweder in der Nähe von St. Gotthard, Lukmanier oder San Bernadino, denn Näheres über seine Position erfahren wir nicht. Die Tatsache aber, dass Hesse an einer Wasserscheide steht, spricht dafür, dass der erwähnte Alpenpass St. Gotthard ist, denn von hier ab fließen mehrere wichtige Flüsse in verschiedene Richtungen, u. a. der Rhein und die Rhône.

Überhaupt gibt es im ganzen Text kaum Anhaltspunkte für eine nähere Bestimmung der Reiseroute, das einzige, was wir erfahren, ist, dass Hesse gegen Ende der Erzählung sich unweit von einer Bahnstrecke befindet, wo die „Bahn nach Mailand" (HHGW, Bd. 6, S. 164) läuft. An dieser Stelle ist auch von einem See die Rede, welcher der Luganer See sein könnte. Falls dies zutreffen sollte, hat Hesse eine Strecke von ungefähr 100 Kilometern von St. Gotthard nach Lugano zurückgelegt.

## Wandern und Heimat/Nation

Seine Nähe zu der nationalistischen Bewegung war ein Grund, weswegen Wandern für Hesse nach dem Krieg problematisch geworden war.

Die Wandervögel hatten das deutsche Heimatland zu ihrem Wandergebiet erkoren, wir hören selten, dass sie nationale Grenzen überqueren.[186] Die ersten Wanderungen gingen in ständig größeren Kreisen in der Landschaft um Berlin, und es war wichtig, diese Landschaft, die früher für Wandern als nicht besonders geeignet galt, nun als deutsches Wanderland zu mythologisieren. Das letzte große Treffen der Wandervögel (und auch vieler anderer zur Lebensreform gehörender Gruppen) fand auf dem Hohen Meißner im Oktober 1913 statt, was zum nationalen Mythos dieses Berges stark beitrug und auch beitragen sollte.

Das Fest auf dem Hohen Meißner war von sehr disparaten Richtungen geprägt, sowohl Pazifisten als militärisch orientierte Völkische waren vertreten. Dann aber kam der Kriegsausbruch, und sämtliche Zweifel oder Bedenken gegen einen deutschen militärischen Einsatz waren auf einmal wie weggefegt: Jetzt strömten die Wandervögel herbei, um sich freiwillig zum Kriegsdienst zu melden.

Auch Hermann Hesse wurde vom Kriegsrausch mitgerissen. Im August 1914 meldete er sich freiwillig zum Landsturm, wurde aber wegen seiner Kurzsichtigkeit als ungeeignet betrachtet. Hesse betrachtete zu diesem Zeitpunkt den Krieg als eine Möglichkeit, aus der künstlichen Gesellschaft in eine Welt der Realitäten auszubrechen:

> Aus dem blöden Kapitalistenfrieden herausgerissen zu werden, tat vielen gut, grade auch in Deutschland und für einen echten Künstler, scheint mir, wird ein Volk von Männern wertvoller, das dem Tod gegenübergestanden hat und die Unmittelbarkeit und Frische des Lagerlebens kennt.[187]

„Unmittelbarkeit" und „Frische", das sind die Wörter, die Hesse benutzt, um seine Hoffnungen in Bezug auf den Krieg zu beschreiben. Der Kapitalismus manifestiert das Gegenteil: Ein künstliches Leben, in dem die Menschen durch die Schule von früh an zu Spezialistenaufgaben qualifiziert und selektiert werden. An einem wirklichen Krieg teilzunehmen dagegen, selbst dem Tod ins Gesicht blicken müssen, – dies bedeutete für viele Wandervögel eine Steigerung der Werte, welche sie mit dem Wanderleben verbanden: Kameradschaft, Treue und Härte.

Auf diese Weise fanden ursprünglich pazifisch eingestellte Wandervögel mit völkischen Gruppierungen zusammen, die sich schon lange für Deutschlands Recht auf Siedlungsgebiete – vor allem im Osten Europas – eingesetzt hatten.

Singend zogen unzählige Wandervögel in den Krieg, mit Jubel und sehr naiven Hoffnungen auf ein großes Abenteuer. Dort, auf dem Schlachtfelde, starben sie scharenweise, und die wenigen Wandervögel, die nach dem Krieg ins Alltagsleben zurückkehrten, waren desillusioniert. Die Desillusion klingt auch in *Wanderung* mit:

> Der Rausch ist nicht mehr da … Es ist nicht mehr Frühling in meinem Herzen. Es ist Sommer. Anders klingt der Gruß der Fremde zu mir herauf. Sein Widerhall in meiner Brust ist stiller. Ich werfe keinen Hut in die Luft. Ich singe kein Lied. (HHGW, Bd. 6, S. 137)

Gleichzeitig ist der Text *Wanderung* ein Zeichen dafür, dass Hesse das Vagabundentum nicht aufgeben wollte, dass er ihm immer noch ein kritisches Potential einräumte und nicht gewillt war, es auf den Schrotthaufen der Geschichte zu werfen. Aus diesem Grund sind die Eröffnungsworte des Textes programmatisch aufzufassen, in denen das Wandern ausdrücklich als Fernweh, als Überschreitung von Grenzen, als Einbindung der Völker in eine internationale Gemeinschaft aufgefasst wird. Das Wandern sei also, so das Programm, als eine Aktivität aufzufassen, die zu internationaler Verständigung und nicht zu nationaler Abgrenzung beitragen soll (HHGW, Bd. 6, S. 133).

Es scheint mir also, Hesse fühle, er müsse seine Wanderleidenschaft nach der Katastrophe des Ersten Weltkrieges vor der Welt rechtfertigen. Er will unterstreichen, dass die Tatsache, dass er immer noch wandert, nicht auf geschichtlicher Ignoranz beruht. Deswegen geht er mit der Wandervogelbewegung der Vorkriegszeit ins Gericht: National gesinnte Wanderer seien nicht eigentlich Wanderer, so können wir Hesse auslegen, sondern Sesshafte. Er selbst distanziert sich davon, indem er sich als Wanderer mit einer noch primitiveren Stufe identifiziert: Er ist kein Viehzüchter oder Ackerbauer, er ist Nomade. Trotz dieses Rückfalls in eine frühzivilisatorische Gesellschaftsform sieht er sich aber, durch „die Überwindung der Sesshaftigkeit" und „Verachtung für Landesgrenzen"

als „Wegweiser in die Zukunft" (HHGW, Bd. 6, S. 133). Er über-
quere Grenzen, er stifte Frieden, seine Liebe sei allumfassend.

Die Beschreibung der Landschaft dient Hesse als Beleg für seine kosmopolitische Position. Er sieht in der Bergwelt des Tessins
nicht vor allem Hindernisse, steile, unüberwindbare Berge, Barri-
eren für die Kommunikation zwischen den Menschen, sondern
Pässe, die durch Jahrtausende Menschen aus dem Süden und Norden Europas verbunden haben. Und er beschreibt die Wege des
Wassers: Oben in den Alpen erreicht er die Wasserscheide.

> Die kleine Lache, die mein Schuh da streift, rinnt nach dem Nor-
> den ab, ihr Wasser kommt in ferne kalte Meere. Der kleine Schnee-
> rest dicht daneben aber tropft nach Süden ab, sein Wasser fällt nach
> ligurischen oder adriatischen Küsten hin ins Meer, dessen Grenze
> Afrika ist. Aber alle Wasser der Welt finden sich wieder, und Eis-
> meer und Nil vermischen sich im feuchten Wolkenflug. Das alte
> schöne Gleichnis heiligt mir die Stunde. Auch uns Wanderer führt
> jeder Weg nach Hause. (HHGW, Bd. 6, S. 136)

Das Wasser verkörpert bei Hesse, wie übrigens auch bei Stifter, das
Prinzip der langen Zeit. Was aber uns das Wasser lehrt, ist nicht,
dass die lange Zeit dem Sozialdarwinismus Argumente in die Hände spielt, dass also der Gesündeste und Kräftigste sich im Kampf
durchsetzen wird, sondern das Gegenteil: Das Wasser lehrt uns
„das sanfte Gesetz". Noch deutlicher wird diese Verwandtschaft
zwischen Hesse und Stifter in diesem Zitat:

> Aber das schöne Wasser kommt noch immer weiß und blau den
> braunen Berg herabgeronnen, und singt das alte Lied, und der Busch
> sitzt voll von Amseln. Keine Trompete schreit aus der Ferne herü-
> ber, und die große Zeit besteht wieder aus Tagen und Nächten, die
> voll von Zaubern sind, und aus Morgen und Abenden, aus Mitta-
> gen und Dämmerungen, und das geduldige Herz der Welt schlägt
> weiter. Wenn wir uns auf die Wiese legen, das Ohr an der Erde [...]

hören wir es, das große, ruhige Herz, und es ist das Herz der Mutter, deren Kinder wir sind. (HHGW, Bd. 6, S. 143)

Auf diese Weise stellt Hesse seine eigene Kriegsbegeisterung im
Jahre 1914 in Frage: Wir brauchen nicht „ein Volk von Männern,
die dem Tod gegenüber gestanden haben", das war ein Irrtum, denn
die Natur lehrt uns „das alte Lied", in dem das „große, ruhige Herz"
der Mutter den Puls schlägt und die Entwicklung wieder in ihre
sanfte Bahn einlenkt. Der Krieg nimmt, dem „sanften Gesetz" Stifters zufolge, nur die Position des „Blitzes" ein: Er ist nur etwas Vor-
beigehendes, eine Ausnahme, während das sanfte Gesetz die lange
Zeit lenkt. In Hesses Worten: Er lacht nicht mehr (Lachen ist was
Plötzliches, wie der Blitz), er wirft keinen Hut in die Luft (Chiffre
für die Kriegsbegeisterung 1914), stattdessen „lächelt" er nur: „ich
biete dem heraufduftenden Lande andere Sinne entgegen als einst-
mals, feinere, stillere, schärfere, geübtere, auch dankbarere".
(HHGW, Bd. 6, S. 137) Auf diese Weise kann das Wandern für Hesse weitergehen, befreit von der Last der Vergangenheit und aufgeschlossen für die Aufgaben der Zukunft: Grenzen abzubauen und
Frieden zu stiften zwischen den Völkern Europas.

## Wandern und Lebensreformdogmatismus

Nicht nur die Nähe des Wanderns zum Nationalismus macht es
problematisch, nach dem Ersten Weltkrieg auf Wanderschaft zu
gehen. Auch die enge Beziehung zwischen Wandervogel und gewissen extremen, sektenhaft auftretenden Zweigen der Lebensreformbewegung ließ im Rückblick auch die Wandervogelbewegung in
einem ungünstigen Licht erscheinen.

1907 besuchte Hermann Hesse Monte Verità, und eine Zeitlang
war er offenbar für die lebensreformerischen Ideen sehr aufgeschlossen. Wir haben schon erwähnt, dass Hesse in Arcegno im
Tessin das Nacktklettern ausprobiert hat und sich dabei ausschließlich von Nüssen, Beeren und Obst ernährt hat. Aus Hesses eigenen

Abb. 28: Der Nacktwanderer Hermann Hesse. Der junge Hesse hatte eine gewisse Neigung in Richtung Lebensreformdogmatismus.

Aussagen sehen wir, wie sinnlich er das Wandern zu diesem Zeitpunkt aufgefasst hat: ein erotisches, aber gleichzeig „kindisch vergnügtes" Verhältnis entsteht zwischen Berg und Kletterer, und eine

gesteigerte Naturromantik, eine erotische Sehnsucht zurück nach
einer ursprünglichen Lebensweise macht sich spürbar. Hesse selbst
erklärt, er erhoffe sich eine „Regeneration unserer Völker und ihres
gesamten Lebens" durch „Fruchternährung und Annäherung an
das Nacktleben".[188] Der moderne Mensch als degeneriert also. Der
Weg der Genesung von dieser Zivilisationskrankheit wird greifbar
durch einen Rückgriff auf alte Lebensformen und einen Willen,
moderne zivilisierte Lebensformen aufzugeben. Die Lebensreformbewegung hatte in den ersten Jahren des 20. Jahrhunderts – wie
die Jugendbewegung und die nationale Bewegung – eine Tendenz
zum Exzess, zum Dogmatismus und zur Intoleranz.

Hesse greift diesen Extremismus an, sowohl was Vegetarismus
als auch die Betonung von freier Sexualität angeht. Nur kurze Zeit
nach seinen eigenen Experimenten mit vegetarischer Ernährung
kommentiert Hesse ein Vegetarier-Treffen, an dem er teilgenom-
men hatte, wie folgt:

> Da gab es Vegetarier, Vegetarianer, Vegetabilisten, Rohkostler, Fru-
> givoren und Gemischtkostler […] Da kamen Priester und Lehrer
> aller Kirchen, falsche Hindus, Okkultisten, Masseure, Magnetopa-
> ten, Zauberer, Gesundbeter.[189]

Der ironische Ton Hesses zeugt hier von einer gewissen Distanz,
was noch deutlicher wird in der Erzählung *Dr. Knögles Ende* (1910),
welche als eine Parodie auf die Vegetarier dieser Zeit aufzufassen
ist. In *Wanderung* ist die Zeit des Experimentierens mit vegetarischer Ernährung vorbei, und Hesse isst mit großer Freude, was er
im Sack mitgebracht hat: „Brot, Wurst, Nüsse, Schokolade" (HHGW,
Bd. 6, S. 160).

Mit der Lebensreformbewegung kommen auch eine Reihe sexu-
alreformerische Ideen, eine „Sakralisierung des Erotischen" (Wilhelm Bölsche)[190] findet statt. Die Lebensreformer meinten, „in der
geschlechtlichen Liebe" erlange „der Mensch eine besondere Teilhabe an der Schöpfung". Hesse betont mehrmals die Bedeutung

des Erotischen, so auch in *Wanderung*. In einem italienischen Dorf angekommen, verliebt er sich Hals über Kopf in eine „schöne, hellblonde" Frau und bekennt:

> Wir Wanderer sind alle so beschaffen. Unser Wandertrieb und Vagabundentum ist zu einem großen Teil Liebe, Erotik. Die Reiseromantik ist zur Hälfte nichts anderes als Erwartung des Abenteuers. (HHGW, Bd. 6, S. 139 f.)

Das freie Wanderleben bedeutet die Möglichkeit des erotischen Abenteuers, dies gehört zur Wandervogelmentalität, was wir in noch höherem Grad in Manfred Hausmanns Roman *Lampioon* erfahren werden.[191] Was bei Hausmann konkret als häufige und fast tierisch anmutende Liebesabenteuer zum Ausdruck kommt, ist bei Hesse vor allem Traum. In der Wirklichkeit wird die Erotik nur in sublimierter Form ausgelebt. Denn sei die Reiseromantik zur einen Hälfte Erotik, dann sei sie zur anderen Hälfte

> […] unbewußter Trieb, das Erotische zu verwandeln und aufzulösen. Wir Wanderer sind darin geübt, Liebeswünsche gerade um ihrer Unerfüllbarkeit willen zu hegen, und jene Liebe, welche eigentlich dem Weib gehörte, spielend zu verteilen auf Dorf und Berg, See und Schlucht, an die Kinder am Weg, den Bettler auf der Brücke, das Rind auf der Weide, den Vogel, den Schmetterling. Wir lösen die Liebe von ihrem Gegenstand, die Liebe selbst ist uns genug, ebenso wie wir im Wandern nicht das Ziel suchen, sondern nur den Genuß des Wanderns selbst, das Unterwegssein. (HHGW, Bd. 6, S. 140)

Eine „Sakralisierung des Erotischen" kommt hier zwar zum Ausdruck, aber mit der Präzisierung: Sakralisierung des *sublimiert* Erotischen. Typisch in dieser Hinsicht ist der folgende Textauszug aus *Der geheimnisvolle Berg*:

Der schlecht beleumdete Berg wurde ihm allmählich lieb, und das keine Liebe ganz vergeblich ist, tat sich auch der finstere Berg nach und nach vor dem Wanderer auf, zeigte ihm verhüllte Schätze und hatte nichts darwider, dass dieser einsame Mann ihn besuchte und ihm hinter seine Geheimnisse zu kommen trachtete.[192]

Wenn Hesse im Bereich des Erotischen einen Hang zum Exzess hat, dann nicht in der Wirklichkeit, sondern in der Sphäre der Phantasie.[193]

Hesse, der vor dem Krieg selbst einen Hang zum Dogmatischen und Extremen hatte, nimmt mit der Erzählung *Wanderung* gleichsam einen Schritt zurück. Die Aufgeschlossenheit für die lebensreformerischen Ideen hatte ihn zum Extrem-Vegetarier, ökologischen Selbsternährer und Nackt-Kletterer gemacht und auch mit vielen alternativen Heilslehren war er vertraut geworden. Diese Ideen leben weiter, aber in modifizierter Form.

Wie verhält es sich beispielsweise mit Hesses Einstellung zur Naturheilkunde? Trotz der vielen persönlichen Krisen, die Hesse selbst durchlebte, spricht aus seinen Texten häufig ein Optimismus in Bezug auf die Möglichkeit des Menschen, selbst – oder mit Hilfe eines Mentors – aus der Krise einen Weg zu finden. Volker Michaels führt aus:

Bei Hesse gibt es […] ein Urvertrauen in die organischen Zusammenhänge und Gesetzmäßigkeiten der Natur, die uns wieder in die Balance bringen können, wenn man sich ihnen überlässt.[194]

Der Text *Wanderung* ist ein deutliches Zeugnis dieses Vertrauens. Nach einem sehr harmonischen, optimistischen, definitiv romantischen Auftakt, kommt mit dem Kapitel „Regen" der Umschlag: Tage der Schwermut, wo alles, was Hesse bisher über den Segen des Wanderns zum Besten gegeben hat, sich als sinnlos, bloßes Gerede, entpuppt. Die Schwermut dominiert aber nicht den Rest der Erzählung, im Gegenteil: Statt sich der Schwermut hinzugeben,

Abb. 29: Hermann Hesse in Tessin. Weniger dogmatisch, aber bemüht, das Wandern als Lebensform auch an die Nachkriegsjugend weiterzugeben.

finden wir die zielgerichtete Bemühung des Wanderers, sich aus dem Zustand der Schwermut herauszukämpfen, um wieder „in die Balance" zu kommen. Der Erzähler listet sogar die Mittel auf, die er zu seiner Genesung heranzieht, und, wie wir sehen, ist eine Steigerung bemerkbar: den beiden zuletzt erwähnten Punkte scheint am meisten Gewicht beigemessen zu werden:

> Es gibt gute Mittel gegen die Schwermut: Gesang, Frömmigkeit,
> Weintrinken, Musizieren, *Gedichtemachen, Wanderung.* (HHGW,
> Bd. 6, S. 167, meine Hervorhebung)

Bemerkenswert ist hier, dass traditionelle Medizin *nicht* in diese
Liste gehört. Hesses Heilmittel par excellence aber ist – Wandern.
Oder mit anderen Worten: Um Schwermut zu bekämpfen, gibt es
nichts Besseres, als mit dem bürgerlichen Leben, mit der Welt, mit
dem Bereich des Vernünftigen und Zweckmäßigen zu brechen und
sich auf Wanderschaft in die Natur zu begeben:

> Wo werde ich diesen Abend schlafen? Einerlei! Was macht die Welt?
> Sind neue Götter erfunden, neue Gesetze, neue Freiheiten? Einer-
> lei! Aber daß hier oben noch eine Primel blüht und Silberpelzchen
> auf den Bättern trägt, und daß der leise süße Wind dort unten in den
> Pappeln singt, und daß zwischen meinem Auge und dem Himmel
> eine dunkelgoldene Biene schwebt und summt – das ist nicht einer-
> lei. Sie summt das Lied vom Glück, sie summt das Lied von der Ewig-
> keit. Ihr Lied ist meine Weltgeschichte. (HHGW, Bd. 6, S. 149)

Hier ist ohne Zweifel viel von den Idealen der Wandervögel noch
lebendig, aber auch die dem Wandervogel zugrundeliegende
Reformpädagogik klingt mit: sowohl die Betonung der motori-
schen Fertigkeiten (durch Wandern eben) als auch die gefühlsmä-
ßige Bindung an die Natur. Hesse rettet auf diese Weise wertvolle
Aspekte der Wandervögel und Lebensreformer in die neue Zeit
hinüber: Vor allem vielleicht die ökologischen Ideen, die in diesen
Bewegungen vielleicht zum ersten Mal eine Verbreitung fanden.

## Hesses Wanderer und Nietzsche

Die politisch-ideologische Nutzbarmachung von Nietzsches Philosophie zu verschiedenen Zwecken hatte schon lange vor 1914 angefangen. Wir haben schon darüber gesprochen, wie die Reformbe-

wegung Nietzsche zu einem Pionier des Vegetarismus machen wollte, und in ihm einen Vorkämpfer für ein natürliches Ideal, von Kraft und Gesundheit, sah. Es kulminiert gleichsam in Alfred Soders Bild vom nackten Wanderer Nietzsche, hoch oben auf einem Berg. Aber auch die völkisch-nationale Bewegung wollte Nietzsche auf ihrer Seite haben, und sah in seiner Lebens- und Machtphilosophie gleichsam eine intellektuelle Legitimation des nationalen Eroberungskrieges, um Lebensraum für die germanische Rasse zu schaffen.

Nietzsche war aber, wenn auch indirekt, zu einer Leitfigur der Wanderbewegung geworden, nicht zuletzt dadurch, dass die Ideen Nietzsches von Julius Langbehn aufgenommen worden waren und in seinem Bestseller *Rembrandt als Erzieher* (1890) Eingang gefunden hatten. Dieses Buch war fast zur Bibel der Wandervogelbewegung geworden. Nicht nur Nietzsche, sondern auch Wandern als solches, als ein in die Nietzsche-Sphäre eingesogenes Phänomen, war jedoch durch die Ereignisse der ersten 18 Jahre des 20. Jahrhunderts grundsätzlich in Frage gestellt worden. Wie sollte sich Hermann Hesse zu dieser zutiefst problematischen Rezeptionsgeschichte Nietzsches verhalten? Schon lange hatte Hesse sich mit Nietzsches Philosophie auseinandergesetzt und hatte beim Philosophen viele positive Anregungen gefunden, nicht zuletzt, wenn es darauf ankam, seine eigene Wanderphilosophie zu entwickeln.

Noch einmal können wir in Hesses Text Spuren einer diskursiven Auseinandersetzung finden, vor allem im Kapitel mit dem Titel „Bäume". Hier tauchen leicht erkennbare Nietzsche-Ideen auf; der aufmerksame Leser bemerkt aber, wie sich der Erzähler bemüht, die Ideen so zu präsentieren, dass sie nicht näher, sondern weiter weg vom politisierten Nietzsche rücken. Ob es sich um Individualismus, Entfaltung des eigenen Potentials, Kraft, Erde oder „Mutter" handelt – der Erzähler sorgt dafür, dass er durch seine Art und Weise darüber zu sprechen, diese Konzepte gleichsam aus den Händen der Nietzsche-‚Verhunzer' nimmt. Der Erzähler proklamiert, dass er Bäume „verehrt", nicht so sehr Bäume im Wald (die aber auch), sondern vor allem Bäume, die einzeln stehen:

Sie sind wie Einsame. Nicht wie Einsiedler, welche aus irgendeiner Schwäche sich davongestohlen haben, sondern wie große, vereinsamte Menschen, wie Beethoven und Nietzsche. In ihren Wipfeln rauscht die Welt, ihre Wurzeln ruhen im Unendlichen; allein sie verlieren sich nicht darin, sondern erstreben mit aller Kraft ihres Lebens nur das Eine: ihr eigenes, in ihnen wohnendes Gesetz zu erfüllen, ihre eigene Gestalt auszubauen, sich selbst darzustellen. (HHGW, Bd. 6, S. 151)

Die einsamen Bäume sind für den Wanderer offenbar so etwas wie die Verkörperung eines radikalen Individualismus. Das Ziel des Baumes ist, die eigene Einmaligkeit, so wie sie im Samen schon vorhanden ist, zu entwickeln. Die Aufgabe des Baumes ist es, „im ausgeprägt Einmaligen das Ewige zu gestalten und zu zeigen" (HHGW, Bd. 6, S. 152). Wir befinden uns an dieser Stelle in unmittelbarer Nähe zu dem Gedanken, so ein Baum müsse doch ein Bild von einem Volk oder einer Nation sein; einer Nation, die das Recht habe, ihre Eigenart im Krieg gegen andere zur Entfaltung zu bringen. Oswald Spengler hat Nietzsche so ausgelegt in seinem Bestseller *Der Untergang des Abendlandes,* einem Buch, das im Ersten Weltkrieg von Soldaten in den Schützengräben gelesen wurde, um sich national zu berauschen. Ganz anders wird das Bild vom selbstentfaltenden Baum in Hesses Erzählung kontextualisiert: Erstens haben wir es mit einem Tessiner Baum (im Italienisch sprechenden Teil der Schweiz) zu tun, der von einem Deutschen betrachtet wird, was schon eine nationalistische Interpretation erschweren dürfte. Vor dem Hintergrund der vorausgehenden Reflexionen über Wandern und Grenzüberquerung als friedensstiftende Handlungen wird eine solche Auslegung noch weniger nachvollziehbar.

Nicht irgendein nationales Recht auf individuelle Entfaltung, sondern eher ein ökologisches Prinzip wird hier heraufbeschworen. Alles Lebendige hat das Recht, seinen innersten Kern zur Entfaltung zu bringen, und keiner hat das Recht, sich selbst auf Kosten

der anderen durchzusetzen. Dies ist das „Urgesetz des Lebens", also
Leben lassen, nicht Leben zerstören.

Zarathustra hatte 10 Jahre in der Wildnis gelebt und dort die
Geheimnisse der Natur belauscht. Die Botschaft, die er mit sich
brachte war: „Bleib der Erde treu!". Der Wanderer in Hesses Erzählung hat viel von Zarathustra, denn auch er belauscht die Natur,
vor allem – die Bäume:

> Bäume sind Heiligtümer. Wer mit ihnen zu sprechen, wer ihnen
> zuhören weiß, der erfährt die Wahrheit. Sie predigen nicht Lehren
> und Rezepte, die predigen, um das Einzelne unbekümmert, das
> Urgesetz des Lebens. (HHGW, Bd. 6, S. 151)

Hesse wagt es auch, zu nationalistischen Zwecken gründlich miss-
brauchte Konzepte wie „Heimat" und „Mutter" in den Text einflie-
ßen zu lassen. Die Nähe zu dem missverstandenen, politisch aus-
gebeuteten Nietzsche *muss* nämlich immer wieder heraufbeschworen werden, sonst entsteht nicht der Diskussionscharakter, der hier
Hesses Anliegen zu sein scheint. Wandersehnsucht ist „Sehnsucht
nach Heimat, nach Gedächtnis der Mutter" (HHGW, Bd. 6, S. 152),
lässt Hesse seinen Erzähler sagen. Dies könnte nationalistisch klin-
gen, ist es aber nicht. Erinnern wir uns an die einleitenden Reflexionen über Wasser: An der Wasserscheide fließen die Flüsse in
zwei Richtungen, einerseits nordwärts durch Deutschland, andererseits südwärts nach Italien, das Mittelmeer und Afrika.

> Aber alle Wasser der Welt finden sich wieder, und Eismeer und Nil
> vermischen sich im feuchten Wolkenflug. Das alte schöne Gleich-
> nis heiligt mir die Stunde. Auch uns Wanderer führt jeder Weg nach
> Hause. (HHGW, Bd. 6, S. 136)

Die „Heimat" ist hier nicht etwa „Deutschland", sondern das Meer
oder gar der „feuchte […] Wolkenflug". Die Wanderung führt also
den Wanderer nicht, obwohl sie ihn „nach Hause" bringt, nach

Deutschland zurück; die Wanderung führt den Wanderer in seine eigentliche Heimat, die eher mit Begriffen wie „Natur" oder „Welt" zu umschreiben ist.

Abschließend lässt sich sagen, dass Hesse, um Nietzsche aus den Händen seiner „Missbraucher" zu nehmen, seinen Text als eine Diskursbearbeitung gestaltet, in der Nietzsches Begriffe umfunktioniert werden, oder besser: zurückgeführt werden zu ihrer ursprünglichen, nicht politisierten Bedeutung.

## Wandern konkret

Da der philosophische oder reflektierende Aspekt in Hesses Text in den Vordergrund gerückt wird, erfahren wir nicht sehr viel über das konkrete Wandern. Trotzdem gibt es auch einige Hinweise auf das Wandern als konkrete Tätigkeit.

Die Ausrüstung des Wanderers ist einfach, er tritt fast wie ein Vagabund auf: „Ich neige", sagt der Wanderer „sehr dazu, aus dem Rucksack zu leben und Fransen an den Hosen zu haben" (HHGW, Bd. 6, S. 139). Auch kümmert er sich nicht sehr darum, ob er im Freien oder einem Hotel übernachten muss, es ist alles „einerlei" (HHGW, Bd. 6, S. 149), es kommt, wie es kommt. Das Essen, das er im Rucksack mitbringt, ist einfach, aber nicht von Armut und Knappheit geprägt: „Brot, Wurst, Nüsse, Schokolade" (HHGW, Bd. 6, S. 160). An anderen Stellen in der Erzählung werden Restaurants besucht, Wein getrunken und Zigarren geraucht (HHGW, Bd. 6, S. 156). Wir haben es mit einem wohlsituierten, bürgerlichen Wanderer zu tun, der mit dem Dasein als Landstreicher spielen kann, ohne aber von der Bequemlichkeit der Zivilisation Abstand nehmen zu müssen.

# Manfred Hausmann: Kälte, Hunger und Erschöpfung als erhöhtes Leben

Mit Manfred Hausmann (1898–1986) tritt uns noch einmal ein Autor entgegen, der nicht nur über Wandern schreibt, sondern selbst ein Wanderer ist. Mehr noch, er radikalisiert die Idee des Wanderns zu einer Lebensform. Am Ende des Jahres 1924 kündigte er nämlich seine Stellung als Journalist bei der Weser-Zeitung, um ein Jahr als Landstreicher zu leben.[195] Das literarische Ergebnis ist der Roman *Lampioon küßt Mädchen und kleine Birken* (1925), der ein großer Publikumserfolg wurde und dem andere Vagabunden-Erzählungen folgten.

In *Lampioon* lässt Hausmann den Protagonisten, den Landstreicher Lampioon, in vielen Fällen dasselbe landschaftliche Umfeld durchstreichen, das er selbst im Landstreicher-Modus erkundet hatte.[196] Wir werden uns im Folgenden mit *Lampioon* befassen und diesen Text aus der Extremwanderperspektive beleuchten. Die Forschung hat bei Hausmann, bei dem das Wandern so deutlich hervortritt, dieses überraschenderweise als konkretes physisches Phänomen weitgehend ausgeblendet und den Fokus auf andere Themen gelegt, wie Hausmanns Verhältnis zum Nationalsozialismus (z. B. Arn Strohmeyer[197] und Hans Sarkowicz[198]) oder Hausmanns theologische Position (z. B. Ursula Homann[199], Regina Jung-Schmidt[200] und Ulrich Kriehn[201]).

## Inhaltsangabe

Im Roman hören wir den persönlichen Bericht des Landstreichers Lampioon, der in einer Zeitspanne vom Spätherbst, wahrscheinlich November, bis zum Sommer mehrere Gebiete Deutschlands durchwandert: Er fängt im Norden an, wo Lampioon lange Zeit in der Moor- und Heidelandschaft in der Umgebung der Weser umherstreift. Später hat er kürzere Aufenthalte in Großstädten wie Hamburg und Berlin, hauptsächlich aber befindet er sich in Wäldern und Wiesen, am liebsten die Flüsse entlang wandernd: im Leinetal, im Habichtswald in der Nähe von Kassel, am Oberrhein, im Allgäu und am Ende das Donautal entlang, von Passau südwärts Richtung Österreich.

Lampioon kommt eigentlich aus einer gutbürgerlichen Familie in Kassel, aber als Vierzehnjähriger hat er den Buchhalter Carl Tilken aus Eifersucht und verletztem Stolz ums Leben gebracht. Diese Mordgeschichte dient als Begründung dafür, warum er seinen Namen hat verändern müssen und nun ein Leben als Landstreicher führen muss.

Wir bekommen aber nicht wirklich den Eindruck, es mit einem Landstreicher zu tun zu haben, den äußere Umstände dazu gezwungen haben, ein solch anti-bürgerliches, umherschweifendes und von Armut geprägtes Leben zu führen. Im Gegenteil tritt Lampioon als jemand auf, der die Lebensform als Landstreicher gutheißt. Selbstbewusst distanziert er sich vom typischen Wandervogel, der sicher in Herbergen übernachtet und in Gruppen wandert. Lampioon wandert allein, seine Ausrüstung ist selbstgemacht und von ausgesprochener Primitivität, und er übernachtet häufig im Freien, egal bei welchem Wetter und zu welcher Jahreszeit. Sein Essen ist knapp und er muss häufig betteln. Lampioon sucht das Alleinsein in der Wildnis auf, er verirrt sich willentlich (das ist sozusagen sein Wanderprinzip) und lebt so fast wie ein Tier oder ein Urmensch, mit einer erhöhten Aufmerksamkeit auf seinen Körper und die Sinneseindrücke: Er wird klitschnass, friert, hungert, hat Durst, tastet sich voller Angst im Stockdunkeln durch das Moor, nur um nicht stillzusitzen und zu erfrieren. Solche unbehaglichen Erlebnisse werden aber von Augenblicken der Euphorie abgelöst; Augenblicke, in denen Lampioon sich unter dem Sternenhimmel im Moor wie ein König fühlt, der einzig wirkliche freie Mensch weit und breit.

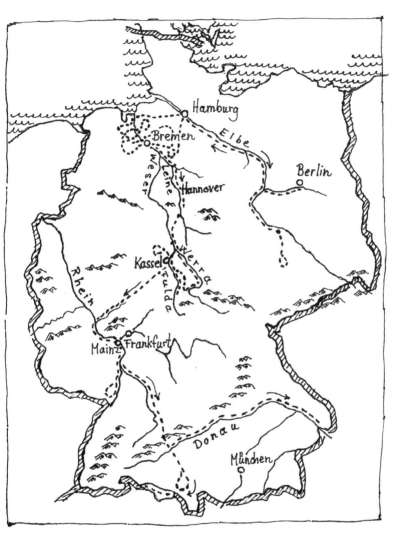

Abb. 30: Lampioons Wanderwege, die Flusstäler Deutschlands entlang. Um sich nicht zu verlaufen, hat sich Lampioon an den Flüssen orientiert.

Die Darstellungen der einsamen Wanderungen und Naturerlebnisse werden abgelöst von Kapiteln, in denen Lampioon in der Gesellschaft von anderen Menschen auftritt, sei es im Armenhaus in Mylermylen im Oldenburgischen oder mit dem Freund Friedel in Hamburg. Am meisten aber kreisen die Gedanken des fast dreißigjährigen Lampioon um Frauen und insbesondere um ganz junge, vierzehn-, fünfzehnjährige Mädchen. Diese Fixierung scheint mit dem traumatischen Erlebnis Lampioons, der erst vierzehnjährig zum Mörder wurde, zusammenzuhängen. Sein Verhältnis zu Frauen und Sexualität scheint gespalten zu sein: Einerseits ist er ein den Normen der Gesellschaft gleichgültig gegenüberstehender Abenteurer und Verbrecher; jemand, der jede Chance nutzt, um eine Frau oder ein Mädchen bei sich zu haben, der auch nicht vor Gewalt zurückscheut, der dem Tierischen sehr nahesteht. An mehreren Stellen ist er sehr nahe daran, sich an jungen Mädchen zu vergreifen oder andere Gewalttaten zu begehen. Andererseits scheint er von einer natürlich-naiven Unschuld, von echter Liebe zu allem Lebendigen geprägt zu sein, ein Charakterzug, der ihn vor neuen Verbrechen schützt. Beispielsweise brennt er nicht die Scheune des Bauern nieder, der ihm an Weihnachten Essen verweigert, er greift nicht die unschuldige Bettina an (obwohl er mit dem Gedanken spielt); ein Mädchen, das einmal sein Leben gerettet hat und er nun mit inniger Liebe anbetet. Stattdessen findet er immer zum Weg der Liebe zurück, statt Menschen wehzutun, küsst er Blumen und kleine Birken.

## Ausrüstung

Lampioon bekennt sich also zu einer sehr einfachen, primitiven Lebensform, und schon im zweiten Kapitel finden wir eine relativ ausführliche Beschreibung seines Wanderprinzips und der dazugehörigen Wanderausrüstung:

> Du kannst einen warmen Mantel anziehen, einen Rucksack auf den Buckel hängen und allerlei Geld in die Tasche tun. Auf diese Weise kannst du durch den Winter reisen. Es friert, es schneit, du hörst die Wälder krachen, siehst die Ebene schimmern, zuweilen verläufst

Abb. 31: Ein frühes Beispiel der Outdoor-Industrie: Anzeige in der Monatszeitschrift für Deutsches Jungwandern im Januar 1913. Hausmanns Lampioon distanziert sich vom wohlhabenden, bürgerlichen Wandervogel, der sich eine solche Ausrüstung leisten konnte.

du dich, zuweilen rutscht dein Fuß in einen leicht überfrorenen Bach, aber es hat weiter keine Gefahr, denn du bist ein Naturfreund und liebst dergleichen. Abends findet sich ein Gasthaus mit Gesellschaft und Kartenspiel. Dann schläfst du die Nacht über in einem Federbett und stampfst am anderen Morgen, rosig rasiert, über Berg und Tal. So kannst du es machen. Aber ich stimme dir nicht zu. Wenn es Winter wird, habe ich vielleicht einen langen Sack, der aus drei Schaffellen zusammengenäht ist, die Wolle nach innen. Dieser Sack ist mein Wirtshaus, mein Bett, mein liebes Weib, mein Freund in Not und Tod und alles das miteinander. (MHGW 1983, S. 10)

Lampioon setzt seine Erklärung fort und verrät uns gern einige seiner Outdoor-Tricks und Geheimnisse:

So schiebe ich denn meinen Lebensmittelbeutel in den Schlafsack und rolle das Ganze zusammen, dann schnalle ich zwei Riemen herum und werfe das Bündel um meine Schulter. Untendran baumelt ein Wasserkesselchen […] Obenauf binde ich die Bratpfanne. (MHGW 1983, S. 10)

Einen Rucksack hat er also scheinbar nicht, dies würde vielleicht mit seinem Ideal, dem Landstreicher, allzu stark brechen.[202] Bringt er etwas zum Essen mit? Nahezu nichts: Nur „ein Tütchen mit Salz und ein[en] Viertelliter Schnaps" (MHGW 1983, S. 11). Geld hat er gelegentlich, er verdient es durch verschiedene Kleinarbeiten, aber, wie er ganz am Anfang des Romans bekennt: gerade jetzt hat er nichts (MHGW 1983, S. 11).

Als Landstreicher kann er eben nicht seinen Rucksack wie für eine Expedition packen, die in einem vorausbestimmten Zeitraum durchgeführt und auch beendet werden soll. Wie Eichendorffs Taugenichts fährt Lampioon in die Welt hinaus, ohne zu wissen, wann die Wanderung aufhören wird, und mit dem Vertrauen: Es wird sich schon eine Lösung finden. Die dazugehörige Haltung kommt in Formulierungen wie den folgenden zum Ausdruck:

Wandern … ich brauche kein tägliches Brot, aber dies brauche ich: Wandern an Flüssen hin, durch säuerliches Gras, durch Heidekraut, durch dunstige Nächte, mich verlieren in Wäldern und großen Wiesen (MHGW 1983, S. 7 f.)

Wir fühlen uns unwillkürlich nicht nur an den Taugenichts erinnert, sondern auch an die Worte, die Jesus an die Apostel richtet, als sie dabei sind, zu Fuß das Evangelium zu verbreiten: „Nehmt nichts mit auf den Weg, keinen Wanderstab und keine Vorratstasche, kein Brot, kein Geld und kein zweites Hemd", (Lk 9,3).

Es geht Lampioon meistens auch gut. Er kann sich etwas Essen erbetteln, oder er kann es von einer seiner vielen Geliebten geschenkt bekommen: Nach einem erotischen Abenteuer mit Elsbeth findet er sich frohgemut unterwegs, ausgestattet mit Speck, Eiern, Zucker, Mehl und Hafergrütze (MHGW 1983, S. 12). Er teilt den Lesern gern mit, wie man eine gute Mahlzeit im Freien zubereiten kann, und viele andere Outdoor-Tricks lassen sich aus dem Buch herauslesen. Als Lampioon z. B. einen Berg besteigen will, den Stuiben im Allgäu, und auf Schnee stößt, weiß er Bescheid: Er nimmt Schweineschmalz von seinem eingepackten Brot und schmiert es auf seine Stiefel – „damit mir das Schmelzwasser nichts tun kann" (MHGW 1983, S. 155).

Viele andere Male geht es dem Wanderer nicht so gut. Im Kapitel „Sturm über den Heidewäldern" muss er spüren, dass die Ausrüstung nicht gut genug ist. So hat er keine gut gefütterten Handschuhe, sondern muss die Hände in die Hosentaschen stecken, um nicht zu frieren (MHGW 1983, S. 72). Obwohl er „den Jackenkragen hoch geklappt und die Mütze über die Ohren gezogen" hat, hilft es nicht gegen den herunterströmenden Regen. Es ist stockdunkel, immer wieder besteht die Gefahr, dass er „ausrutsch[t] oder gegen einen Stamm renn[t]":

Als ich etwa zwei Stunden Schritt für Schritt vorgedrungen bin, mit Händen und Füßen tastend, die Schultern hochgeschoben, bald die eine, bald die andere Hüfte vorgedrückt, fange ich an, mich ein bißchen unbehaglich zu fühlen. […] [J]etzt bin ich blind vor Nässe, mein Gesicht blutet, vielleicht habe ich auch Hunger. […] Ich friere und bibbere. […] Es geht mir schlecht. Warum soll ich das verschweigen? Und das Schlimmste ist die Kälte. Nein, das Schlimmste ist das Wasser, das so kitzelig an meinem Bauch herunterfließt. Sei ruhig, das Schlimmste ist ganz einfach der Hunger. […] Nicht mehr denken, nur zuweilen fluchen, so richtig ohne Sinn und Verstand, verfluchter Dreizwiebelkanonenmist! Ganz in Stumpfsinn und Gefluche gehüllt im Walde stehen und verfaulen. Ich erfinde unanständige Worte, ich hänge die Zunge heraus und blecke die Zähne. […] Aber allmählich werden meine Beine taub, und ich sacke zusammen. (MHGW 1983, S. 72)

Wäre es denkbar, eine solch detaillierte Beschreibung der Ausrüstung und des körperlichen Befindens bei einem Unwetter bei

Goethe, Seume, Heine, Stifter, Nietzsche oder Trinius zu finden? Kaum. Dies deutet vielleicht darauf hin, dass solche Beschreibungen früher nicht als literaturtauglich betrachtet werden konnten.

## Planung

Lampioon plant seine Wanderungen nicht. „Ich für meine Person habe kein Ziel", bekennt er. „Ich gehe mit meinen schrumpeligen Hosen umher und bleibe alle Augenblicke stehen und gucke mich um: Hübsch ist es hier", (MHGW 1983, S. 8). Nicht nur hat er kein Ziel, er verirrt sich bewusst:#

> Natürlich sind Straßen und Pfade in den Heidewäldern, aber was soll ein Wanderer damit? Das erste, was ich unternehme, ist stets, daß ich mich linker Hand ins Dickicht schlage und drauflosstolpere, bis ich nicht mehr weiß, wo ich bin. (MHGW 1983, S. 71)

Das Netzwerk von ausgebauten, gut beschilderten Wanderwegen hat sich seit den 1860er Jahren mit schnellem Tempo entwickelt, jetzt gibt es sie überall, was das Orientieren selbstverständlich viel einfacher macht. Lampioon steuert aber bewusst von dieser Art von Zivilisation in der Wildnis weg. Er will ganz auf eigene Faust gehen.

Lampioon sagt nicht direkt, wie er sich orientiert, aber irgendwie findet er den Weg zur nächsten Siedlung. Der Trick scheint darin zu liegen, sich an den Landschaftsformationen zu orientieren, vor allem an Flüssen und den Flusstälern. Auffallend ist, dass im Roman fast nie versäumt wird, den Namen des Flusses zu erwähnen, der gerade in der Nähe ist. Lampioon wandert an der Weser, der Leine (MHGW 1983, S. 100), der Saale (MHGW 1983, S. 117), dem Neckar (MHGW 1983, S. 117), der Fulda (MHGW 1983, S. 127), dem Rhein (MHGW 1983, S. 151) und der Donau (MHGW 1983, S. 168). Immer wieder folgt er dem Flusslauf, wie Wanderer es wahrscheinlich zu allen Zeiten getan haben.

## Warum ein Extremwanderer im Modus des Landstreichers?

Lampioon lebt also als Landstreicher aus eigener Überzeugung, nicht aus Notwendigkeit. Ganz aus freiem Entschluss wählt er auch, sich den Kräften der Natur auszusetzen, sich zu verirren und auf diese Weise in Lebensgefahr zu geraten. Er ist eben nicht nur ein Landstreicher, sondern ein Extremlandstreicher oder Extremwanderer. Die Frage, der ich im Folgenden nachgehen werde, ist: Warum tut er das? Warum sich solchen Unannehmlichkeiten aussetzen? Meine Antwort teilt sich in vier Vorschläge:

1. Das Landstreicherleben ist eine Fortsetzung der Wandervogelideale des Wanderpioniers Karl Fischer.
2. Vor dem Hintergrund des Ersten Weltkrieges ist ein radikales Wanderleben die richtige Antwort.
3. Extremwandern ist eine Reaktion auf die Zivilisationskrankheiten. Dem sesshaften, areligiösen, modernen Leben in den Großstädten wird Körperkult als eine säkularisierte Heilslehre gegenübergestellt.
4. Das Leben als Landstreicher kann als Protest gegen die degenerierte Weimarer Republik (Demokratie, Kosmopolitismus usw.) aufgefasst werden.

Abschließend wird die Frage gestellt, ob das Landstreicherprojekt als gelungen oder gescheitert betrachtet werden kann.

### Antwort 1: Das Erbe von Fischer

War die Idee, den Landstreicher zum Wanderideal zu machen, etwas, womit Manfred Hausmann sozusagen aus dem Nichts gekommen war? Gar nicht, hier steht er schon in einer langen Wandervogeltradition. Zwar waren die ersten Wandervögel recht bürgerlich orientiert und gingen sogar in Schuluniformen, aber mit Karl Fischer setzt um 1900 die Orientierung an den Landstreichern

oder Vagabunden ein. Das Leitbild Fischers war eigentlich der
Scholar oder der wandernde Schüler, so wie wir ihn im Mittelalter
vorfinden. Diese Art des Wandervogels weicht Richard Miller zufolge deutlich von dem bürgerlichen Zweig ab:

> They pooled their money, spoke hobo slang, peasant patois and
> medieval vulgate. They were loud and rude, sometimes ragged and
> dirty and torn by briars. They carried packs, wore woolen capes,
> shorts, dark shirts, Tyrolean hats with heavy boots and bright neck
> scarves. Part hobo and part medieval they were very offensive to
> their elders.[203]

Der Wanderer vom Typus Lampioon scheint hier vorgezeichnet zu
sein, nur mit der Ausnahme, dass Lampioon dem Landstreicherleben
ernsthaft ausgeliefert ist (siehe Abb. 28). Der Mord, den er begangen
hat, zwingt ihn, seinen Namen zu ändern und der Heimat den Rücken
zu kehren. Es fragt sich aber, wie ich schon angedeutet habe, ob, als
es „allen Ernstes" mit dem Landstreicherleben losgehen soll, es nicht
eher als ein Wunschtraum eines jeden Wandervogels von Überzeugung aufzufassen ist. Kommt vielleicht die Popularität von Hausmanns
Buch in den 1920er Jahren daher, dass es ihm hier gelungen war, einen
überzeugenden Ausdruck dieses Traumes zu gestalten?

Als Lampioon als Vagabund unterwegs ist, ist er häufig guter
Laune und sehnt sich nicht etwa zurück nach der bürgerlichen
Heimat in Kassel:

> Früher goß ich mir jeden Morgen wohlriechendes Wasser ins Haar,
> beim Essen hatte ich eine Serviette auf den Knien, eine Zeitlang
> besaß ich sogar einen Füllfeder und war vierzehn Jahre alt, aber jetzt
> befinde ich mich auf der Walze. La la. (MHGW 1983, S. 7)

Obwohl Lampioon wiederholt zwischen Euphorie und dem Gefühl
von „Hilflosigkeit" wechselt, scheint es mir, dass er kaum seinem
bürgerlichen Leben nachtrauert.[204] Das Leben Lampioons scheint

aus der Sehnsucht geboren zu sein, mit der Zivilisation in der bekannten modernen Form zu brechen, um zu einer natürlicheren Gesellschaftsform mit einer neu errungenen Freiheit zurückzufinden. Die Welt gehört ihm:

> Ich bin der König. Mir gehörst du, du düstere Ferne! Mir! Wem sonst? Ich bin ja der einzige Freie weit und breit! Ich bin imstande dahin und dorthin zu gehen, ich kann stehenbleiben und mein Wasser abschlagen, ich kann mich auf ein Geländer setzen, ich kann mich niederlegen, ich kann lachen und weinen, wie es mir gerade einfällt, ich kann grüßen und verachten, wen ich will. Ich kann auch lieben, wen ich will. (MHGW 1983, S. 37)

Dieses Gefühl der neu errungenen Freiheit des selbsternannten Landstreichers bleibt, der Hilflosigkeit und der Gottessehnsucht Lampioons zum Trotz.

### *Antwort 2: Der Erste Weltkrieg ist vorbei. Was nun?*

Der Erste Weltkrieg hatte das Wandervogelideal nicht nur als romantische Wirklichkeitsflucht entlarvt, sondern auch die intellektuell gefährliche Tendenz dieser Bewegung schonungslos ans Tageslicht gebracht: vor lauter Natur-, Kraft- und Kameradschaftsbegeisterung war der Blick der Wandervögel für politische Tendenzen der Zeit getrübt. Für den 20 Jahre älteren Hermann Hesse war es 1917 deswegen unmöglich, den Wanderenthusiasmus der Vorkriegszeit unreflektiert fortzusetzen. Der jüngere Hausmann, für den sich Wandervogelzeit und Kriegszeit weitgehend überschneiden, sah die problematische Seite des Wandervogels natürlicherweise nicht so klar. Andererseits ist dies vielleicht der Grund, weswegen Hausmann nicht nur mit viel größerer jugendlicher Frische und Überzeugung, sondern auch mit einer Taugenichts-ähnlichen Naivität die Leser der zwanziger Jahre für seinen Landstreicher Lampioon zu gewinnen imstande ist.

Interessant ist es aber zu sehen, dass auch Hausmann sich von einigen Tendenzen der Zeit bewusst oder unbewusst distanziert. Die Wandervogelbewegung war zwar nach dem Krieg geschwächt, andere Wanderorganisationen kamen aber schnell wieder auf die Beine, und viele von ihnen hatten völkisch-nationale und antisemitische Tendenzen. Die meisten von den wenigen übrigbleibenden Wandervögeln vereinigten sich 1926 mit der reaktionären Bündischen Jugend und nannten sich von 1927 an Deutsche Freischar (mit etwa 100.000 Anhängern). Die schon vor dem Krieg deutlich zutage tretende hierarchische und allmählich paramilitärische, auf Gehorsam bauende Organisation der Wanderverbände tritt jetzt noch deutlicher hervor. Hausmanns Lampioon aber hält von diesen Tendenzen einen gewissen Abstand, indem er offenbar das einsame, von keiner Hierarchie bestimmte, ganz individuelle freie Wandern bevorzugt. Es geht so weit, dass er, wenn er jemandem begegnet, mit dem er eine Weile zusammenwandert, es so einrichtet, dass sie sich „bald wieder trennen" (MHGW 1983, S. 7).

Hesse wandert ruhig, riecht an Blumen und erfindet das Wandern als eine grenzüberschreitende, friedensstiftende Aktivität neu, aber doch auf eine sehr romantisch-harmonisierende, traditionelle Weise. Vielleicht spricht die Rohheit und Wildheit des Wanderers Lampioon die in Armut und Chaos lebenden Deutschen der Zwischenkriegszeit deswegen mehr an, weil die Wirklichkeit nun eben auch wilder und chaotischer erscheint? Lampioons erotische Abenteuer sind durchaus real und fast tierisch-elementar, wohingegen Hesse immer noch im alten Stil seine erotischen Phantasien sublimiert und poetisiert. Der Wandermodus Hesses, so wie er in *Wanderung* zum Ausdruck kommt, hat nicht das Potential, die Jugend für sich zu gewinnen. So zu leben wie Lampioon konnte aber durchaus den Tagträumen der neuen Generation entsprechen.

Setzen wir den Vergleich zwischen Hesse und Hausmann fort, sehen wir, dass Hesse jetzt seinen Modus des Wanderns eindeutig im Dienst des Friedens und der Verständigung zwischen den Ländern und Völkern sieht. Hausmanns Lampioon dagegen hat auch aus den Gewaltexzessen des Kriegs nicht die Lehre gezogen, jetzt friedlicher und freundlicher mit den Menschen umzugehen, im Gegenteil:

> Vielleicht trifft es sich auch, daß in einem Wirtshaus eine Prügelei wütet. Dann brülle ich dazwischen und trete die Bauernjungen in den Hintern, und mir ergeht es nicht besser, du As, und ich haue in jede Fresse, die mir in die Quere kommt, bis ich blutig und zerfetzt zum Fenster hinausgeschüttet werde. (MHGW 1983, S. 9)

Die Gefahr, dass die unter der Oberfläche lauernde Gewalttätigkeit Lampoons wieder hervorbricht, wie beim Mord an Tilken, besteht immer, beispielsweise, als das junge Mädchen Bettina ihn im Moor bei Worpswede überrumpelt: „Aber da erwachte in mir […] so eine blinde Lust, alles Schöne kaputt zu machen, wie ein Tier über dich herzufallen […]" (MHGW 1983, S. 54). Lampioon besinnt sich aber im letzten Augenblick und tut dem Mädchen nichts. Die Nähe zum Verbrechen und zur Gewalt könnte aber die Figur Lampioon interessanter machen als den gutbürgerlichen, moralisch reflektierten Hermann Hesse, der übrigens auch ein Mann mittleren Alters war bei seiner Wanderung.

Hausmann steht als Landstreicher in den Zwanzigerjahren keineswegs vereinzelt da. Die Arbeitslosigkeit trug dazu bei, die „großstädtischen Nichtsesshaften und Penner" massenhaft „auf [die] Beinen"[205] zu bringen, aber nicht nur diese Gruppe von „unfreiwilligen" Vaganten bevölkerte die Straßen. Die „Oberschicht auf der Landstraße", schreibt König, machten Akademiker und Künstler aus, wie der Maler Hans Böninghausen und der Autor Theodor Plievier. Sie organisierten sich sogar – in der „Bruderschaft der Vagabunden" (1927–1933), und gaben ihre eigene Zeitschrift heraus: *Der Kunde* (1927), später in *Der Vagabund* umgetauft.

Als Hausmann 1925 seine Anstellung kündigt, nicht nur, um als Landstreicher zu leben, sondern auch, um darüber zu schreiben, befindet er sich in guter Gesellschaft. Das Vagabundenleben

Abb. 32: Der Kunde. Zeit- und Streitschrift der Vagabunden. Der Landstreicher war
das Idealbild des Wanderers Hausmann, so wie er es u. a. in *Lampioon* dargestellt
hat.

erschien also einer relativ großen Anzahl von Intellektuellen als
eine adäquate Alternative zu dem kosmopolitischen, „dekadenten"
Großstadtleben, zu dem sich der Großteil der Intellektuellen der
Weimarer Republik bekannte.

## Antwort 3: Säkularisierte Heilslehre und Sehnsucht nach neuer Einfachheit; Körperkult

Kann das Vagabundenleben Lampioons als eine Art „säkularisierte Heilslehre" betrachtet werden?

Schon die Reformbewegung, so wie sie sich in der zweiten Hälfte des 19. Jahrhunderts entwickelte, hatte Züge einer solchen „säkularisierten Heilslehre": Das Heil solle nicht im Jenseits, in einer transzendenten Größe wie Gott, sondern im Hier und Jetzt, in der Einheit von Körper, Gefühl und Intellekt, gesucht werden. Dieses Projekt, das auch mit Nietzsches Projekt verwandt ist, finden wir im Leben Lampioons wieder. Das Landstreicherleben, mit seinen Freuden und Beschwerden, erscheint als eine neue Religion, als eine rein diesseitige, monistische Weltbetrachtung. Gekennzeichnet ist diese Weltbetrachtung durch einen Fokus auf den Körper, auf Ausrüstung, allgemein auf die äußere Natur als einen Gegenstand, der dem Ich zur Selbsterfahrung verhelfen soll. Wir werden diese Punkte der Reihe nach erörtern.

Lampioon scheint bestrebt zu sein, den Prinzipien des Monismus so treu wie möglich zu folgen, was in seiner Art und Weise, in der Natur zu sein, zum Ausdruck kommt. Schon im ersten Kapitel finden wir eine typische Stelle in dieser Hinsicht. Lampioon reflektiert und berichtet über seine besondere Form des Wanderns, und es wird klar, dass es für ihn keinen prinzipiellen Unterschied zwischen Pflanzen, Tieren und Menschen gibt: Allen begegnet er mit derselben Devotion. Ein „Reh", auf das er im Wald stößt, „Schwalben" in der Luft, „ein dünner Stängel […] mit blasser Blüte", eine Stelle im Gras, wo zwei Menschen, „sich geliebt haben" (MHGW 1983, S. 8) – alles wird durch den Blick Lampioons gleichsam sakralisiert. Sakralisiert bedeutet hier aber nicht, dass diese Dinge als Ausdruck von Gott gesehen werden; vielmehr ist Lampioon, wie Ulrich Kriehn es formuliert, durch ein fast „dionysische[s] Versenken in die äußere Schönheit der Natur"[206] gekennzeichnet. Der Titel der Erstausgabe des Romans weist direkt auf diese Gleichstellung von allem in der Welt hin: „Lampioon küsst Mädchen und kleine Birken".

Diesem Gedankengang folgend findet auch eine „Sakralisierung des Erotischen" (Bölsche)[207] statt: die geschlechtliche Liebe hat im Leben Lampioons die Rolle, ihn an das Diesseitige, die „Erde", wenn man so will, zu binden. „Bleib der Erde treu", diese Zarathustra-Botschaft scheint Lampioon, auch im erotischen Sinne, in die Realität umsetzen zu wollen. In der geschlechtlichen Liebe, so lautet eine der Thesen Bölsches, erlangt der Mensch eine besondere Teilhabe an der Welt.[208]

Sogar dem eigenen Tod begegnet Lampioon mit der Haltung eines überzeugten Monisten:

> Aber wenn mir das Irren und Treiben eines Tages zu langweilig wird, setze ich mich unter irgendeinen Baum im Wald, mache die Zehen krumm und krepiere. (MHGW 1983, S. 10)

Hier gibt es keinen Platz für Hoffnung auf ein Leben nach dem Tode, im Gegenteil: Das versöhnende oder gar Trost spendende Moment dieses Todes in der Natur, unter einem Baum, liegt darin, dass es eine ausgesprochen tierische Art und Weise des „Krepierens" ist. Lampioons Haltung wird im folgenden Zitat in aller Kürze ausgedrückt:

> Aber schmerzvoller als alles Sinnen zu den Sternen hin ist doch die Liebe, die ich zu meiner Erde habe. Erde, Erde, du eisiger Bereich, auf dem ich jetzt ruhe, wie liebe ich dich doch mit allem meinem Selbst, winters, sommers, immer, Erde! Und weiter denke ich, ob die wohl Recht haben, die Lehren, man müßte sich von dem Irdischen frei machen, um aufzusteigen in die Vollkommenheit. Das kann ich nicht begreifen. (MHGW 1983, S. 18)

Dies bedeutet aber nicht, dass die Versuchung, die Schönheit der Welt Gott zuzuschreiben, niemals auftaucht. Im Gegenteil erscheint sie bei Lampioon immer wieder, aber er weist sie auch immer, jedenfalls im ersten Teil des Romans, zurück. Dies zeigt sich deutlich u. a. in Lampioons Verhältnis zu den kleinen Birken: Mit großer Anteilnahme betrachtet er eine solche Birke, die sich gegen den Himmel reckt, und kommt nicht umhin, zu denken: „[W]ollte sie nicht eigentlich zum Himmel empor?". Dann bricht er abrupt ab: „Nein, schweig, was ist der Himmel?" (MHGW 1983, S. 12). Dasselbe wiederholt sich, als Lampioon kurz danach darüber berichtet, wie er mit der Magd Elsbeth eine Nacht verbracht hat. Sollte dies aus irgendeinem pietistischen Grund nicht erlaubt sein? Diesen Gendanken weist er, in seinem typisch affektiven Sprachgestus, zurück: „Wie sagte ich doch? Gott bessere mich? Ja! Nein!" (MHGW 1983, S. 12). Ein Rückenmarkreflex des protestantisch erzogenen Bürgers will, dass er ein schlechtes Gewissen haben soll; der dem Monismus folgende Lampioon korrigiert aber diese Moral und Sünde predigende Stimme.

Der Körper ist Lampioons bevorzugter Gegenstand der Selbsterfahrung. Durch den Körper erlebt er alles, was auch Pflanzen und Tiere erleben, Wärme, Kälte, Nässe, Wind, Schnee. Durch den Körper will er, fast wie ein Yogi, die Einheit mit der Welt finden. Ob es gelingt oder nicht, ist in diesem Zusammenhang nicht so wichtig. Es gibt interessanterweise hier Ähnlichkeiten mit dem Körperkult der Gegenwart. Hans Ulrich Gumbrecht schreibt Folgendes in der *Zeit*:

Wie ist es seit der frühen Mitte des vergangenen Jahrhunderts zu dieser neuen Situation gekommen? Entscheidend waren zwei konvergente Entwicklungen außerhalb der institutionellen Grenzen des Sports: zum einen unsere wachsende Konzentration auf den Computerbildschirm, also eine Fusion von Bewusstsein und Software, als Grundsituation ganz verschiedener, selbst früher proletarischer Berufe. Die Konzentration hat ein unerhörtes Kompensationsbedürfnis nach körperlicher Bewegung als eigener physischer Aktivität und als Schauspiel geweckt. Zum anderen hat sich das menschliche Welt- und Selbstbild verändert, weg vom beständigen Fortschritt, den wir als intellektuelle Agenten zu steuern glaubten, hin zu einer sich verbreiternden Gegenwart von überwältigender Komplexität. Unser Körper ist als Gegenstand der Selbsterfahrung und der präventiven Sorge wieder in den Vordergrund getreten.[209]

Obwohl Hausmanns Lampioon ohne Zweifel ein Kind der Zwanzigerjahre in Deutschland ist, verweist er also, deutlicher und direkter als die anderen literarischen Figuren aus meinem Textkorpus, ziemlich direkt auf die heutige Situation, mit unserem, laut Gumbrecht „unerhörten Kompensationsbedürfnis nach körperlicher Bewegung".

Noch ein Moment verbindet Lampioon mit der Gegenwart. Wir leben heute in einem Alltag, in dem die Dinge ihre Bedeutung oder Wichtigkeit verloren haben. Verlieren wir einen Handschuh, kaufen wir uns sofort ein neues Paar. Die westliche Welt, in der wir uns bewegen, ist zu einem unerhörten Grad sicher und ungefährlich, nicht-bedrohlich, geworden. Dies trägt bei vielen Menschen zu dem Wunsch bei, diese Sicherheit, jedenfalls vorübergehend, zu verlassen, um extreme Herausforderungen auf sich zu nehmen. In Norwegen sind Reality-Shows wie „Farmen" und „Anno" sehr beliebt, und hier geht es darum, so zu leben, wie man vor 200, 300 oder gar 400 Jahren gelebt hat. Auch den Drang vieler Menschen, sich auf extrem lange „Expeditionen" zu begeben oder an Ultramarathons teilzunehmen, können wir in diesem Kontext betrachten. Solchen Herausforderungen gegenübergestellt, werden auf einmal die Details wichtig: Verliert man einen Handschuh im Wintersturm in den Bergen, kann das der Unterschied zwischen Leben oder Tod sein. Wie gut schmeckt eine Wurst oder ein Bier nach der Bewältigung von 73,5 Kilometern über den Rennsteig? Der Akt, Essen zu sich zu nehmen, bekommt in einer solchen Situation den Anschein einer sakralen Handlung. Im *Lampioon* verhält es sich nicht anders. Im folgenden Zitat ist gerade ein Sturm vorbei, der ihn beinahe das Leben gekostet hat. Ausgehungert entdeckt er einen Harztropfen an einem Stamm:

Da! Was für ein Glück ich doch habe! Ist das nicht ein Harztropfen
hier an dem Stamm? Wahrhaftig, so dick wie ein Taubenei! Ein wahrer Klumpen! Ich kann ihn in den Mund stecken und darauf her-
umkauen. Harz kauen, es gibt nichts Besseres gegen den Hunger.
(MHGW 1983, S. 75)

An einer anderen Stelle tritt die Tendenz zur Sakralisierung der
Mahlzeit noch deutlicher zutage:

Zwischen zwei dicht nebeneinanderliegenden Birkenstämmen wird
ein Feuerchen in Gang gebracht. Da habe ich nun gleich einen Herd.
Einen Herd? Ja, du magst nun sagen, was du willst, aber heute, da
ich Eier und Sahne zur Hand habe, mache ich ein Festmahl mit
Schwelgerei und Ausschweifung. Apfelpfannkuchen!
Ich schütte eine Portion Mehl in meinen Topf, dann fünf Eier hinein, nicht ganze Eier, bewahre, nur das Gelbe, dann sacht Wasser
dazu, geschmolzenen Schnee, sacht, Schlückchen für Schlückchen,
und fest gerührt. So, wenn ich den Zucker darübergieße, kann es
nicht schaden, und ich müßte ein Dummkopf sein, wenn ich nicht
auch eine Prise Salz, eine Priese Zimt und ein paar Tropfen Schnaps
zusetze. (MHGW 1983, S. 16 f.)

Die Beschreibung setzt sich auf diese Weise noch eine Weile fort,
mit einer ausgedehnten Detailliertheit und Freude an jeder Ein-
zelheit in der Kunst der Zubereitung einer Mahlzeit im Freien. Ist
nun diese Mahlzeit aber nicht auch ein Zeichen für etwas Anderes,
für etwas Höheres oder Transzendentes? Die Hausmann-Forschung
hat, wie schon erwähnt, eine Tendenz, dieses Element des Transzendenten stark hervorzuheben.[210] Wir könnten es selbstverständlich
als Chiffre für Lampioons Sehnsucht nach Gott interpretieren; die
Tatsache, dass das Wort „Nachtmahl" fällt, würde diese Interpretation stützen. Aber übertrumpft nicht gleichsam die Freude über
die konkrete Mahlzeit, die diesseitige Freude also, die suggerierte
Einheit vom einsamen Menschen, der in der Wildnis seine Mahl-

zeit einnimmt, mit der Natur – übertrumpft sie nicht die, zugegeben auch spürbare, traditionell-christliche Thematik? Die Begeisterung und Überzeugung, mit der Lampioon die Prinzipien seines Landstreicherlebens darstellt, durchzieht das ganze Buch; ohne diese Wanderbegeisterung, ohne die „säkularisierte Heilslehre" des „Zurück zur Urzeit" oder „Zurück zur Natur", wäre das Buch, so meine Überzeugung, kein Bestseller geworden.

Vorgänger hat Lampioon in Goethe, der völlig durchnässt „übern Ettersberg in scharfen Schloßen"[211] reitet, in Seume, der sich „in dicker Finsternis durch Schneegestöber und Sturm"[212] hervorkämpft und in Zarathustra, der mitten in der Nacht, hungrig und von Wolfsgeheul umgeben, stundenlang wandert. Die Sakralisierung des kleinen Details finden wir in Seumes Leidenschaft für sauberes Wasser direkt von der Quelle und Stifters Besessenheit für gute Wanderschuhe. Weder Seumes Wasser noch die Gschaider Bergschuhe sind Symbole für etwas Anderes oder Höheres, sie sind nur, in meiner Interpretation, Ausdruck für die Wichtigkeit der kleinen Dinge, wenn man unterwegs ist, sei es im Böhmerwald, auf einer 3000 Kilometer langen Wanderung quer durch Europa oder, wie im Fall Lampioons, in der Hammeniederung. Keiner dieser Vorgänger widmet aber den kleinen Dingen eine so große Aufmerksamkeit wie Lampioon. Und, was vielleicht noch interessanter ist, vor Lampioon erfahren wir kaum etwas über das körperliche Befinden der Wanderer. Der wandernde, frierende, hungernde, erschöpfte Körper als Gegenstand der Selbsterfahrung tritt mit Lampioon zum ersten Mal wirklich deutlich hervor.

## Antwort 4: Protest gegen die Weimarer Republik?

Manfred Hausmann wird in Verbindung mit der völkisch-national gesinnten Niederdeutschen Bewegung gesetzt, vor allem dadurch, dass er 1924 mit Wilhelm Scharrelmann, Hans Franck, Alma Rogge und Hans Friedrich Blunck die konservative Autorenvereinigung *Die Kogge* mitbegründet hat. *Die Kogge* war negativ zur gesellschaftlichen Entwicklung der Weimarer Republik eingestellt und hat zur Bekämpfung der Demokratie und der aufgeschlossenen kosmopolitischen Haltung der Zeit beigetragen. Die Frage stellt sich deswegen, ob der Wanderer Lampioon in diesem Kontext als Vorkämpfer einer konservativ-völkischen Reaktion angesehen werden sollte. Oder für unsere Thematik interessanter: Gibt es eine Verbindung zwischen dem Wandern als physisch-konkreter Tätigkeit und einer konservativ-völkischen, ja reaktionären oder anti-zivilisatorischen Haltung? Ist der Wanderer par excellence ein antidemokratischer Anarchist?

Diese Fragen sind nicht so abwegig, wie sie zunächst zu sein scheinen. Der Autor und Wanderer Jürgen von der Wense, der gar nicht völkisch orientiert war, schreibt: „Wandern macht anarchisch." Und Ernst Jünger hat mit seinem „Waldgänger-Mythos" die Verbindung hergestellt zwischen Wandern einerseits und einem partisanenhaften Widerstand gegen eine an Dekadenz erkrankte oder kriminell gewordene Gesellschaft andererseits.

Ist Lampioon völkisch-national orientiert? Die niederdeutsche Bewegung war regional orientiert und durch Vertreter wie Julius Langbehn und Adolf Barthels sollte sich das Niederdeutschtum durch seine „volkhaft-vorbildliche nordische Existenzweise" auszeichnen. Lampioon, obwohl die niederdeutsche Landschaft im ersten Teil des Romans sein Tummelplatz ist, scheint aber nicht einem besonderen niederdeutschen Patriotismus verpflichtet zu sein. Im zweiten Teil des Romans wandert er ständig weiter in Richtung Süden, und ganz am Ende überquert er, dem Donautal folgend, die Grenze zu Österreich. Auch finden wir bei Lampioon keine ideologischen Standpunkte, die ihn als völkisch-national kennzeichnen könnten. Seine Teilnahme am Trachtenfest in Passau, obwohl er von dem volkhaften Charakter des Ganzen offenbar fasziniert und angezogen ist, erscheint auch nicht als ein eindeutiger Standpunkt für das Völkische.

Völkisch ist Lampioon nicht. Dagegen müssen wir wohl feststellen, dass Hausmanns Wanderer durchaus einen anarchistischen

Zug hat. Wir haben es mit einem Bettler und einem Verbrecher zu tun, der eine Tendenz, gewaltsam zu werden, weder unterdrücken kann noch will. Ob er den Mord an Carl Tilken bereut oder nicht, wird niemals ganz klar. Er ist, was sein Sexualleben angeht, etwas problematisch, und hat sich einmal an einer Frau vergriffen (MHGW 1983, S. 187). Er bevorzugt ein Leben am Rande der Gesellschaft, und er gibt der Gesellschaft nur selten etwas zurück. Von dieser Außenseiterposition aus stellt er Überlegungen an, die durchaus als gesellschafts- und zivilisationskritisch betrachtet werden können.

Macht also Wandern, das einsame Wandern – über lange Zeit, müssen wir hinzufügen – anarchisch? Lampioon bekommt jedenfalls Gelegenheit genug, seinen eigenen Gedanken nachzugehen und sie zu entwickeln, ohne diese Gedanken im diskursiven Gefecht mit anderen Menschen verteidigen zu müssen. Auf diese Weise bekommen seine Gedanken Raum, sich zu radikalisieren.

Andererseits sehen wir aber auch, dass sich Lampioon im Laufe seiner Zeit als Landstreicher durchaus nicht weiter radikalisiert. Im Gegenteil: Der Lampioon, der am Ende des Romans das Donautal Richtung Süden langsam entlang „schlürft" (MHGW 1983, S. 92) hat keinen zweiten Mord begangen, hat sich nicht an anderen Frauen vergriffen (dies alles liegt schon vor dem Beginn der Handlung des Romans), er begnügt sich damit, von den jungen, 14- bis 15-jährigen Mädchen, denen er mitten in der Nacht in Passau begegnet, einen vollkommen freiwilligen Kuss zu erhalten. Das Leben als Wanderer macht also Lampioon eher friedfertiger und macht eine ausgeglichene Interaktion mit anderen Menschen möglich.

Bietet uns Lampioons Außenseitersicht auf die Weimarer Gesellschaft eine grundlegend auf Zerstörung dieser Demokratie ausgerichtete Position? Das wohl kaum. Seine Betrachtungsweise stellt die moderne Gesellschaft, und deswegen auch die Weimarer Gesellschaft, in ein kritisches Licht, aber mehr aus der Sicht einer die Urzeit romantisierenden Naturverbundenheit als aus der Sicht einer grundlegenden Feindschaft gegen die Demokratie.

# Göttingen 2017:
## Der Rennsteig Supermarathon

Der 19. Mai ist da, und ich sitze im Zug des Niedersächsischen Regionalverkehrs. Morgen stehe ich mit 3000 anderen Verrückten der Ultralaufszene am Start in Eisenach. Welches sind meine Voraussetzungen für diesen Lauf?

Training: Seit August fast tägliche Lauftouren hin und her zur Arbeit, insgesamt 15–20 Kilometer pro Tag, was zwischen 50 und 60 Kilometer pro Woche ergibt. Kaum lange Läufe (mehr als 10 Kilometer) in dieser Phase, nicht weil es zu meiner Trainingsphilosophie nicht passt, sondern weil es mit dem Leben als Familienvater schwer vereinbar ist.

Voraussetzungen: Zwei Marathons (2014 und 2015), drei Gebirgsläufe über 35 Kilometer, ein Ultramarathon („Hornindal Rundt", 2015, 72 Kilometer, 5500 Höhenmeter).

Erwartungen: Trotz wenig Erfahrung mit Ultramarathons gehe ich davon aus, dass der Rennsteig Supermarathon doch zu bewältigen ist. Mit „nur" 3500 Höhenmetern auf guten Waldwegen müsste der „Rennsteig Supermarathon" einfacher sein als „Hornindal Rundt". Ich fahre nach Eisenach mit dem Ziel, das Rennen, soweit es geht, zu genießen, und die deutsche bzw. internationale Ultralaufszene näher kennenzulernen.

Ich werde meinem Laufbericht einige Reflexionen über den Unterschied zwischen dem Rennsteig und „Hornindal Rundt" vorausschicken.

Bei „Hornindal Rundt" ist der Läufer ganz auf sich gestellt, es gibt nur einen Verpflegungspunkt, und zwar auf halber Strecke; was an sich sehr schön ist, praktisch aber wenig bedeutet. Prinzipiell muss man beim „Hornindal" alles, was man auf einem solchen, für mich 15- bis 20-stündigen Lauf braucht, mit sich tragen: Essen, Kleider, Kompass, Karte, Handy, Notpfeife usw. Auf den Gipfeln kann es nicht nur unangenehm kalt werden, man kann im Juli von wintersturmähnlichem Wetter überrascht werden. Der Track verläuft nicht nur auf Waldboden, sondern

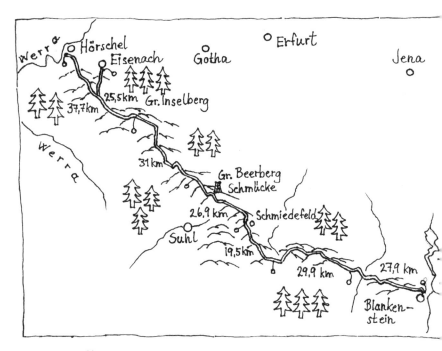

Abb. 33: Der Rennsteig. Trinius ging die ganze Strecke von der Werra bis zur Saale. GutMuths Supermarathon benutzt die etwas kürzere Strecke zwischen Eisenach und Schmiedefeld (73,5 km). Schon am Gr. Inselberg habe ich gemerkt, dass mein Anfangstempo allzu schnell war, und den letzten Teil von Schmücke nach Schmiedefeld musste ich in ruhigem Wandertempo zurücklegen.

über Geröll, steile Schneehänge, steile, schlammige Pfade und Moore, wo man mit ein klein wenig Missgeschick bis an die Knie einsinken kann. Um nicht durch das Gewicht des Rucksacks zusätzliche Belastung zu bekommen, muss man alles, was man mitnimmt, genau bedenken. Zum Beispiel trage ich bei einem solchen Lauf – soweit es geht – keinen Tropfen Wasser. Stattdessen nehme ich eine leere, sehr leichte Flasche, die ich in den Bächen und Quellen füllen kann. Das Wasser trinke ich in den meisten Fällen sofort auf, damit ich nichts mit mir tragen muss. Die einzigen Ausnahme sind Stellen, wo immer noch Schnee liegt und Wasser schwer zu finden ist, oder Stellen, wo ich weiß, dass Schafe auf der Weide sind, und das Wasser folglich verunreinigt sein könnte.

Beim Supermarathon am Rennsteig dagegen ist die Verpflegung optimal: Bei jedem 10. Kilometer gibt es Obst und etwas zu trinken, bei jedem 20. Kilometer ein großes Angebot von Essen, wie Haferschleim, Wurst, Schmalzbrot usw. Rotes-Kreuz-Personal sieht man überall neben dem Track, für die Sicherheit ist also bestens gesorgt. Dies alles trägt dazu bei, dass ich beim Rennsteiglauf überhaupt nichts mitbringen muss (außer ein paar Geldscheinen in der Hosentasche), die soliden und relativ schweren Ultralaufschuhe vom „Hornindal Rundt" lasse ich zuhause, und nehme stattdessen ein Paar ultraleichte, minimalistische Laufschuhe mit, die kaum anders als als „Socken mit dünnen Sohlen" zu bezeichnen sind.

Im Partyzelt in Eisenach angekommen am Vorabend des Laufes komme ich mit vier Lauffreunden von der LVB-Laufgruppe in Leipzig ins Gespräch. Damit ist für gute Stimmung gesorgt, und außerdem für Transport zum Elisabeth-Gymnasium, wo wir alle einquartiert sind. Nach einer Nacht, in der ich kaum ein Auge zugemacht habe wegen des ganzen Schnarchens und einer geräuschvollen Isomatte, frühstücken wir und nehmen den Bus zum Start in Eisenach.

Ich fühle mich müde, aber fit, und drei – zwei – null – los geht's! Nun ist es vor allem wichtig, nicht zu eifrig zu werden. Überzogen langsam zu laufen und so ökonomisch wie möglich – 73,5 Kilometer sind eben keine Kindersache. Trotzdem: Ich überhole Leute, werde selbst kaum überholt.

Ich besinne mich also auf mein Tempo bei den langsamen Läufen hin und zurück zur Arbeit, und sehe ein, dass ich meine Schritte noch mehr verlangsamen muss.

Ich komme aber zügig voran, und auf dem Großen Inselberg verstehe ich, dass ich nur fast eine halbe Stunde langsamer laufe als bei meiner persönlichen Marathonbestzeit. Das ist allzu schnell! Das kann doch nicht sein! Nun, bei 30 Kilometern, fühle ich schon deutliche Zeichen dafür, dass das Tempo zu schnell gewesen ist. Ich verlangsame meine Schritte also noch mehr (an einer relativ flachen Etappe, wo ich eigentlich geplant hatte, das Tempo ein klein wenig zu erhöhen), und fange an, überholt zu werden.

Abb. 34: „Hornindal Rundt" in Norwegen. So wenig wie möglich im Rucksack, nicht aber vergessen, dass im Gebirge auch im Sommer Schnee liegen kann.

Bei Kilometer 34 steht es fest: Diesen Lauf werde ich überhaupt nicht genießen, es wird bloß ein Kampf gegen Schmerzen sein. Die Aussicht, möglicherweise aus dem Lauf ausscheiden zu müssen, kommt wie ein Schock: Wie konnte ich so verdammt unerfahren sein! Aber jetzt die Zähne zusammenbeißen und weiterlaufen. Ich scanne gleichsam meinen Körper: Sind die Fußsohlen okay? Ja. Die Knöchel? Ja, die Unterschenkel? Sehr schmerzhaft, aber nichts ist kaputt. Knie? Schmerzhaft, funktioniert aber. Oberschenkel? Okay. Hüfte? Steif und schmerzhaft, aber nur muskulär. Fazit: Ich kann also weitermachen. Nur die Lauftechnik justieren, nicht die Füße so stark anheben. Wie ist es möglich, die Füße so wenig wie möglich anzuheben, und doch vorwärtszukommen, ohne zu stolpern? In meinen Gedanken taucht plötzlich eine Aussage aus dem Gespräch in dem Eisenacher Partyzelt auf: Hans-Joachim, mit seinen 75 Jahren der Grand-Old-Man der LVB-Laufgruppe, hat erzählt, er laufe eben mit sehr mäßigen Kniehebungen, was ja mit dem Alter eine Notwendigkeit ist, doch aber die Gefahr des Stolperns mit sich bringt. Also jetzt nur nicht Stolpern!

Ich teile die Laufstrecke in kleinere Etappen auf: Nur noch bis zur nächsten Verpflegungsstelle durchhalten, das ist ja nicht mehr als die tägliche Etappe zur Arbeit, das werde ich ja wohl schaffen! Dann erwartet mich die Belohnung: Haferschleim, und – plötzlich die köstlichste Delikatesse der Welt: Schmalzbrot! Salzig und gut. Genau, was ich brauche. Und Cola, die ich sonst niemals trinke, jetzt gönne ich mir so viel wie möglich von diesem Zuckergetränk.

Bei jeder Verpflegungsstelle fühle ich mich aber, als ob es unmöglich ist weiterzumachen. Dann, wenn ich erst wieder einen Schritt vor den anderen setze, komme ich ins Fließen. Ich gehe eine Strecke, dann nehme ich mich zusammen und gehe zu meiner komischen Art von Laufen über. Auf Norwegisch gibt es einen etwas altmodischen Begriff dafür: Statt laufen (löpe) wird es „pilte" genannt. Ein bekannter norwegischer Landstreicher, der für seine Fähigkeit, sehr weite Distanzen zurückzulegen, berüchtigt war, wurde „Pilt-Ola" genannt, eben wegen dieses merkwürdigen Laufstils. Aber merkwürdig? Was wissen wir eigentlich über den Laufstil der Menschen im 18. und 19. Jahrhundert? Filmaufnahmen gibt es ja nicht und kaum Fotos. Wie würden wir ihren Laufstil aus der heutigen Sicht beurteilen? Die Wahrscheinlichkeit, dass sie wie die modernen Menschen „gejoggt" sind, ist eigentlich sehr gering. Aufnahmen von einigen afrikanischen Jägern tauchen auf meiner Netzhaut auf, und auf einmal sehe ich ein: Sie „pilten" ja auch! Zwar sieht es viel eleganter aus als bei mir, da ich meine Tendenz zum Humpeln kaum unterdrücken kann, aber sie „pilten", keinen Zweifel!

Mit diesem Bild von mir als einem Träger der ehrwürdigen Tradition des „Piltens" vor meinem inneren Auge, bekomme ich etwas Kraft zum Fortsetzen. Am Großen Beerenberg, nur 12 Kilometer vor dem Zieleinlauf, ist es aber auch mit dem Pilten vorbei. Nun geht es abwärts, und von meinem Traum, diese Stelle laufend und in erhöhtem Tempo zu bewältigen, ist nichts mehr übrig. Ich gehe zu einer holprigen Form des Gehens über. Die Schmerzen treiben mir fast die Tränen in die Augen. Aber jetzt weiß ich andererseits, dass ich es schaffen werde! Ich werde nicht aus dem Lauf aussteigen müssen!

Ich schaue auf die Uhr: Ist es möglich? Ich habe gar nicht so viel Zeit verloren bei dieser mitleiderregenden Art des Vorwärtskommens, immer noch kann ich es schaffen, eine Schlusszeit von 9 Stunden und

Abb. 35: Irgendwo vor der Steigung hoch zum Gr. Beerenberg, noch habe ich zwei Stunden bis zum Zieleinlauf. Vom Genießen beim Laufen ist hier längst nicht mehr die Rede.

30 Minuten zu schaffen. Und wer sagt, dass man nicht durch Gehen auch zügig vorwärtskommen kann! Jetzt kommt es mir zugute, dass ich mit der Familie so viel unterwegs gewesen bin. Auf der letzten Wande-

rung haben wir uns tüchtig verlaufen, und eine Strecke, die angeblich drei Stunden dauern sollte, hat zehn Stunden in Anspruch genommen. Und ich habe damals sicherlich 30 Pfund auf dem Rücken getragen. Ich habe es zwar versäumt, lange Läufe in den Trainingsplan einzubauen, aber lange Wanderungen habe ich doch gemacht! Also nur vorwärts! Die letzten fünf Kilometer schaffe ich es, wieder zum „Pilten" überzugehen, und als ich das Ziel in Schmiedefeld endlich vor mir sehe und die ermunternden Zurufe des Publikums höre, ermahne ich mich sogar ein letztes Mal zum Laufen. Zeit: 9 Stunden und 14 Minuten.

Ganz vereinsamt stehe ich da im Zielgebiet. Wenn man genau hinsieht, mit Tränen in den Augen, von Gefühlen überwältigt.

Jetzt wollte ich über die Glücksgefühle schreiben, aber etwas hält mich zurück. Es gehört sozusagen zum Genre „Ultralaufbericht", dass man nach dem überstandenen Leid alles wieder vergisst – oder vergessen soll – und den ganzen Lauf in einem rosaroten Licht zeichnet. Für mich wäre das aber eine Lüge. Der Rennsteig war – und bleibt – eine schreckliche Erfahrung. Hier gibt es nichts zu beschönigen. Aber immer wieder neige ich zum Beschönigen, ich sage anderen (und mir selbst): Ich laufe ja ganz langsam, es war zwar hart, aber kontrolliert, und am Ende hat es sich gelohnt: Die Freude am Ende war größer als die Schmerzen. Das ist aber eine Lüge!

Ich werde jetzt – auf diesem Stück Papier – etwas bekennen, was ich davor niemandem gegenüber zugegeben habe. Ich habe ja vor dem Lauf meiner Familie versprochen: Ich werde ruhig laufen, ihr braucht euch nicht zu beunruhigen! Das war aber auch eine Lüge. Ich habe es selbst nicht wahrhaben wollen, aber es war eine Lüge. Ich wollte die ganze Zeit mein Bestes geben. Das war mein heimlicher Plan. Das ganze Unternehmen wäre für mich sinnlos, wenn ich nicht mein Bestes gegeben hätte, wenn ich nicht an die äußersten Grenzen meiner Kräfte gegangen wäre, fast bis an den körperlichen und geistigen Zusammenbruch.

Womit hängt das zusammen? Wieso kann ich so etwas wünschen? Ein Film kommt mir in den Sinn, ich habe nur Bruchstücke gesehen, und habe niemals den Titel erfahren: Ein weißer Mann ist von einem feindlichen und überaus brutalen Indianerstamm gefangen genommen.

Zum Spaß geben die Indianer ihm die Chance, mit einem Pferd abzuhauen. Er bekommt so und so viel Vorsprung, die Indianer wollen ihn dann zu Fuß jagen. Die Hetzjagd fängt an. Nach einer Weile bricht das Pferd zusammen und der Mann muss nun selbst laufen. Er muss das Äußerste geben. Was sich vor meinen Augen abspielt, ist eine Urerfahrung der Angst, des Überlebenwollens. Für mich ist ein Lauf wie am Rennsteig eine Möglichkeit, etwas Ähnliches selbst zu erfahren. Ich bin aber zu vernünftig und verantwortungsbewusst, um mich ganz allein in große Gefahr zu bringen. Der Rennsteig bietet die Möglichkeit, mit Rot-Kreuz-Personal fast überall eine solche kritische Ur-Situation zu simulieren: Ich bin selbst auf der Flucht, hinter mir eine Horde von Wilden, die mich skalpieren wollen!

In diesem Projekt wollte ich extreme Reise-, Wander- oder Laufprojekte aus einer sehr konkreten Perspektive beleuchten, teilweise um der Tendenz entgegenzuwirken, solche Berichte zu verschönern. Wir finden die Verschönerungstendenz bei den Autoren selbst – oder sind es nur wir Leser, die im Nachhinein diese Extremerfahrungen verharmlosen? „Völlig durchnässt", heißt es im Tagebuch Goethes am dritten Tag seiner Harzreise. Das ist doch sehr unbehaglich, nicht wahr? Im 18. Jahrhundert könnte so etwas (im Dezember!) zu einer schweren Erkältung und – warum es nicht direkt aussprechen – zum Tod führen. Auf dem Gipfel begegnet dem lyrischen Ich ein „beißender Sturm". Dieser Sturm „beißt" im Gesicht – es ist wahrscheinlich eine schreckliche Erfahrung. Vielleicht war der Sturm in der „Harzreise" vor allem eben – schrecklich?

Der Taugenichts allein im Wald mitten in der Nacht – das ist für ihn auch schrecklich. Und als Seume einige seiner strapaziösesten Etappen ganz allein im Schnee und ohne etwas zu trinken und zu essen beschreibt – untertreibt er nicht eigentlich? Oder noch einmal: Sind es wir Leser, die durch Filme an so krasse Szenen gewöhnt sind, dass wir nicht länger nachvollziehen können, wie schrecklich es tatsächlich gewesen sein muss? Unter den Autoren, die wir besprochen haben, ist es nur Hausmann, der seinen Lampioon über Seiten hinweg schimpfen und fluchen lässt – über die schreckliche Kälte, über den Hunger und den Durst. Der Rennsteig 2017 war für mich 95 % Fluchen und Schimpfen und

5 % ekstatische Freude über Cola und Schmalzbrot. Am Ziel hat mein Körper so wehgetan, dass ich beim Duschen nur lachen konnte. Auch die Rückfahrt im Zug war kein Vergnügen, ich wusste nicht, wie ich die Füße halten sollte, damit sie nicht schmerzten. Mit Übelkeit habe ich auch gekämpft.

Beim Niederschreiben der Erfahrungen hatte ich dies alles aber fast vergessen. Wie leicht wäre es, meinem Bericht über den Rennsteig die umgekehrte Gewichtsverteilung zu geben: 5 % Schimpfen und Fluchen, 95 % Glücksgefühl. Ich wiederhole aber: Das wäre eine Lüge!

Lügt Hermann Hesse auch? Liebt er wirklich das Wandern so sehr, wie es den Anschein hat? Oder ist Hausmann der Ehrlichere von den beiden? Oder hängt es nur damit zusammen, dass Hausmanns Projekt – in seiner Tendenz zum Extremen – mit dem meinigen näher verwandt ist?

# Zusammenfassung und Ausblick

Bei den neun Autoren kommen verschiedene Einstellungen zum Fernwandern zum Ausdruck, in ihren Texten schimmern Wanderideale durch, so wie sie in unterschiedlichen Wandermodi realisiert werden können. Wenn ich jetzt am Ende die Ergebnisse meiner Untersuchung zusammenfasse, komme ich auf die eingangs gestellte Frage zurück: Warum bin ich selbst so fasziniert vom Fernwandern und Ultralaufen? Und: Was können wir durch die Lektüre der neun Autoren in unsere eigene Wandergegenwart hinübernehmen?

## Goethe

Für den jungen Goethe ist die Natur kein Symbol: Der Wald, die Berge, die Vögel, Sturm und Regen sind keine Stellvertreter für Gefühle oder für das Ich. Es gibt für Goethe keine mystische Beziehung zwischen der Natur und dem Selbst. Im Gegenteil: Die Natur ist für den aufgeklärten Dichter Goethe etwas Äußerliches, Gegenkräfte zu dem Ich, etwas, woran er seine eigenen Kräfte ziemlich konkret-sachlich messen kann. Im Kampf mit den Naturkräften – oder mit den Göttern, wenn man will – findet der Mensch heraus, wozu er imstande ist. Der ideale Mensch ist wie ein Titan, wie Prometheus, der mit den Göttern ringt, der nicht davor zurückweicht, mit ihnen den Kampf aufzunehmen. Deswegen vielleicht beschließt Goethe im Jahre 1777 seine Harzreise in der schlechtestmöglichen Jahreszeit anzutreten (die Möglichkeit des Scheiterns müsste da sein), deswegen watet er mit wenig verborgener Begeisterung durch tiefen Schnee, völlig durchnässt.

Der wilde Aufbruch zum Brocken ist auch ein Befreiungsprojekt. Goethe will sich von vielem befreien: Vom „stillsitzenden"

„Regieren" in Weimar, von der eigenen Tendenz zum Pessimismus und zur Untätigkeit, von dem eigenen Privileg als wohlhabendem Bürger, vom Hofleben und von der Jagd, vom bloß spielerischen Verhältnis zur Natur.

Vollkommen auf sich selbst gestellt, hat Goethe beim Reiten und Wandern eine fast unerhörte Freiheit. Überall kann er die Richtung ändern (anders als beispielsweise in einer Postkutsche), er kann inkognito in Gasthäusern einkehren, er kann Dinge sagen und denken, die er sonst nicht, seiner Pflichten wegen, tun kann.

Was können wir als Weitwanderer und Weitläufer im 21. Jahrhundert von Goethe lernen?

Ich gebe es zu: Ich kann mitten im Wald sitzen und eine Blume anstarren und nichts empfinden. Auch von einem wunderschönen Ausblick kann ich schnell müde werden. Vielleicht bin ich eben kein empfindsamer Mensch. Andererseits: Wenn ich mich durch die Natur *bewege,* vorzüglich *laufe,* und mit einen Mal einen Waldflecken voller Windröschen erblicke, macht es doch einen großen Eindruck auf mich. Und wenn ich nach langem Wandern endlich einen Gipfel erreiche und sich plötzlich eine weite Aussicht über die Landschaft da unten offenbart, dann überkommt mich ein großes Glücksgefühl. Ich kann aber nicht *lange* dastehen, ehe die Kraft der Empfindung nachgibt.

Langweilt sich auch Goethe bei der bloß kontemplativen Betrachtung der Natur? Als er am Tag nach dem Niederschreiben des Gedichts „Ein Gleiches" („Über allen Gipfeln ist Ruh") aufwacht und wieder die Aussicht über die Wald- und Gebirgslandschaft vor Augen hat, kann er nicht umhin, sie als „uninteressant" zu bezeichnen: „Die Aussicht ist groß aber einfach"[213]. Nun kann man sicherlich, wie Reed es auch tut, diese Beobachtung mit dem Inhalt des Gedichts in Zusammenhang bringen und das Uninteressante, gerade weil es uninteressant ist, für die Ruhe als wohlgeeignet ansehen. Trotzdem kann ich nicht umhin zu denken: Hat Goethe in diesem Punkt etwas mit mir gemeinsam? Goethe war ja auch von Naturromantik nicht sehr begeistert. Taucht die große Leidenschaft auch für Goethe erst dann auf, wenn mit Natur auch die *Bewegung in der Natur* verbunden ist? Ist „Wandrers Nachtlied" teilweise missverstanden, und zwar als ein Gedicht, das die Ruhe und Harmonie der Natur preist, wenn es stattdessen darum geht, das Langweilige – „Uninteressante" – an dieser bloß „stillsitzenden" Naturbetrachtung zu Wort zu bringen?

## Seume

Seumes Verhältnis zur Natur und zum Wandern unterscheidet sich in einigen Punkten wesentlich von Goethe. Seume will nicht vor allem – wie ein Titan – seine Kräfte an den Naturkräften oder den Kräften der Götter messen. Wir finden, mit anderen Worten, bei Seume kaum Spuren von Sturm und Drang. Zwar steht er nicht dem Gedanken fremd gegenüber, sich den Kräften und der Unbehaglichkeit der Natur auszusetzen, im Gegenteil: Dies scheint gerade sein Prinzip zu sein. Es geht aber nicht so sehr darum, ein Titan zu sein, sondern eher darum, sich durch kluge Organisation und die kluge Dosierung der Kräfte so einzurichten, dass man das Unbehagliche stoisch aushalten kann. Seume hatte ohne Zweifel durch seine physische Kondition eine gute Voraussetzung dafür, ein hartes, „ursprüngliches" Leben in der Natur auszuhalten. Seine militärische Karriere kann viele Beispiele aufzeigen, wie dieser Mann sich durch seine Wanderausdauer auszeichnet. Es handelt sich aber nicht nur um Ausdauer, sondern, wie gesagt, vor allem um kluge Disposition der Kräfte.

Seume plant seine Reise sorgfältig, er weiß genau, was er im Tornister hat und wo es im Tornister zu finden ist. Mit militärischer Disziplin sorgt er dafür, dass die Ausrüstung in Ordnung ist, die Schuhe gut imprägniert sind usw. Seume ist, als ausgeprägter Vernunftmensch, schlau und umsichtig, und auf seiner Syrakus-Reise braucht er gerade diese Eigenschaften. Er kleidet sich bewusst ärmlich, um Diebe nicht unnötig anzuziehen, er behandelt mächtige Menschen, die der Fortsetzung der Reise hinderlich sein könnten, ausgesprochen strategisch (wohlgemerkt ohne seinen eigenen Selbstwert zu mindern). Seume ist durch seine Überlebensfähigkeit gekennzeichnet; so hat er vom Leben als Söldner in Amerika immer gewusst, wie er das Beste aus einer heiklen Lage macht, und so schlägt er sich auf seiner Syrakus-Wanderung durch.

Wie Goethe ist Seume kein Naturromantiker. Das einzige Mal, wo Anzeichen von Naturschwärmerei aufkommen, ist, wenn von Wasser und einfacher Ernährung die Rede ist. Aber dann ist es typischerweise nicht Wasser, Obst und Gemüse an sich, das besungen wird, sondern Wasser, Obst und Gemüse als die strategisch beste Ernährung.

Was können wir von Seume in Bezug auf Fernwandern lernen?

Seumes Vorliebe für Planung und Ausrüstung kann ich durchaus, was mich selbst angeht, wiedererkennen. Als ich zum ersten Mal, im Sommer 2014 einen Ultralauf geplant hatte, verbrachte ich den ganzen Winter mit Überlegungen, wie ich den Rucksack packen sollte. Ich studierte die Karte genau: Wo war Wasser zu finden, bei welchen Etappen musste ich unbedingt mit vollen Wasserflaschen unterwegs sein usw. Mit wie viel, oder präziser – mit wie wenig – Gepäck könnte ich auskommen? Wie könnte ich einen Sturm auf den höchsten Gipfeln aushalten, und gleichzeitig vermeiden, die schwere Winterjacke mitzunehmen?

Kluge Organisation einer Weitwanderung, ich kann mir kaum ein interessanteres Gesprächsthema vorstellen. Wie haben die Urmenschen sich ausgerüstet bei weiten Wanderungen? Forscher haben dokumentieren können, wie Ötzi, der Mann aus dem Eis, ausgerüstet war, als er vor vielen tausend Jahren in den Alpen unterwegs war. Welche Schuhe hatte er? Was hat er gegessen? Dies alles ist für Ultraläufer äußerst interessant.

Nach vielen Überlegungen hat ein Freund von mir das optimal leichte und nahrungsreiche Essen für Läufe, bei denen man so leicht wie möglich packen will, gefunden: Trockene Haferflocken in einem Beutel! Sie wiegen so gut wie nichts, und man braucht nur etwas Wasser aus einer Quelle hinzuzufügen, und es wird ein flüssiger Schleim, der fast alle Sportbars oder modernen Energiegetränke an Leichtigkeit und Nahrhaftigkeit übertrumpft. Besondern gut schmeckt es nicht, aber damit muss man leben. Haben vielleicht auch frühzeitliche Fernwanderer wie Ötzi Haferflocken mitgebracht?[214] Undenkbar ist es nicht.[215]

## Eichendorff und der Taugenichts

Der Taugenichts plant nichts. Er guckt nicht auf die Karte, er kümmert sich wenig darum, was er im Ranzen hat, solange er nur seine Geige bei sich hat. Einen größeren Unterschied zum sorgfältig planenden Seume kann man sich kaum vorstellen. Der Taugenichts setzt sein Vertrauen nicht auf seine Vernunft, sondern auf Gott. Seine Grundhaltung ist: Es wird schon gut gehen! Eine Lösung wird sich sicherlich finden!

Was wir in Eichendorffs Novelle vor uns haben, ist also eine ganz einzigartige Wanderphilosophie, die sich vielleicht gegen die zu der Zeit massenhaft verbreiteten und im Geiste der Aufklärung geschriebenen Reiseführer richtete. Denn um Himmels willen, so scheint der Taugenichts zu denken, bei der Arbeit im Alltag ist alles schon von Vernunft und Planung beherrscht; es würde den ganzen Reiz des Wanderns zerstören, wenn man auch als froher Wandersmann vernünftig sein sollte! Handelt sich ja bei der Wanderung hauptsächlich darum, alles strategische, vernünftige, instrumentale Denken hinter sich zu lassen.

Improvisation ist für diese Wanderphilosophie ein wichtiges Stichwort. Eine ganze Palette von Wandermöglichkeiten, die in der ersten Hälfte des 19. Jahrhunderts existierten, wird in dieser Erzählung vor dem Leser ausgebreitet. Spielarten des Wanderns, die mehr oder weniger direkt thematisiert werden, sind das Wandern als Wandergeselle, umherziehender Musikant, Bildungsreisender, Flüchtling, Student oder Künstler. Hier geht es niemals darum, wie beim „Soldaten" Seume, eine Strecke von hier nach dort so schnell wie möglich zurückzulegen; das sportliche oder männliche Moment des Wanderns fehlt völlig. Trotzdem gelingt es dem Taugenichts, von Wien nach Rom und wieder zurück zu kommen, eine recht erstaunliche Leistung. Wie schafft er das?

Antwort: Wahrscheinlich weil er eben improvisieren kann; seine Intuition sagt ihm sofort, wie er sich in einer heiklen Lage verhalten soll. Dies bedeutet nicht, dass er in jeder Situation eine *vernünftige* Lösung findet; im Gegenteil: Als er beispielsweise von einem Bauern überrumpelt wird, als er unter einem Apfelbaum schläft, wäre es sicherlich vernünftig gewesen, den offenbar zum Jähzorn tendierenden Bauern zu beruhigen. Stattdessen reagiert der Taugenichts ganz intuitiv und unvernünftig mit Gegenargumenten, mit der Konsequenz, dass er Hals über Kopf fliehen muss. Hauptsache ist aber: Es endet trotzdem gut, und – der Taugenichts korrumpiert sich nicht: Nicht vor dem Eigentumsrecht (des Bauern) und nicht – wie ich in meiner Analyse ausgeführt habe – vor dem Geld. Für den Taugenichts kommt die Liebe immer vor Geld, und er selbst ist aus diesem Grund liebenswürdig oder anders formuliert: Vom natürlichen Adel geprägt.

Der Taugenichts überlebt im Modus des von Liebe und geistigem Adel gekennzeichneten Landstreichers; eine Tatsache, die etwa 80 Jahre später dazu beiträgt, ihn zur Leitfigur der Jugendbewegung und der Wanderwelle des beginnenden 19. Jahrhunderts zu machen.

Was können wir nun vom Taugenichts lernen in Bezug auf Fernwandern und Fernlaufen?

Ich liebe das Planen, aber ich liebe auch das Unterwegssein in einer so ursprünglichen Form wie möglich. Und haben wirklich die Menschen, die früher fast kontinuierlich auf den Füßen unterwegs waren, viele Monate damit verbracht herauszufinden, welche Ausrüstung sie benutzen sollten? Ist nicht der Ausrüstungswahn eigentlich ein Produkt der modernen Welt, so wie sie heutzutage als Outdoor-Industrie zum Ausdruck kommt?

Ich muss zugeben, was mich zum Laufen gebracht hat, ist u. a. die Tatsache, dass man da fast *keine* Ausrüstung braucht. Laufen

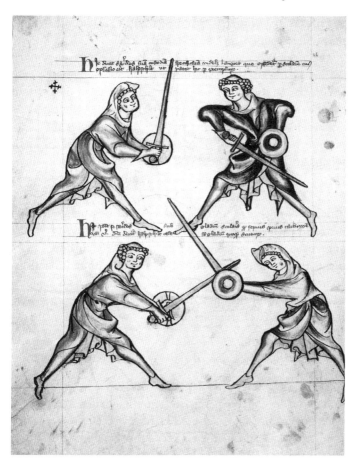

Abb. 36: Im Mittelalter haben sich die Menschen aller Wahrscheinlichkeit nach ge-
hend anders bewegt als heutzutage; sie sind auf den Ballen, dem Vor-Fuß, gelandet,
nicht auf den Fersen. Die Ursache liegt darin, dass ihre Schuhe keine die Füße schüt-
zenden Sohlen hatten, sondern nur aus Leder bestanden. Dies erklärt die merkwürdige, häufig als graziös bezeichnete Fußbewegung, die wir häufig auf mittelalterlichen
Darstellungen von Menschen in Bewegung finden. Dass heute viele Läufer auf diese
ursprünglichere Form des Laufens zurückgreifen, kann als ein Zeugnis einer modernen Sehnsucht nach einer primitiveren, natürlicheren Lebensform angesehen
werden.

ist für alle, man kann sich zwar die teuersten Schuhe, Lauf-Tights und anderes kaufen, man *muss* es aber nicht.

Unter den Weitwanderern und Ultraläufern gibt es gelegentlich solche, die in ganz unspektakulärer Bekleidung unterwegs sind: alte Hosen, alte Schuhe. Und es gibt auch diejenigen, die ganz auf Schuhe verzichten: Barfußlaufen ist jetzt in gewissen Kreisen Mode geworden. Und warum nicht? Wir müssen nicht lange zurückgehen, um zu einer Zeit zu gelangen, in der ein Großteil der Menschen barfuß herumlief oder sich zumindest mit einer sehr einfachen Fußbekleidung abfinden musste. Schuhe waren eben etwas Teures, fast ein Luxusgut.

Ich fühle mich also, trotz meiner Vorliebe für Planung, auch von dem sehr nachlässigen Verhältnis des Taugenichts zur Ausrüstung angezogen. Ja vielleicht liegt für mich in der Haltung des Taugenichts zur Wanderung ein Potential für die Zukunft: Immer einfacher, sorgenloser unterwegs zu sein, immer bereit zu improvisieren, und noch wichtiger: niemals bereit, mich selbst aus Vernunftgründen zu korrumpieren.

## Heinrich Heine

In Heines *Harzreise* wird das Tempo des Wanderns wichtig. Dem Wanderer, der „auf die Berge" steigen will, um den Philistern zu entkommen, misslingt zuerst das Projekt: Überall stößt er auf die Philister, die jetzt auch als Wanderer auftreten, und auf dem Brocken tönt „ihr Gesinge / Von erlogenen Liebesschmerzen" (Heine 2002, S. 211) ebenso stark wie im Flachland und an der Prinzenuniversität Göttingen. Der Ich-Erzähler wird folglich auch seine eigene Neigung zu Ironie und Spott nicht los, was ja vielleicht das zentrale Ziel des ganzen Wanderprojekts war. Was ist schiefgegangen? Sein Wandertempo ist, so meine Hypothese, zu langsam.

Das Problem scheint nämlich darin zu liegen, dass das ruhige Spazierengehen zum Brocken hin sein befreiendes Potential eingebüßt hat, und dasselbe gilt für die ruhig-kontemplative poetische Naturschwärmerei im Geiste der Romantik. Dies alles tun seit langem schon auch die Philister. Was sie aber *nicht* tun, ist wild-begeistert und aller Ausrutsch-Gefahren ungeachtet vom Brocken *hinunterzustürmen*. Auch sind sie nicht, wie Heines Ersatz-Hurone Chamisso, bei „unbeschreibbar schlechtem Wetter" (Heine 2002, S. 230) unterwegs. Der *Körper des Wanderers* erhält auf diese Weise bei Heine eine Schlüsselstellung: Erst wenn der Körper aus seinem gewöhnlichen Rhythmus herausgenommen wird und völlig neuartige Herausforderungen zu spüren bekommt, kann der von kritischen, pessimistischen und mürrischen Gedanken geplagte Wanderer seine Bürde ablegen und wieder positiven Gedanken nachhängen. Nicht zufällig ist Heine nach diesem wilden Lauf vom Brocken hinunter zum ersten Mal imstande, einer Person aus der Göttinger Universität mit Dankbarkeit (und nicht nur Spott) zu gedenken: dem Politikprofessor Georg Sartorius von Waltershausen (Heine 1995, S. 77).

Was lässt sich nun von Heines Wandererfahrungen auf heutige Verhältnisse übertragen?

Was ich beim Laufen sehr schätze, ist ein Effekt, der sich bei mir erst nach einer Stunde einstellt: Ich höre auf, Gedanken über Probleme nachzuhängen, ja ich höre fast auf, überhaupt zu denken. Meine ganze Konzentration gilt jetzt dem Ein-Fuß-vor-den-anderen-Setzen. Wenn noch einige Zeit vergeht, erwacht mein Gehirn gleichsam aufs Neue, und ich denke dann über Verschiedenes nach, aber sehr frei, ohne die übliche intellektuelle Kontrolle. Dies sind in aller Regel sorglose Gedanken, frei von Frustrationen, vielleicht auch: frei von Ironie.

Gerade weil ich diesen Zustand so liebe, kann es mich ab und zu irritieren, dass es so lange dauert, bis er sich einstellt. Was den Prozess etwas beschleunigen kann, ist, wenn ich in schwierigem Gelände laufe, wo ich immer aufpassen muss, wo ich die Füße platziere, oder – wenn das Wetter, wie bei Chamisso, „unbeschreibbar schlecht" ist.

Heines Text hat mich in meiner Überzeugung, dass viele Freuden beim Laufen sich erst nach langem Laufen einstellen, bestärkt.

Ausrutschgefahr und andere Gefahren tragen des Weiteren dazu
bei, die gedankliche Kontrolle auszuschalten, weswegen ich emp-
fehlen kann, asphaltierte Straßen so oft wie möglich zu vermeiden.
Dann, schrittweise, schleicht sich das gute Gefühl an, bei dem zuerst
Gedankenleere, dann allmählich freiere, mehr spielerisch-positive
Gedanken auftauchen können.

## Adalbert Stifter und Waldgänger

In Stifters „Waldgänger" erscheint das Leben als Wanderer zum
ersten Mal als eine eigenständige Lebensalternative, und Stifter
kann auf diese Weise als ein Vorgänger der Lebensreformbewegung angesehen werden. Der Waldgänger Georg verkörpert eine
Lebensform, die in scharfem Kontrast zum Leben der Bürger steht:
Das Wandern des Waldgängers wird in Analogie zum ruhigen Fließen des Wassers der Moldau gesetzt: Durch Jahrtausende fließt das
Wasser, durch Jahrtausende wandert der zur mythologischen Figur
erhöhte Waldgänger. Im Unterschied zu anderen Menschen scheint
Georg in Kontakt mit den größeren Gesetzen des Daseins zu stehen; er denkt große, ruhige Gedanken, nicht kleine, praktische
Geld- und Vernunftgedanken. Dass es tatsächlich das kontinuier-
liche, mehrstündige Zu-Fuß-unterwegs-Sein ist, das ihn dazu fähig
macht, darüber dürfte kein Zweifel bestehen. Der Waldgänger ist
eben durch seinen Waldgang, unterstrichen durch das wiederholte Hervorheben seiner Wanderschuhe, gekennzeichnet (siehe
Abb. 31).

Stifter macht seinen Wanderer nicht zu einem völlig einsamen,
asozialen und reaktionären Menschen. Im Gegenteil verleiht er
seinem Protagonisten eine Funktion in der Gesellschaft als Pädagoge. Das pädagogische Ideal scheint darin zu bestehen, das Kind
in den frühen Jahren, nicht für die Gesellschaft instrumentalisiert
zu erziehen und zu spezialisieren, sondern ihm große Freiheiten
einzuräumen und ihn so viel wie möglich in Kontakt mit der Natur
zu bringen. Das Wandern über weite Strecken, so wie die Menschen

immer auf Erden gewandert sind, gehört dazu, und verschafft dem Lernprozess den nötigen ruhigen und natürlichen Rhythmus. Stifter gehört, so gesehen, zusammen mit u. a. Rousseau zu den Vorgängern der Waldpädagogik oder Wanderpädagogik.

In der Erzählung *Bergkristall* funktioniert das Sich-Verirren der Kinder in der eisigen Welt des Gletschers als Initiationsritus, gewissermaßen als Parallele zu den Initiationsriten einiger amerikanischer Indianerstämme, in denen die Stämme ihre jungen Männer für mehrere Tage in die Wildnis schicken.

Kräfte zu messen mit dem Berg, gelten den Gschaidern aber nicht nur als eine Voraussetzung für das Erwachsenwerden, sondern auch als ein Zusammengehörigkeit stiftendes Ritual:

> Die Kinder waren von dem Tag an erst recht das Eigentum des Dorfes geworden, sie wurden von nun an nicht mehr als auswärtige, sondern als Eingeborene betrachtet, die man sich von dem Berge herab geholt hatte. (WuB, 2,2, S. 239)

Extreme physische und psychische Erlebnisse in der Natur als Übergangsritual ist nichts Ungewöhnliches, und in *Bergkristall* funktioniert es als ein Sozialisierungsritual, wobei das Kräftemessen mit dem Berg die Voraussetzung für die Aufnahme der Kinder in die Familie der Gschaider ist.

Sind Stifters Texte für moderne Fern- oder Extremwanderer immer noch relevant?

Die Nähe des Extremwanderns zum Bereich des Religiösen spüren wir noch heute; ja der religiöse, rituelle Aspekt erklärt wahrscheinlich einen Großteil der Anziehungskraft, welche Phänomene wie Weitwandern und Ultralauf auch für heutige Menschen haben, über anderthalb Jahrhunderte, nachdem Stifter seine Novelle *Bergkristall* schrieb.

Fernwandern, Ultralauf und Extremwandern sind für viele Menschen mehr als eine Freizeitbeschäftigung; es ist ein Identitätsangebot, eine Lebensform, die in vielerlei Hinsicht eine Verwandt-

schaft mit dem sogenannten „slow movement" aufzeigt. Diese
Bewegung setzt sich dafür ein, das Tempo im Leben zu verlangsamen. Es fing mit dem „slow food movement" an, allmählich hat
sich aber eine Vielzahl von Untergruppen gebildet, die gleichfalls
das Epitheton „slow" für sich in Anspruch nehmen. „Slow travel"
gehört zu ihnen, und hier geht es u. a. darum, dem modernen
Drang, so schnell wie möglich ans Ziel zu gelangen, entgegenzu-
arbeiten. Der Trend, lange Strecken zu Fuß zu wandern, statt
moderne Verkehrsmittel zu benutzen, ist offenbar eine Spielform
des „slow travel movements", wohingegen Ultralauf eine etwas
paradoxe Position einnimmt. Einerseits kann ja Ultralauf als ein
Symptom der modernen Sucht, alles in hohem Tempo zu machen,
betrachtet werden: Das Wandern geht zu langsam, wir müssen also
speed-wandern. Ein Freund von mir erzählte enthusiastisch, dass
für ihn ein wichtiger Aspekt des Ultralaufens eben der ist, dass er,
beispielsweise bei Ultraläufen im Ausland, in sehr kurzer Zeit sehr
viel zu sehen bekommt. „Speed-Sightseeing" hat er es genannt.[216]
Andererseits liegt es auf der Hand, dass Ultralauf für viele eine ausgesprochen langsame Aktivität ist, denn für die meisten Teilnehmer an einem Ultralauf gilt, dass sie ihr gewöhnliches Lauftempo
radikal herabsetzen müssen.

Adalbert Stifters Wanderer haben keine Spur von der modernen
Speed-Sucht, denn hier geht es ausgesprochen langsam zu. Die lang-
wierigen Stifterschen Einleitungen, in denen er die Landschaft, durch
die gewandert wird, detailreich beschreibt, schlagen den Ton an. Die
Beschreibungen sind langsam, ja für die heutigen und wahrscheinlich auch damaligen Leser direkt langweilig. Eben das zeigt aber die
Konsequenz, mit der Stifter seine Langsam-Philosophie verfolgt.
Das Lesen soll eben keine Speed-Aktivität sein, auf dieselbe Weise
vielleicht, wie das Studieren einer Karte vor einer Wanderung auch
nicht im Handumdrehen gemacht werden soll. Die Beschreibung
des Berges, die wir im Anfangsteil von *Bergkristall* finden, gleicht
der langsamen Dechiffrierung einer Karte vor einer Wanderung im
unbekannten Terrain. Mit Stifter machen wir uns am Anfang seiner

Novelle mit großer Geduld mit der Umgebung bekannt, in der die Kinder sich später verirren werden und in der die mit der „Karte" vertrauten Gschaider Bürger mit ihrer Lokalkenntnis brillieren können. In der Novelle stehen also die modernen Millsdorfer den „Slow-Movement-Gschaidern" gegenüber. Stifter zu lesen kann so als eine Übung im Langsamwerden angesehen werden.

## Nietzsche und Zarathustra

Nietzsches Zarathustra steht eindeutig in der Traditionslinie von Stifter: Noch mehr als der Waldgänger ist Zarathustra aber ein einsamer Wanderer, der in den Wäldern und Bergen seine eigenen Gedanken frei und mutig zu Ende gedacht hat. Die Auffassung hat sich eingeprägt, dass Zarathustras Lehre ein hartes Gesetz verkörpert, aber es ist fraglich, ob der Unterschied zwischen dem „sanften" Gesetz Stifters und Zarathustras neuer Lehre eigentlich so groß ist. Zwar sagt Zarathustra beispielsweise, dass er „viel Kriegsmänner sehn" (NW VI 1, S. 56) möchte, aber hinter dieser verschärften Rhetorik verbirgt sich eigentlich ein humanes pädagogisches Ideal, das darauf hinzielt, die Menschen aufzufordern, ihre tieferen Überzeugungen zu finden und dafür zu leben. Und um dies zu erreichen, muss man nicht Zarathustras Lehren blind übernehmen, sondern kann stattdessen ein Leben als Imitatio Zarathustras führen. Dies heißt u.a. – und vielleicht *vor allem* – ein Leben als einsamer Wanderer zu realisieren. Bemerken wir doch, dass Zarathustra sich keine Gefolgschaft wünscht, sondern „Gefährten".

Nun liegt ein Problem bei Zarathustra darin, dass diese Wanderungen mit Gefährten nicht stattfinden; im Gegenteil fährt Zarathustra fort, zu Menschen zu „sprechen". Der Vorteil ist, dass Nietzsche auf diese Weise viele seiner revolutionierenden Gedanken hervorbringen kann und so die „Umkehrung" von traditionellen Werten und Vorstellungen zur Sprache bringt. Der Nachteil ist, im Vergleich zu Stifters Waldgänger, dass die vielleicht wichtigste Idee, nämlich die des Denken-Lernens beim Gehen, aus dem Blickfeld verschwindet. Stattdessen erscheint Zarathustras Lehre als eine Serie von Dogmen, die, teilweise völlig aus dem Kontext gerissen, interpretiert und angewendet werden können.

Was können wir von Nietzsche in Bezug auf Fernwandern lernen?

Wie kein anderer vor ihm betont Nietzsche die Bedeutung der körperlichen Bewegung für das Wohlfunktionieren des Gehirns. Zusammengefasst hat er es in der Ecce-Homo-Formulierung: „So wenig als möglich sitzen; keinem Gedanken Glauben schenken, der nicht im Freien geboren ist und bei freier Bewegung, in dem nicht auch die Muskeln ein Fest feiern."[217]

Das Wandern und Laufen ist zu einem Teil meiner Arbeit geworden. Manchmal reicht es aus, den kleinen Gang in die Kantine zu machen, um mir eine Tasse Kaffee zu holen, um meine Gedanken zu klären. Vielleicht muss ich über das, was ich gerade gelesen habe, intensiver nachdenken. Dazu benötige ich die Bewegung, vielleicht unterstützt es die Durchblutung. Aber dass es mir hilft, besser zu denken, ist zweifelsfrei.

Was ist aber mit den längeren einsamen Wanderungen oder Läufen, die ich seit 2012 fast zu einer Routine gemacht habe – tragen auch sie dazu bei, meine Gedanken „besser" zu machen? Meine Erfahrung ist, dass das langsame Wandern hier oft besser ist als das schnelle Laufen, jedenfalls wenn es darum geht, aus Gelesenem einen besseren Zusammenhang herzustellen. Wenn ich beim Gehen bewusst über das nachdenke, worüber ich gerade arbeite, verlangsamt sich das Lauf- oder Wandertempo automatisch.

Das Fernlaufen trägt nicht in dem Maße dazu bei, die Gedanken zu verschärfen, ist aber in seiner Radikalität etwas Befreiendes und meine eigenen Gedanken Radikalisierendes. Durch körperliche Erfahrung vom Erschöpft-Sein, aber auch durch die Erfahrung von Kraft und die Überwindung des Erschöpft-Seins finde ich gleichsam, wie in einem meditativen Prozess, den Weg zu neuen, für mich selbst unentdeckten, Teilen meines Ichs.

## August Trinius

August Trinius' Wanderprojekt im Thüringer Wald weicht von
Nietzsche und Stifter dadurch ab, dass Trinius⊠ Wanderung eher
aus spielerischen als aus ernsthaften philosophischen oder päda-
gogisch-humanen Gründen unternommen wird. Trinius und seine Kameraden möchten sich in die Rolle des Abenteurers und Forschers hineinleben, und haben große Freude daran, ihre „Expedition" zu planen und sich und anderen den Gefahren auszumalen,
die mit dieser Wanderung angeblich verbunden seien. Dabei fühlen die drei Männer sich gleichzeitig als „deutsche" Helden, die
einen uralten deutschen Wanderweg für andere Wanderer erschließen.

### Hermann Hesse und Manfred Hausmann

Wir haben wiederholt gesehen, wie Fernwandern, Bergsteigen,
wilde Ausritte und Waldgang mit einer Sehnsucht nach einer größeren Perspektive, Ursprünglichkeit oder Nähe zu den großen
Gesetzen des Daseins in Zusammenhang gesehen werden kann.
Vor dieser Folie entwickelt Adalbert Stifter seine humane Pädagogik und seine Gedanken vom „sanften Gesetz". Das
Sich-aus-der-Gesellschaft-Zurückziehen des einsamen Wanderers
kann aber auch andere Phantasien zutage fördern: Kriegerphan-
tasien, Rachephantasien, Wildtierphantasien. Erhard Schütz weist
darauf hin, wie die Waldgänger-Figur in den 1920er Jahren in
Romanen von Ernst Wiechert und Friedrich Griese auftaucht. Die
Waldgänger sind hier häufig Soldaten aus dem Ersten Weltkrieg,
die sich im Wald zu regenerieren suchen. Der Wald wird ein Treff-
punkt für „gekränkte" und „verletzte", die voller gesellschaftlicher
Ressentiments „Waldkriegerphantasien"[218] entwickeln. Eine Traditionslinie ist nachzuweisen von dem liebenswürdigen Taugenichts
und den Indianergeschichten Coopers (Pathfinder, 1840, Deerslay-
er, 1841) über Gustav Freytags Vorstellungen vom deutschen „Wald-

läufer" und Nietzsches Zarathustra hin zu solchen äußerst problematischen Erscheinungen.

Bei Hesse und Hausmann sind wir zu Autoren gelangt, bei denen wir uns nicht unreflektiert von Wanderbegeisterung mitreißen lassen können. Hesse zwingt uns in seinem Text *Wanderung* zu einer direkten Auseinandersetzung mit diesen Schattenseiten der Wanderbewegung. Bei Hausmann ist es gerade das Fehlen einer solchen Reflexion, das für die heutigen Leser als Warnzeichen aufgefasst werden sollte. Welchen Phantasien hängt Lampioon nach bei seinen einsamen Wanderungen? Ist er auch eine Variante des gekränkten und verletzten Soldaten, der in der Wildnis der Gefährdung ausgesetzt ist, selbst zu einem Wildtier zu werden? Oder ist er bloß jemand, der vor den politischen Wirren des Alltages der Weimarer Republik flieht? Ein unpolitischer Biedermeier, ein deutscher Michel mit Schlafmütze, nur in der Verkleidung eines Landstreichers?

Texte wie die von Hesse und Hausmann können – und sollten – bei heutigen Lesern Reflexionen auslösen über unser eigenes Verhältnis zu Training, Körper und Selbstoptimierung. Sind das auch Ausweichstrategien, um der politischen Wirklichkeit, der Unübersichtlichkeit zu entfliehen? Erleben wir heutzutage ein neues Biedermeier, wo jeder sich nur um das Eigene kümmert und politisch ‚ignorant' vor allem dem eigenen Trainingsplan folgt?

Andererseits steigt man nie zweimal in denselben Fluss, der historische und gesellschaftliche Kontext hat sich dermaßen verändert, dass wir, hier im Westen wohlgemerkt, nicht länger fürchten müssen, dass in den Wäldern ehemalige Soldaten mit „Rachephantasien"[219] umherwandern. Vielleicht können wir doch sogar Lampioon heute mit einem gewissen Gewinn lesen. Denn – stellen wir die Frage zum letzten Mal – was können wir als Weitwanderer und Weitläufer von Lampioon lernen?

Gehen wir davon aus, dass Gumbrecht Recht hat mit seiner Annahme, das moderne Leben hätte ein „unerhörtes Kompensationsbedürfnis nach körperlicher Bewegung" geweckt, und, dass der Körper „als Gegenstand der Selbsterfahrung und der präven-

tiven Sorge wieder in den Vordergrund getreten"[220] wäre. Wenn es
so ist, erklärt sich die gegenwärtige Wanderwelle und die Sucht
nach Outdoor-Abenteuern möglicherweise als ein Versuch, wieder Kontakt mit der Wirklichkeit zu bekommen. Es muss nicht
unbedingt ein widersprüchliches Verhältnis herrschen zwischen
dem Leben eines Intellektuellen einerseits und dem Leben eines
Sportfreaks andererseits. Die Opposition von körperlicher Bewegung und Geist scheint in vielerlei Hinsicht überholt zu sein.[221]

Vor dem Kontext des modernen Umweltbewusstseins kann uns
Lampioons einfaches Leben durchaus als Inspiration dienen. Dass
er seine eigenen Füße benutzt, um vorwärtszukommen, ist nur
eine Seite; auch seine immense Freude über einfache Dinge, einen
Kessel, ein Stück Brot, einen Schlafsack, kann wegweisend fungieren. Auf diese Dinge muss er in der Wildnis aufpassen: Geht eins
verloren, ist er sofort der Kälte oder dem Hunger ausgesetzt. Nicht
zuletzt aus diesem Grund sollten vielleicht mehr Leute das natur-
nahe Leben suchen: Um eine gewisse Demut zu entwickeln für den
Wert der Dinge, die uns umgeben, statt nur zu denken, es bedeute
nichts, ob dieser Topf mir abhandenkomme, ich kann mir ja jederzeit ein neues Ding holen.

# Anmerkungen

1   Viele Menschen reisten gar barfuß, aus Armut, wegen der Hitze und des unbequemen Schuhwerks (König 2013, S. 82).
2   Brenner 2014, S. 102–131.
3   Zitiert nach König 2013, S. 157.
4   Lütkehaus 2003.
5   Nickel 2013.
6   Kerkeling 2011, S. 11 f.
7   „Weitwandern" und „Weitlaufen" sind Begriffe, die sich weitgehend mit den Begriffen „Fernwandern" und „Fernlaufen" decken.
8   Der Titel der Originalausgabe lautet *Lampioon küsst Mädchen und kleine Birken*. Der veränderte Titel taucht erst bei der Neuauflage von 1928 auf.
9   Wer vom Sattel „voraus und zurückschauen" wollte, bräuchte ein „Janusgesicht", also genau das, was Koselleck den Begriffen der Sattelzeit zuschreibt: „[R]ückwärtsgewandt meinen sie soziale und politische Sachverhalte, die uns ohne kritischen Kommentar nicht mehr verständlich sind, vorwärts und uns zugewandt haben sie Bedeutungen gewonnen, die zwar erläutert werden können, die aber auch unmittelbar verständlich zu sein schienen." (Brunner, Conze, Koselleck 1972, S. XV).
10  Dieser „frische Blick" löst sich teilweise von den üblichen literaturgeschichtlichen Kategorien, wie Naturalismus, Décadence und L'art pour l'art, die „literaturgeschichtlich vergleichsweise überrepräsentiert" (Carstensen und Schmid 2016, S. 16) sind. Parallel zu dem Verfahren von Carstensen und Schmid stelle ich stattdessen ein sozialhistorisches Konzept wie „Lebensreform" ins Zentrum meiner Untersuchung.
11  Unter diesen sind die vielgelesenen Wanderbücher von Hape Kerkeling und Wolfgang Büscher und die Marathon-, Ultralauf- und Fellrunningklassiker von Murakami, Christoph McDoughall und Richard Askwith.
12  Die Forschung hat mehrere solcher Listen von Wandermotiven aufgestellt. Hartmanns Modell aus dem Jahr 1962 ist ein Beispiel: 1. Er-

holungs- und Ruhebedürfnis, 2. Bedürfnis nach Abwechslung und Ausgleich, 3. Befreiung von Bindungen, 4. Erlebnis- und Interessenfaktoren. Laßberg und Steinmassl haben in den 1990er Jahren einen anderen Vorschlag gemacht, der nicht sehr von Hartmanns Modell abweicht: 1. Erholung/Besinnung/Gesundheit, 2. Abwechslung/Erlebnis/Geselligkeit, 3. Eindrücke/Entdeckung/Bildung, 4. Selbstständigkeit/Besinnung/Hobbys, 5. Natur Erleben/Umweltbewusstsein/Wetter, 6. Bewegung/Sport (Kleinsteuber und Thimm 2008, S. 23).

13  Rehbein 2007, S. 8.
14  Friedell 2009, S. 101.
15  König 2013, S. 103.
16  Was übrigens für die Bauern weitere Probleme ergab. Regelmäßig mussten sie den Adligen beistehen und Wild „treiben", außerdem wurden die Äcker „bei den vielen Jagden verwüstet, und obwohl das viele Wild die Ernteeinträge erheblich minderte, durfte es von den Bauern nicht getötet werden", (König 2013, S. 97).
17  Raschke 2005, S. 361.
18  König 2013, S. 147.
19  König 2013, S. 147.
20  Zitiert nach König 2013, S. 149. Rousseau in der Übertragung von Wellmann 1991, S. 54.
21  Rousseau, zitiert nach Raschke 2004, S. 361.
22  Im 18. Jahrhundert hatte zum ersten Mal die Aufgabe Priorität, die Staats- und Privatwälder und reizvolle Naturgebiete für größere Bevölkerungsschichten zugänglich zu machen. Im Jahre 1742 wurde der Berliner Tiergarten geöffnet und 1789 der Englische Garten in München. Früher waren dies Jagdgebiete, die ausschließlich für den Adel zugänglich waren.
23  An Knebel, 4./5.11.1787, WA IV 8, S. 269.
24  Das Gedicht wurde erst 1789, 12 Jahre nach seiner Entstehung, veröffentlicht. Schöne macht darauf aufmerksam, dass das veröffentlichte Gedicht „vom ursprünglichen Wortlaut […] an einigen Stellen in aufschlußreicher Weise" abweicht. Er bezieht sich deswegen auf die ungedruckte Urfassung, weil hier die Reise Goethes bei teilweise sehr schlechtem Wetter unmittelbarer und weniger bearbeitet zutage tritt. Aus demselben Grund beziehe ich mich auch auf die Urfas-

sung, so wie das Gedicht in Schönes Text „Götterzeichen: Harzreise im Winter" abgedruckt ist. Schöne 1982, S. 20–23.

25    WA Bd. 28, S. 119.

26    Safranski 2007, S. 126.

27    Goethe, Johann, Wolfgang: Goethe Gedichte. Herausgegeben und kommentiert von Erich Trunz. Jubiläumsausgabe 2007. Text nach: Gedichte und Epen I, Goethes Werke, Hamburger Ausgabe, Bd. I, 16. Aufl., München: C. H. Beck, 1996, S. 33–36.

28    WA, Bd. 29, Dichtung und Wahrheit, Vierter Teil, 18. Buch, S. 116 f.

29    Safranski 2013, S. 39.

30    WA, Bd. 27, Dichtung und Wahrheit, Zweiter Teil, 6. Buch, S. 46.

31    Doktor Metz war, so Goethe in *Dichtung und Wahrheit*, ein „unerklärlicher, schlaublickender, freundlich sprechender, übrigens abstruser Mann". Metz empfahl Goethe die Lektüre von u. a. Paracelsus. Hier fand er „die Natur, wenn auch vielleicht auf phantastische Weise, in einer schönen Verknüpfung dargestellt" (WA Bd. 27, Dichtung und Wahrheit, zweiter Teil, 8. Buch, S. 204 f.).

32    Im Tagebuch am 8. Oktober 1777 steht das Wort „Regieren!!" mit zwei Ausrufezeichen, WA, Bd. 01, ser 03. Siehe auch Schöne, S. 34.

33    „Die Last der Amtsgeschäfte legte sich auf ihn, die Fron des Aktenstudiums und der Sitzungen, das Joch der Verantwortung" (Schöne 1982, S. 34).

34    „Ich heiße Weber, bin ein Mahler und habe jura studirt" schreibt Goethe an Frau von Stein am 6. Dezember 1777, WA, Bd. 01, ser 03. Siehe auch Schöne 1982, S. 40.

35    WA IV3, Briefe an die Frau von Stein, S. 188–201. 3. Dezember 1777.

36    WA III1, Goethes Reisetagebuch vom 29.11.–16.12., Eintragung vom 29. November 1777.

37    Schöne 1982, S. 24.

38    WA IV3, Briefe an die Frau von Stein, S. 188–201. 3. Dezember 1777.

39    Schöne 1982, S. 24.

40    WA III1, Goethes Reisetagebuch vom 29.11.–16.12. Eintragung vom 10.12.1777.

41    Schöne 1982, S. 24.

42    Schöne 1982, S. 25.

43    GH, S. 91.

44    An Lavater, 29.7.1782. WA, Abteilung IV Briefe, Bd. 6, S. 20.

45   GH, Bd. 1, S. 91.

46   Ebd., S. 91.

47   Ebd., S. 91.

48   Schöne 1982, S. 20–23. Siehe Anmerkung 19.

49   Schöne 1982, S. 28.

50   WA 1, 33, S. 215. Zitiert nach Leistner 1996, S. 160.

51   Dies korrespondiert weiter mit den Tagebucheintragungen vom 1. Dezember 1777: „=Dem Geyer gleich=". Schöne zufolge zitiert das Tagebuch hier den ersten Vers der Hymne (Schöne 1982, S. 32).

52   Die Ausmaße dieser Selbstmordwelle sind inzwischen von der Forschung etwas relativiert worden. Siehe u. a. MGL, S. 471.

53   Schöne 1982, S. 36.

54   Es herrscht große Übereinkunft in der Forschung, dass mit dem Unglücklichen, „dem Balsam zu Gift ward", der vom Werther-Effekt gemütskrank gewordene Friedrich Victor Leberecht Plessing gemeint ist. Plessing hatte sich an Goethe gewandt, um von ihm Hilfe zu bekommen, und wahrscheinlich aus diesem Grund besuchte ihn Goethe auf seiner Harzreise in Wernigerode (3. Dezember).

55   WA, 1. Abteilung, Bd. 14, S. 195.

56   http://www.goethe-gesellschaft.ch/schweizerreisen.html.    Letzter Zugriff: 9. Juni 2017.

57   http://www.alps-magazine.com/alpenblick/goethe-auf-dem-gotthard-bei-den-capuzinern/. Letzter Zugriff: 9. Juni 2017.

58   An Gleim: „denke ich abzupilgern" nach Zänker, S. 240 „Pilgerschaft", 25.8.1801, nach Zänker, S. 240.

59   Spazierengehen war zu Seumes Zeiten eine Wortneubildung, gebildet nach dem viel mehr benutzen Wort „spazierenreiten". Die Adligen ritten gern spazieren, wohingegen das Spazierengehen von der bürgerlichen Schicht als eine eigene „bürgerliche" Fortbewegungsart proklamiert wurde. Im Kampf gegen die Privilegien des Adels war es für die Bürger wichtig, das Recht zur freien Bewegung in der Landschaft zu erhalten, ohne die Landbesitzer um Erlaubnis zu bitten. Es ging darum, Recht zum Spazierengehen in der Natur zu erhalten.

60   http://dwb.uni-trier.de/de/. Letzter Zugriff: 29. Juni 2017.

61   Dabei muss betont werden, dass „marschieren" nicht nur militärisch benutzt wird.

62   Zitiert nach König 2013, S. 155 f.

63  Zitiert nach König 2013, S. 157.

64  Safranski 2013, S. 332.

65  Die Darstellung in diesem Kapitel folgt weitgehend der Darstellung des Seume-Biographen Zänker (Zänker 2005).

66  Zänker 2005, S. 11.

67  Zänker 2005, S. 16.

68  Zänker 2005, S. 21.

69  Zänker 2005, S. 25.

70  Zänker 2005, S. 32.

71  Zitiert nach Zänker 2005, S. 33.

72  Zänker 2005, S. 45.

73  Zänker 2005, S. 45.

74  Zänker 2005, S. 48.

75  Zänker 2005, S. 57 f.

76  Zänker 2005, S. 69.

77  Zänker, S. 77.

78  Zänker, S. 92.

79  Zänker, S. 98.

80  Zitiert nach Zänker, S. 237.

81  Zitiert nach Zänker, S. 250.

82  Zänker 2005, S. 269.

83  http://www.spazieren.de/Spaz/spaz_allg.htm. Letzter Zugriff: 9. Juni 2017.

84  Zänker, S. 260.

85  Zänker, S. 242.

86  Zänker, S. 244.

87  Zänker, S. 253.

88  Der Rennsteig Supermarathon, den ich am 20. Mai 2017 einplane, trägt den Namen dieses Gesundheitspioniers: „GutsMuths Rennsteiglauf".

89  In Weimar besuchten sie Wieland, Böttiger, Herder, Goethe, Schiller und August von Kotzbebue (nach Zänker, S. 244).

90  Seume an Göschen am 18. Dezember 1801. In: Planer/Reißmann, S. 296, zitiert nach Raschke, in Drews 2005, S. 360.

91  Zänker 2005, S. 244.

92  Zänker 2005, S. 258.

93  Brief an Gleim, 6.02.1800, zitiert nach Zänker 2005, S. 261.

94  Zänker 2005, S. 261.

95  An Beispielen fehlt es nicht. Siehe z. B. Seume vor dem Brunnen in
    Messina (SW 1993, S. 392): „In der langen Vorstadt von Messina traf
    ich einige sehr gut gearbeitete Brunnen, mit pompösen lateinischen
    Inschriften, worin ein Brunnen mit Recht als eine große Wohltat ge-
    priesen wurde. Nur Schade, daß sie kein Wasser hatten." Auch ganz
    am Ende des Reiseberichts kommt Seume auf das Wasser zurück:
    „Zwischen Fulda und Hünefeld drückte mich die Hitze furchtbar
    und der Durst war brennend: und auf meiner ganzen Wanderung
    hab ich vielleicht keine so große Wohltat genossen, als ich sodann
    links an der Straße eine schöne Quelle fand. Leute, welche einen gu-
    ten Flaschenkeller im englischen Wagen mit sich führen, haben von
    dieser Erquickung keinen Begriff." (SW 1993, S. 535).

96  Zänker 2005, S. 204.

97  Vielleicht hoffte er aber, einen Bestseller zu schreiben. So gesehen
    wäre das Vorhaben keine schlechte Idee.

98  Dass andere Menschen Druck ausüben, um das Vorhaben zu ver-
    hindern, gehört also zu den Zwängen, von denen Seume sich befrei-
    en will. Beispielsweise versucht der Freund Gleim Seume die Reise
    auszureden (Brief 14.1.1800): „Verreisen also, Sie mein lieber braver
    Seume, doch nur nicht …", (nach Zänker, S. 238).

99  http://www.bloch.de/wissenschaft/wer-ist-ernst-bloch/philosophie/.
    Letzter Zugriff: 9. Juni 2017.

100 Brief an Gleim, 6. Februar 1800, SW Bd. 3, S. 317.

101 Brief an Schnorr, Oktober/Anfang November 1801, in: Seumes Wer-
    ke, Bd. 3, S. 364.

102 Brief an Göschen, vor dem 17.10.1801, in: Seumes Werke, Bd. 3,
    S. 360.

103 Brief an Böttiger, erste Oktoberhälfte 1801, in: Seumes Werke, Bd. 3,
    S. 358.

104 Zänker, S. 204.

105 „Laufen" ist häufig nur ein Synonym für „gehen", es muss also keinen
    Tempounterschied geben.

106 Die Bedeutung von Seumes Reisebuch liegt zu einem großen Teil
    darin, dass solche Themen, wie Gesundheit und Mit-den-Elemen-
    ten-Kämpfen, einen Eigenwert erhalten. Dass sich Seume demonst-
    rativ von den etablierten Vorlagen von Italienreisen, nämlich den auf

Kunst, Architektur, Bildung und Kultur fokussierten Reiseführern, abwandte, unterstreicht dies. In Mähren interessiert er sich nicht für die römischen Ruinen (SW 1993, S. 182), dasselbe gilt für mehrere Galerien und Kirchen: „Für Kunstsachen und gelehrtes Wesen habe ich, wie Dir bekannt ist, nur selten eine glückliche Stimmung; ich will Dir also, zumal da das Feld hier zu groß ist, darüber nichts weiter sagen", (SW 1993, S. 195).

107 Zitiert nach Zänker 2005, S. 200 f.

108 Seume „überquerte in fast knie-tiefem Schnee auf dem Semmering-Paß (985 m) die Ostalpen (Zänker 2005, S. 253).

109 In Udine, zwischen Triest und Venedig, findet Seume kein Nachtquartier, und „nur mit einer Semmel und ein paar Äpfeln marschierte er am nächsten Tag, seinem Geburtstag, davon und konnte sich erst, da er zu Mittag kein Gasthaus fand, am Abend wieder sättigen" (SW 1993, S. 254).

110 Zänker 2005, S. 262.

111 Seume berichtet wie sie wie Bergsteiger „bei schneidender Kälte durch hohen Schnee stapfen und klettern mussten" (Zänker 2005, S. 263).

112 Zänker 2005, S. 239.

113 Zitiert nach Zänker 2005, S. 253.

114 Zitiert nach Zänker, S. 69.

115 Steinecke 2003, S. 148.

116 Der Duden gibt die Bedeutung „weltumfassend" für „kosmisch" an. http://www.duden.de/rechtschreibung/kosmisch. Letzter Zugriff: 9. Juli 2017.

117 Brief an Gleim, 20. November 1798, in: SW Bd. 3, S. 202.

118 Zitiert nach Zänker 2005, S. 240 f.

119 Askwith 2015, S. 4.

120 Die Aufwertung der Fußreise, die Seume bewirkt, ist wahrscheinlich von Rousseau inspiriert. Bärbel Raschke schreibt: „Das zweite Buch der Autobiographie Rousseaus Les confessions scheint dabei geradezu die zentralen Stichworte für Seumes Projekt gegeben zu haben. Rousseau spricht hier von seinem bislang unerfüllten Wunsch, Italien nur mit einem Tornister versehen, zu Fuß zu durchqueren. Für dieses einjährige Unterfangen, für das er 50 Louis veranschlagte – die Summe deckt sich interessanterweise mit Seumes angeblichem

Reisebudget –, habe er jedoch vergeblich Freunde gesucht." (Raschke 2005, S. 361).

121 Kerkeling 2011, S. 30.

122 WA, Bd. 29, Dichtung und Wahrheit, Vierter Teil, 18. Buch, S. 116 f.

123 Seume 1993, SW, Bd. 1, S. 30.

124 Zänker 2005, S. 41.

125 Brief an Frau von Stein, 6./7. Dezember 1777, WA, IV. Abteilung, Bd.
3, S. 192.

126 Zänker 2005, S. 213.

127 Zänker 2005, S. 234 f.

128 http://www.svz.de/deutschland-welt/junge-zeitung/gesellen-auf-
der-walz-id7342461.html. Letzter Zugriff: 13. Juni 2017. Wohlgemerkt, der Taugenichts kennt sich im Handwerk des Müllers wahrscheinlich nicht aus, da er zu Hause nur gefaulenzt und nichts gelernt
hat. Der Vater schickt ihn in die weite Welt, damit er sich selbst sein
Brot erwerben soll – d. h. einen Beruf erlernen.

129 Obwohl wir bedenken müssen, dass wir in Österreich zur Zeit der
Restauration sind, wo kaum wirklich von Freiheit und Gleichheit die
Rede sein kann.

130 Kunz 1967, S. 30.

131 Eine andere Figur Eichendorffs, Gabriele in *Schloss Dürande,* ist
adelig auf diese Weise, sie folgt der Stimme ihres Herzens allem Widerstand zum Trotz. Ihr Bruder Renald ist ihr Gegensatz, ein Bürger,
der „nicht bereit ist, den Kreis des durch Erfahrung und Berechnung
Gesicherten und Geschützten zu verlassen", (Kunz 1967, S. 31).

132 Es gibt übrigens einige Episoden, in denen der Taugenichts – sich
Problemen gegenübergestellt sieht – in den Schlaf flüchtet.

133 ZPW 2004, S. 194.

134 ZPW 2004, S. 195.

135 ZPW 2004, S. 195.

136 „Wie ist die Natur doch im allgemeinen so schön", (Heine 2002,
S. 256), „die im Nebel versinkende Sonne habe ausgesehen wie
eine rotglühende Rose, die der galante Himmel herabgeworfen in
den weit ausgebreiteten Brautschleier seiner geliebten Erde", (Heine
2002, S. 256).

137 Der Greifswälder erklärt seine Liebe folgendermaßen: „[E]s ist ein
gebildetes Mädchen, denn sie hat volle Brüste und trägt ein weißes

Kleid und spielt Klavier!" (Heine 2002, S. 262) Die beiden Jünglinge auf dem Brocken übertreffen einander in Seufzen und Schmerz: „Meine Seele ist traurig! Komm mit hinaus in die dunkle Nacht! Einatmen will ich den Hauch der Wolken und die Strahlen des Mondes. Genosse meiner Wehmut! Ich liebe dich, deine Worte tönen wie Rohrgeflüster, wie gleitende Ströme, sie tönen wider in meiner Brust, aber meine Seele ist traurig!" (Heine 2002, S. 263).

138 „Mein Greifswälder Freund war auch ein deutscher Barde, und wie er mir vertraute, arbeitete er an einem Nationalheldengedicht zur Verherrlichung Hermanns und der Hermannsschlacht", (Heine 2002, S. 261).

139 WA, Bd. 29, Dichtung und Wahrheit, Vierter Teil, 18. Buch, S. 116 f.

140 „Wie wir heute wissen erhielt Heine im ersten Studienjahr 400 Thaler und in jedem der weiteren fünf Studienjahre 500 Thaler [...]. Das war eine Summe, die nur den reichsten Studenten aus der Aristokratie zur Verfügung stand", (Wadepuhl 1974, S. 32 f.).

141 Heine fügt hinzu, dass diese Hosen „in geschichtlicher Hinsicht sehr merkwürdig sind", wahrscheinlich ein Hinweis auf Werther, der gelbe Hosen (und eine blaue Jacke) trug. Dies deutet darauf hin, dass Heine sich auf seiner Wanderung von der modisch gewordenen sehr empfindsamen, Werther-inspirierten Naturbetrachtung distanzieren wollte.

142 Wie Goethes Faust Mephistos Angebot, mit einem Besenstiel (also auf magische Weise) zum Brocken zu fliegen, ablehnt, will auch Heine auf seiner Reise zum Brocken keine magischen Hilfsmittel benutzen. Im vorangehenden Abschnitt ist von Chamisso die Rede, und die Stiefel könnten deswegen ein versteckter Hinweis auf die Siebenmeilenstiefel Peter Schlemihls sein.

143 ZPW, S. 194.

144 Ich benutze im Folgenden Adalbert Stifter: *Werke und Briefe, Historisch-kritische Gesamtausgabe.* Hg. von Doppler und Frühwald, Stuttgart: Kohlhammer, 1978 ff.

145 Die Episode mit dem Waisenmädchen, das Piano spielt, könnte als ein Hinweis auf diese Lebensmöglichkeit betrachtet werden (WuB 3,1, S. 452 f.).

146 Dieses Gedankengut erkennen wir als ein Erbe Rousseaus: Um den Kindern zur Autonomie zu verhelfen, um nicht bloß zu spezialisier-

ten Marionetten zu werden,, dürfen sie sich nicht vom Zufußgehen entfernen. Stattdessen müssen wir ihnen einen Lehrraum geben, in dem sie sich frei bewegen können, d. h. laufen, springen, klettern, umfallen, sich weh tun usw. – alles in einer natürlichen Umgebung.

147  http://universal_lexikon.deacademic.com/225121/Das_sanfte_Gesetz, meine Hervorhebung. Letzter Zugriff: 14. Juni 2017.

148  Auf der überindividuellen Ebene steht die Teufelsmauer für das Krankhafte in der Gesellschaft (Stillsitzen, Zweckrationalität usw.).

149  Wir merken uns auch, dass Wärme aus den Waldhäusern, die den Flusslauf säumen, ausstrahlt, denn hier wird mit Kienholz gefeuert, das „den ganzen Raum der Wohnstube erleuchtet" (Stifter 1960, S. 380). „Kien" steht in dieser Erzählung für Wärme und Geselligkeit, und nicht zufällig heißt der Ort in der Nähe der Teufelsmauer „Kienberg", was das brutale Toben des Flusses an dieser Stelle gleichsam ausgleicht.

150  https://www.amazon.de/Bergkristall-heilige-Abend-Vollst% C3%A4ndige-Ausgabe-ebook/dp/B00ZR6EZNA. Letzter Zugriff: 16. Juni 2017.

151  Adalbert Stifters Wandertexte stehen sind in dieser Hinsicht Schwellentexte, in denen sich diese veränderte Haltung zur Wanderung zeigt.

152  Seume hat den Begriff „Spaziergang" gewissermaßen als ironische Auseinandersetzung mit dem Wandern gewählt. Mit Spaziergang im eigentlichen Sinne hat seine Extremwanderung sehr wenig zu tun.

153  Die alpine Landschaft in Süddeutschland, Österreich und der Schweiz und die Gebirgslandschaft als Wanderlandschaft ist selbstverständlich auch präsent, bekommt aber vor allem im deutschen Kontext weniger Bedeutung als der Wald.

154  Die Aussage stammt von Eichendorff. Erhard Schütz: *Dichter Wald.* In: Breymayer, Ursula und Ulrich, Bernd: *Unter Bäumen. Die Deutschen und ihr Wald.* Dresden: Sandstein Verlag, 2011, S. 111.

155  https://books.google.no/books/about/Turning_to_Nature_in_Germany.html?id=RGemAAAAIAAJ&redir_esc=y, S. 122 f., letzter Zugriff: 20. April 2018.

156  https://de.wikipedia.org/wiki/Hans_Bl%C3%BCcher, letzter Zugriff: 20. April 2018.

157  Hermann Hoffmann. In: *Das Nachrichtenblatt des Wandervogels,* Nr. 30 vom Februar 1955, S. 6 f.

158 Hans Blüher: *Wandervogel. Geschichte einer Jugendbewegung.* Zweiter Teil: Blüte und Niedergang. 2. Auflage, Berlin 1912, S. 167 f.
159 NW, VI 1.
160 Trinius 1899.
161 Rieker ist vor allem durch sein Werk *Die Naturgeschichte des Volkes als Grundlage einer deutschen Social-Politik* bekannt geworden. Rieker 1855, siehe u. a. das Kapitel „Feld und Wald" (S. 39 ff.).
162 http://www.gustav-freytag.info/index.php/buecher/die-ahnen/40-die-ahnen-1-ingo-und-ingraban. Letzter Zugriff: 16. Juni 2017.
163 https://de.wikipedia.org/wiki/Th%C3%BCringerwald-Verein,  letzter Zugriff 20. April 2018.
164 Viele Bewegungen, die immer noch wirkmächtig sind, erblickten im Rahmen der Lebensreform zum ersten Mal das Licht der Welt, wie Vegetarismus, Freikörperkultur, Schrebergärten und Ökologie. Die Wandervogelbewegung entspringt zu einem großen Grad dem Kreis der Lebensreformer.
165 Conti, Abschied vom Bürgertum, S. 66.
166 Siehe Kirsten Schreiber 2014, S. 72.
167 Thoreau 2014, S. 26.
168 Rüdiger Safranski: *Romantik. Eine deutsche Affaire.* München 2007, S. 303 f.
169 Carstensen und Schmid 2016, S. 17.
170 Carstensen und Schmid 2016, S. 18. Carstensen und Schmid führen weiter aus: „In der Literatur der Jahrhundertwende klingt darüber hinaus Haeckels Plädoyer für den „ideale[n] Werth der sexuellen Liebe" an: So wird bei Richard Dehmel, Johannes Schlaf und Felix Hollaender die religiöse Ekstase zur erotischen Ekstase; die sexuelle Vereinigung mit der christlichen Heiligen Maria Magdalena wird für die männlichen Figuren zur „immanenten Selbsterlösungserfahrung, die das Erleben einer All-Einheit ermöglicht", (Carstensen und Schmid 2016, S. 15).
171 Jünger 1980.
172 Erich Weinert: *Das Lied vom roten Pfeffer.* Berlin/Weimar 1968, S. 82 f., oder: Werner Karl, *Liederbuch für Bergsteiger.* Hg. vom Deutschen Alpenverein. München: Bergverlag Rudolf Rother, 2. Auflage 1974, Google Books, https://books.google.no/books?id=rdJTfF6CjzwC&pg=PA7&dq=Liederbuch+f%C3%B-

Cr+Bergsteiger&hl=no&sa=X&ved=0ahUKEwjwso3Zot3SAhWL-PxoKHTX4DxwQ6AEIHDAA#v=onepage&q=Liederbuch%2-0f%C3%BCr%20Bergsteiger&f=false, letzter Zugriff: 20. April 2018.

173  Ernst Niekisch, „Der Waldgang", in: *Sezession,* 22. Februar 2008, S. 17–20.

174  NWKS, Bd. 6, S. 281.

175  Thomas Bernhard 2004, S. 85.

176  Thorsten Carstensen und Marcel Schmid: *Die Literatur der Lebensreform. Kulturkritik und Aufbruchstimmung um 1900.* Hg. von Carstensen und Schmid, Bielefeld: Transcript Verlag, 2016, S. 17.

177  Trinius benutzt die Form „Rennstieg" statt „Rennsteig".

178  Wolfgang Albrecht: *Kultur und Physiologie des Wanderns. Einleitende Vorüberlegungen eines Germanisten zur interdisziplinären Erforschung der deutschsprachigen Wanderliteratur.* In: Wanderzwang – Wanderlust. Formen der Raum-und Sozialerfahrung zwischen Aufklärung und Frühindustrialisierung. Hg. von Wolfgang Albrecht und Jans-Joachim Kertscher. Tübingen: Max Niemeyer Verlag 1999, S. 7 ff.

179  Albrecht 1999, S. 8.

180  Albrecht 1999, S. 8.

181  Albrecht 1999, S. 11.

182  Albrecht 1999, S. 9.

183  Am Ende muss aber der Chronist absagen, was für den Humor ein großer Verlust ist, denn ohne den Chronisten verfällt der Erzähler in einen sehr sachlichen, bildungsbürgerlichen Ton mit vielen geschichtlichen Fakten, Anekdoten und Sagen.

184  Die wichtigste Ausnahme ist, dass Trinius in Hörschel, und nicht in Eisenach, die Wanderung beginnt.

185  Böttger 1975, S. 238.

186  Eine Ausnahme waren die Nerother Wandervögel, die vor allem für ihre Wanderungen im Ausland bekannt waren.

187  Brief an Volkmar Andreä, 26.12.14, HHB, Bd. 2, 2013.

188  https://www.nzz.ch/magazin/reisen/der-nacktkletterer-von-am-den-1.5884214. Letzter Zugriff: 20. Juni 2017.

189  http://www.gss.ucsb.edu/projects/hesse/papers/documents/schwarz.pdf. Letzter Zugriff: 20. Juni 2017.

190  Carstensen und Schmid 2016, S. 18.

191 Auch in der „Harzreise" werden erotische Abenteuer (oder wenigstens die Möglichkeit dazu) angedeutet.

192 Hesse, Hermann: Der geheimnisvolle Berg. In: HHSW 2001 ff., Bd. 11, S. 35. Auch: https://www.nzz.ch/magazin/reisen/der-nacktkletterer-von-amden-1.5884214. Letzter Zugriff: 20. Juni 2017.

193 Die Liebe zum Berg, zu den Blumen und Schmetterlingen lässt sich übrigens auch aus einer anderen Perspektive betrachten, nicht als Sublimierung der erotischen Liebe, sondern als Erweiterung der Liebe auf alles Lebendige. Diese allumfassende Liebe ist die Vorstufe zum Nirwana.

194 https://www.welt.de/kultur/literarischewelt/article109379848/ Reich-Ranicki-hat-Hermann-Hesse-marginalisiert.html. Letzter Zugriff: 20. Juni 2017.

195 Hausmann „hatte selbst nach dem mit dem Doktor der Philosophie abgeschlossenen Studium in München und Göttingen und der Heirat mit der Mathematikstudentin Irmgard, der Geburt der beiden Zwillingssöhne Wolf und Tjark 1924 ein Jahr lang Deutschland erwandert, und damit das Umfeld, in dem sich Lampioon aufhält, nachhaltig und kenntnisreich erkundet" (Kriehn 2008, S. 22).

196 Kriehn 2008, S. 22.

197 Strohmeyer 2000.

198 Sarkowicz und Metzer 2011.

199 Homann 1986.

200 Jung-Schmidt 2006.

201 Kriehn 2008.

202 Ein solches Bündel ist nicht unbedingt ein Kennzeichen für Landstreicher, denn auch viele Handwerker auf der Walz haben statt Rucksäcken solche Bündel.

203 http://www.wandervogel.com/wandervogel_faq.html. Letzter Zugriff: 21. Juni 2017. Richard Miller: *Bohemia: the protoculture then and now*. Chicago: Nelson-Hall, 1977.

204 Die einzige Ausnahme in dieser Hinsicht ist das Kapitel „Seufzer überm Rhein", in dem er einer gewissen Sehnsucht nach dem bürgerlichen Leben Ausdruck gibt.

205 Johann-Günther König: *Zu Fuß. Eine Geschichte des Gehens*. Stuttgart: Reclam 2013, S. 219.

206 Kriehn 2002, S. 22.

207 Carstensen und, Schmid 2016, S. 18.

208 Carstensen und Schmid 2016, S. 18.

209 http://www.zeit.de/2016/11/fussball-geschichte-essay/komplettansicht, letzter Zugriff: 20. April 2018.

210 Kriehn 2002, S. 28.

211 WA III 1, S. 54: Goethes Reisetagebuch vom 29.11.–16.12.

212 Zänker 2005, S. 200 f.

213 Zitiert nach Goethe-Handbuch, Bd. 1, S. 192.

214 Dokumentiert ist aber nur, dass Ötzi Speck, Brot und Pflanzen gegessen hat.

215 Eine Voraussetzung für das Mitnehmen von Haferflocken wäre allerdings, dass es eine Ackerbaubevölkerung gegeben hat. Ob das zu Ötzis Lebzeiten der Fall war, ist eher zweifelhaft.

216 Der Guru des „slow movement", Carl Honor umschreibt die Tempokrankheit der Moderne mit „road running culture". Siehe u. a.: https://www.ted.com/talks/carl_honore_praises_slowness#t-243086er. Letzter Zugriff: 26. Oktober 2017. Honoré ist vor allem durch sein Buch „In Praise of Slowness" bekannt geworden.

217 NWKS, Bd. 6, S. 281.

218 Schütz 2013, S. 21.

219 Dies gilt wohlgemerkt in Europa, in den USA wimmelt es aber von solchen Menschen, die dem Staat den Krieg erklärt haben.

220 http://www.zeit.de/2016/11/fussball-geschichte-essay/komplettansicht, letzter Zugriff 20. April 2018.

221 Günter Herburgers *Lauf und Wahn* dürfte dafür als ein Beispiel stehen, dass Sport und Intellektualität keine Gegensätze sein müssen.

# Literatur

GH: *Goethe-Handbuch*. 5 Bde. Hg. von Bernd Witte, Theo Buck, Hans-Dietrich Dahnke, Regine Otto und Peter Schmidt. Stuttgart, Weimar: Metzler, 1996–1999.

GS: Hermann Hesse: Gesammelte Werke in sieben Bänden. Frankfurt am Main: Suhrkamp Verlag, 1957.

HHB: Hermann Hesse: Briefe. Hg. von Volker Michels. Berlin: Suhrkamp Verlag, 2012 ff.

HHGW: Hermann Hesse: Gesammelte Werke in zwölf Bänden. Zusammengestellt von Volker Michels. Frankfurt am Main: Suhrkamp Verlag, 1970.

HHSW: Hermann Hesse: Sämtliche Werke, 20 Bde., Hg. von Volker Michels. Frankfurt am Main: Suhrkamp Verlag, 2001 ff.

HKA: Sämtliche Werke des Freiherrn Joseph von Eichendorff. Historisch-kritische Ausgabe. Bd. V/1, hg. von Karl Konrad Polheim. Tübingen: Niemeyer Verlag, 1998.

MGL: Metzler Goethe Lexikon. Personen – Sachen – Begriffe. 2. verbesserte Auflage, Stuttgart, Weimar: Metzler, 2004, S. 471.

MHGW: Manfred Hausmann: Gesammelte Werke. Vom Autor durchgesehene Auflage. Frankfurt am Main: Fischer, 1983 ff.

NW: Friedrich Nietzsche: Werke. Kritische Gesamtausgabe. Hg. von Colli und Montinari, Berlin: Walter de Gruyter & Co, 1968.

NWKS: Friedrich Nietzsche: Sämtliche Werke. Kritische Studienausgabe in 15 Bde. Hg. von Colli und Montinari, München: KGA, 1980.

SW: *Seumes Werke*. Hg. von Jörg Drews, Frankfurt am Main: Deutscher Klassiker Verlag, 1993–2002.

WA: *Goethes Werke*. Hg. im Auftrage der Großherzogin Sophie von Sachsen. 143 Bde. Weimar 1887–1919. Nachdruck München 1987. [nebst] Bd. 144–146: Nachträge und Register zur IV. Abt.: Briefe. Hg. von Paul Raabe. Bde. 1–3. München 1990 [Weimarer Ausgabe].

WuB: Adalbert Stifter: Werke und Briefe. Historisch-kritische Gesamtausgabe, hg. von Alfred Doppler und Wolfgang Frühwald, Stuttgart: Kohlhammer, 1978 ff.

ZPW: Heine-Handbuch. Zeit – Person – Werk. Dritte, überarbeitete und erweiterte Auflage. Stuttgart: Metzler Verlag, 2004.

Goethe, Johann Wolfgang: Harzreise im Winter. Abgedruckt in: *Götterzeichen Liebeszauber Satanskult. Neue Einblicke in alte Goethetexte.* Hg. von Albrecht Schöne, München: Verlag C. H. Beck, 1982.

Goethe, Johann Wolfgang: „Wanderers Sturmlied", in *Goethe Gedichte.* Herausgegeben und kommentiert von Erich Trunz. Jubiläumsausgabe 2007. Text nach: Gedichte und Epen I, Goethes Werke, Hamburger Ausgabe, Bd. I, München: C. H. Beck, 16. Aufl. 1996, S. 33–36.

Hausmann, Manfred: Lampioon. Abenteuer eines Wanderers. Die Erstausgabe erschien 1928 unter dem Titel ‚Lampioon küßt Mädchen und kleine Birken' Vom Autor durchgesehene Ausgabe. In: *Gesammelte Werke,* Frankfurt am Main: S. Fischer Verlag, 1983.

Heine, Heinrich: Die Harzreise. In: *Heinrich Heine. Ausgewählte Werke.* Darmstadt: Wissenschaftliche Buchgesellschaft (Lizenzausgabe), 2002.

Heine, Heinrich: *Die Harzreise.* Stuttgart: Reclam, 1995.

Hesse, Hermann: Die Wanderung, in: *Gesammelte Werke in zwölf Bänden,* Bd. 6, Werkausgabe, Frankfurt am Main: Suhrkamp Verlag, 1970.

Trinius, August: *Der Rennstieg. Eine Wanderung von der Werra bis zur Saale.* Zweite verbesserte und vermehrte Auflage. Mit Zeichnungen von F. Holbein. Minden i. W.: J. C. C. Bruns 1899.

## Sekundärliteratur

Albrecht, Wolfgang und Kertscher, Hans-Joachim: Wanderlust – Wanderzwang. In: *Hallesche Beiträge zur Europäischen Aufklärung,* Bd. 11. Tübingen: Niemeyer, 1999.

Askwith, Richard: *Running Free. A runner's journey back to nature.* London: Yellow Jersey Press, 2015.

Bernhard, Thomas: *Gehen.* Frankfurt am Main: Suhrkamp Verlag, 1971.

Blüher, Hans: *Wandervogel. Geschichte einer Jugendbewegung. Zweiter Teil: Blüte und Niedergang.* Zweite Auflage, Berlin, 1912.

Brenner, Peter: Fußwanderungen durch Deutschland: die Wiederentdeckung einer Reiseform um die Jahrhundertwende. In: *Literarische Deutschlandreisen nach 1989,* Berlin, Boston: Walter de Gruyter, 2014, S. 102–131.

Brückner, Leslie, Meid, Christopher und Christine Rühling (Hg.): *Literarische Deutschlandreisen nach 1989.* Berlin, Boston: Walter de Gruyter, 2014.

Brunner, Otto, Conze, Werner und Koselleck, Reinhard (Hg.): *Geschichtliche Grundbegriffe, Historisches Lexikon zur politisch-sozialen Sprache in Deutschland,* Bd. 1, Stuttgart: Klett-Cotta, 1972.

Böttger, Fritz: *Hermann Hesse. Leben. Werk. Zeit.* 2. Auflage, Berlin: Verlag der Nation, 1975.

Carstensen, Thorsten und Schmid, Marcel: *Die Literatur der Lebensreform. Kulturkritik und Aufbruchstimmung um 1900.* 1. Auflage, Bielefeld: Transcript Verlag, 2016.

Conti, Christoph: *Abschied vom Bürgertum. Alternative Bewegungen in Deutschland von 1890 bis heute.* Reinbek: Rowohlt Verlag, 1984.

Drews, Jörg (Hg.): *Johann Gottfried Seume 1796–1810. Ein politischer Schriftsteller der Spätaufklärung.* Bielefeld: Antiquariat Granier, 1989.

Friedell, Egon: *Kulturgeschichte der Neuzeit. Kulturgeschichte Ägyptens.* Lizenzausgabe mit freundlicher Genehmigung des Wunderkammer Verlags. Frankfurt am Main: Zweitausendeins, 2009.

Handke, Peter: *Mein Jahr in der Niemandsbucht.* Berlin: Suhrkamp Verlag, 2000.

Herburger, Günter: *Lauf und Wahn. Mit Bildern von der Strecke.* Frankfurt am Main: Luchterhand Verlag, 1990.

Homann, Ursula: Manfred Hausmann, Dichter und Christ. In: *Der Literat* 28, 1986.

Jünger, Ernst: Der Waldgang. In: *Sämtliche Werke,* Bd. 7, Essays I. Stuttgart: Klett-Cotta, 1980.

Jung-Schmidt, Regina: *Sind denn die Sehnsüchtigen so verflucht? Die verzweifelte Suche nach Gott im Frühwerk des Dichters Manfred Hausmann.* Neukirchen-Vluyn: 2006.

Kerkeling, Hape: *Ich bin dann mal weg. Meine Reise auf dem Jakobsweg.* 15. Auflage, München: Piper Verlag, 2011.

Kleinsteuber, Hans J. und Thimm, Tanja: *Reisejournalismus. Eine Einführung.* 2. überarbeitete und erweiterte Auflage. Wiesbaden: VS Verlag für Sozialwissenschaften, 2008.

Kriehn, Ulrich: *Zwischen Kunst und Verkündigung – Manfred Hausmanns Werk im Spannungsfeld von Literatur und Theologie.* Dissertation Fernuniversität Hagen, 2002. Marburg 2008, https://d-nb. info/975474103/34. Letzter Zugriff: 24.04.2018.

König, Johann-Günther: *Zu Fuß. Eine Geschichte des Gehens.* Stuttgart: Reclam, 2013.

Korn, Fritjof Eberhard: *Das Motiv der Jugendbewegung im Werk von Manfred Hausmann*. Dissertation. München 1958.

Kunz, Joseph: *Eichendorff. Höhepunkt und Krise der Spätromantik*. Darmstadt: Wissenschaftliche Buchgesellschaft, 1967.

Leistner, Bernd: Harzreise im Winter. In: *Goethe-Handbuch*. Bd. 1. Hg. von Bernd Witte, Theo Buck, Hans-Dietrich Dahnke, Regine Otto und Peter Schmidt. Stuttgart, Weimar: Metzler, 1996–1999.

Lütkehaus, Ludger: „Zum Herbst nach Sils Maria, um auf Nietzsches Spuren zu wandern". In Zarathustras Lerchenwald. In: http://www.nzz.ch/article947QB-1.311220, Artikel vom 2. Oktober 2003. Letzter Zugriff: 9. Juni 2017.

Nickel, Karl-Heinz: „Wandern macht anarchisch. Hans-Jürgen von der Wense und die Kultur des Wanderns". In: http://www.juergen-von-der-wense.de/wandern-macht-anarchisch-hans-juergen-von-der-wense-und-die-kultur-des-wanderns/. Letzter Zugriff: 9. Juni 2017.

McDoughall, Christoph: *Born to Run. A Hidden Tribe. Superathletes and the Greatest Race the World Has Never Seen*. Reprint Edition. New York: Vintage Books, 2011.

Mogge, Winfried: *„Ihr Wandervögel in der Luft …": Fundstücke zur Wanderung eines romantischen Bildes und zur Selbstinszenierung einer Jugendbewegung*. Würzburg: Königshausen & Neumann, 2008.

Raschke, Bärbel: „Fürstin und Fußgänger. Die Italienreise Anna Amalia von Sachsen-Weimar-Eisenach und Johann Gottfried Seume". In: *Seume: „Der Mann selbst" und seine „Hyperkritiker"*. Hg. von Jörg Drews, Bielefeld: Aisthesis Verlag, 2005.

Read, Terence James: „Ein Gleiches", in: *Goethe-Handbuch*, Bd. 1, Gedichte, hg. von Regine Otto und Bernd Witte, Stuttgart, Weimar: Metzler, 1996.

Rehbein, Franz: *Landarbeiterleben* (1911), illustriert und neu hg. von Guntram Turkowski, Heide: Boyens Buchverlag 2007.

Safranski, Rüdiger: *Goethe. Kunstwerk des Lebens*. Biographie. München: Hanser, 2013.

Safranski, Rüdiger: *Romantik. Eine deutsche Affaire*. München 2007.

Sangmeister, Dirk: *Seume und einige seiner Zeitgenossen. Beiträge zu Leben und Werk eines eigensinnigen Spätaufklärers*. Erfurt und Waltershausen: Ulenspiegel Verlag, 2010.

Sarkowicz, Hans, Metzer, Alf: *Schriftsteller im Nationalsozialismus. Ein Lexikon*. Berlin: Insel Verlag, 2011.

Schöne, Albrecht: „Götterzeichen: Harzreise im Winter". In: *Götterzeichen Liebeszauber Satanskult. Neue Einblicke in alte Goethetexte*. München: Verlag C. H. Beck, 1982.

Schreiber, Kirsten: *Kulturkritik der deutschen Jugendbewegung. „Wandervogel". 1896–1914*. Dissertation im Fach Allgemeine Literaturwissenschaften, Siegen: 2014, http://dokumentix.ub.uni-siegen.de/opus/volltexte/2015/871/pdf/schreiber.pdf. Letzter Zugriff: 24.04.2018

Spicker, Friedemann: *Deutsche Wanderer-, Vagabunden- und Vagantenlyrik in den Jahren 1910 bis 1933: Wege zum Heil – Straßen der Flucht*. Berlin, New York: Walter de Gruyter, 1976.

Schütz, Erhard: Dichter Wald. In: Breymayer, Ursula und Ulrich, Bernd: *Unter Bäumen. Die Deutschen und ihr Wald*. Dresden: Sandstein Verlag, 2011, S. 111.

Schütz, Erhard: „in den Wäldern selig verschollen". Waldgänger in der deutschen Literatur seit der Romantik. In: *Pressburger Akzente, Vorträge zur Kultur und Mediengeschichte*, Nr. 3 2013, Hg. von Sabine Eickenrodt und Joseph Tancer. Bratislava: UK, 2013.

Steinecke, Hartmut: „Reisen über Grenzen. Ein DDR-Trauma in der Nachwende-Literatur". In: Reisen über Grenzen. Kontakt und Konfrontation, Maskerade und Mimikry. Hg. von Renate Schlesier und Ulrike Zellmann, Münster: Waxmann Verlag, 2003.

Strohmeyer; Arn: „Unerwünscht? Der Schriftsteller Manfred Hausmann in der Zeit des Nationalsozialismus". In: Arn Strohmeyer, Kai Artinger, Ferdinand Krogmann: *Landschaft, Licht und Niederdeutscher Mythos. Die Worpsweder Kunst und der Nationalsozialismus*. Weimar 2000.

Thoureau, Henry David: *Walden: oder Leben in den Wäldern*. Zürich: Diogenes Verlag, 2014.

Zänker, Eberhard: *Johann Gottfried Seume. Eine Biographie*. Leipzig: Faber& Faber, 2005.

Wadephuhl, Walter: *Heinrich Heine. Sein Leben und seine Werke*. Köln, Wien: Böhlau Verlag, 1974.

# Danksagung

Dass dieses Buch jetzt vorliegt, hängt eng mit meiner eigenen Leidenschaft für Traillauf über ultra-lange Distanzen zusammen. Danken möchte ich deswegen meinen Eltern und meinem Bruder Vegard, die mir in früher Kindheit und Jugend das Wandern nahegebracht haben. Weiter ist Helge Reinholt zu danken, der mich zum richtigen Zeitpunkt mit den Freuden des Ultralaufens bekannt gemacht hat, sowie Dag Grønnestad und Jan Ove Hennøy, mit denen ich ausgiebige Gespräche über das Laufen im Allgemeinen geführt habe. Dass daraus ein Buch über deutsche Extremwanderungen werden sollte, hat wohl niemand von uns geahnt.

Danken möchte ich fernerhin der Meltzer-Stiftung, die gewagt hat, ein literaturwissenschaftliches Projekt finanziell zu fördern, das sich außerhalb der traditionellen Normen befindet.

Ferner möchte ich mich bei dem Seminar für Deutsche Philologie in Göttingen für sehr gute Arbeitsbedingungen bedanken, allen voran Dr. Dr. h.c. Heinrich Detering, Dr. Maren Maren Ermisch, Dr. Kai Sina und Rena Ukena, die alle dazu beigetragen haben, meinen Aufenthalt in Göttingen nicht nur anregend und produktiv, sondern auch zu einem großen Vergnügen zu machen. Ich danke auch dem Institut für Fremdsprachen an der Universität Bergen, das mir großzügig erlaubt hat, als Neuangestellter zwei Forschungssemester nacheinander zu bekommen. Meine Kollegin in Bergen, Dr. Jutta Schloon, hat zu einem frühen Zeitpunkt einen Entwurf gelesen und wichtige Anregungen für den weiteren Verlauf der Arbeit gegeben. Insbesondere möchte ich aber Tor Jan Ropeid für fachliche Diskussionen und gründliches Korrekturlesen in der letzten Arbeitsphase ganz herzlich danken.

Mein Dank gilt letztendlich meiner Familie, meiner Frau Helene und meinen drei Töchtern Emilie, Malin und Aurora, die Arbeit, Schule und Freunde in Bergen haben verlassen müssen, um in Deutschland mit mir auf Wanderung zu gehen.

# Abbildungsverzeichnis

Abb. 20: https://commons.wikimedia.org/wiki/File:Bismarck-
turm_G%C3%B6ttingen.jpg. Letzter Zugriff: 16.03.2018.

Abb. 21: https://upload.wikimedia.org/wikipedia/commons/2/2e/Der_
Chasseur_im_Walde_-_Caspar_David_Friedrich.jpg. Letzter Zugriff:
16.03.2018.

Abb. 22: Berliner Bundesarchiv.

Abb. 23: Schweizerisches Sozialarchiv.

Abb. 24 Archiv der deutschen Jugendbewegung. Witzenhausen, Adjb, F
1_13_11.

Abb. 25: Eigene Darstellung, angelehnt an https://i.pinimg.com/ori-
ginals/4a/49/07/4a49078e2573581d8c42056aa19aea71.jpg. Letzter
Zugriff: 16.03.2018.

Abb. 26 Stadtgeschichtliches Museum Leipzig.

Abb. 27: Eigene Darstellung.

Abb. 28: Deutsches Literaturarchiv Marbach.

Abb. 29: Hermann-Hesse-Editionsarchiv, Offenbach am Main. Image:
Fondazione Hermann-Hesse Montagnola.

Abb. 30: Eigene Darstellung.

Abb. 31:. Deutsches Historisches Museum, Berlin.

Abb. 32: Schweizerisches Sozialarchiv.

Abb. 33: Eigene Darstellung.

Abb. 34: Ole Eltvik Foto, 2014.

Abb. 35: Foto-Team-Müller, 2017.

Abb. 36: http://wiktenauer.com/images/1/15/MS_I.33_23v.jpg, letzter
Zugriff: 24.04.2018.

# Register

## Ortsregister